外国语言文学研究学术论丛 | 总主编◎文　旭

中学英语课堂语言学习条件研究：课堂生态视角

A Study of Conditions for English Learning in Middle-school Classrooms: From the Classroom Ecology Perspective

但　巍◎著

科 学 出 版 社
北 京

内 容 简 介

本书从课堂生态视角对中学课堂内促进外语学习的学习条件进行研究，系统审视英语课堂生态系统内主体之间、主体与环境之间的关联作用，探讨中学英语课堂需要具备哪些多维外语学习条件，建构具有整合性的学习条件框架，揭示各学习条件之间的交互关系。笔者认为，语言输入、示例、讲授、语言尝试、语言实践、期待、担责、反馈、学习投入都是影响中学英语课堂学习的重要条件。作为重要的课堂生态因子，它们不仅是影响语言学习发生的重要因素，也是影响良性课堂生态形成的因素，彼此之间呈现出非线性的交互关系，具有非等级性、开放性特点。

本书适合对英语课堂学习条件和有效英语课堂感兴趣的外语教学研究者、一线英语教师和英语教师教育者阅读。

图书在版编目（CIP）数据

中学英语课堂语言学习条件研究：课堂生态视角 / 但巍著. —北京：科学出版社，2020.6

（外国语言文学研究学术论丛/文旭总主编）

ISBN 978-7-03-065181-5

Ⅰ. ①中…　Ⅱ. ①但…　Ⅲ. ①英语课－课堂教学－教学研究－中学　Ⅳ. ①G633.412

中国版本图书馆 CIP 数据核字（2020）第 089617 号

责任编辑：常春娥 / 责任校对：贾伟娟

责任印制：李　彤 / 封面设计：润一文化

科学出版社 出版

北京东黄城根北街 16 号

邮政编码：100717

http://www.sciencep.com

北京盛通商印快线网络科技有限公司 印刷

科学出版社发行　各地新华书店经销

*

2020 年 6 月第　一　版　开本：720×1000　B5

2020 年12月第二次印刷　印张：16 1/4

字数：224 000

定价：98.00 元

（如有印装质量问题，我社负责调换）

重庆市教育科学“十三五”规划课题“基于英语学科核心素养的高中英语课堂学习投入条件研究”(编号：2017-GX-258)和西南大学2017年度中央高校基本科研项目研究“高中课堂情境中的英语学习条件研究”(编号：SWU1709622)项目成果

丛 书 序

外国语言文学博大精深，其内容涵盖外国语言学研究、外国文学研究、翻译研究、外语教育研究及跨文化研究等。在我国，外国语言文学研究历史悠久、成绩斐然。近些年来，外国语言文学研究发展迅猛，其理论与模式不断创新，研究方法多种多样。尤其在研究领域方面，其跨学科性和交叉性日益凸显并普遍，如与哲学、符号学、心理学、社会学、人类学、认知科学、脑科学等众多领域的日渐交叉和融合，促使我们必须多维度、多视角、多层面地进行研究，从而在科研上真正做到有所创新、有所前进、有所作为。多学科、跨学科、超学科研究已是当今学术发展的必由之路。

当然，无论是从学科研究历史传统的传承上来看，还是从其未来发展的开拓创新上来说，外国语言文学研究都任重而道远。因此，与时俱进，汇聚外国语言文学领域研究的最新成果，并为先行者和后学共同搭建学术交流的平台便成为促进学科发展极为重要的一环。为此，我们秉承西南大学“特立西南，学行天下”的大学精神，在学界广大同仁的关心和帮助下，精心打造了“外国语言文学研究学术论丛”系列学术专著，以期促进外语界同仁相互沟通与交流，共同创新与进步。该系列学术专著的规模化出版，是西南大学外国语学院科学研究事业中的一件大事，其诞生是学院学科建设与科学研究事业发展的必然，同时也必将进一步搭建西南大学外国语学院学术成果交流的平台。

西南大学起源于 1906 年 4 月建立的川东师范学堂，于 2005 年由原西南师范大学、西南农业大学合并组建而成，是教育部直属重点综合性大学，国家“211 工程”和“985 工程优势学科创新平台”建设高校。西南大学外国语言文学学科历史悠久、实力雄厚。学贯中西的大师吴宓先生，著名诗人、文学家方敬，翻译家邹绛、外语教育家张正东等学术先贤和著名专家曾在此执教，积淀了深厚的人文底蕴，形成了优良的学术传统和办学特色。西南大学外国语学院拥有“外国语言文学”一级学科博士学位、硕士学位授权点和博士后科研流动站，以及“翻译硕士”“教育硕士”专业学位授权点，同时接收国内访问学者。学院拥有重庆市人文社会科学重点研究基地“外国语言学与外语教育研究中心”、西部地区外语教育研究会、重庆市外文学会、重庆市莎士比亚研究会等学术组织或团体。学院现有多名国内外知名专家学者，在认知语言学、语用学、功能语言学、莎士比亚研究、英美现代主义文学、翻译研究、外语教育学等领域有较深的造诣，并在多个全国性学术团体中担任重要职务。改革开放以来，学院秉承“博学中西，砥砺德行”的院训，以“崇尚学术自由、培养外语英才、塑造模范国民”为使命，以“全人教育思想”为外语教育理念，以学科建设为龙头，以科学研究为基础，在语言学研究、文学研究、翻译研究、外语教育以及文化研究等领域取得了一批学术价值大、实用性强的科研成果，多次获得全国和部市级的教学科研成果奖，在国内外产生了一定的影响。

本丛书的出版得到了西南大学和重庆市人文社会科学重点研究基地“外国语言学与外语教育研究中心”学科建设的大力资助，外国语学院的许多教师以及各界朋友也给予了极大的支持，尤其离不开科学出版社阎莉女士的真诚相助，在此对他们表示衷心的感谢。诚然，这个新生婴儿的成长与发展，要靠广大学人的呵护和支持。因此，敬祈学界朋友不惜赐教为幸，也热忱欢迎同行专家不吝赐稿。我们将秉承西南大学“含弘光大、继往开来”的校训，继续不遗余力为本丛书的成长壮大添砖加瓦。

为学之道，“辟如行远必自迩，辟如登高必自卑”。共同的事业就是共同的生活情趣，也是共同的追求，“嘤其鸣矣，求其友声”。“行到水穷处，坐看云起时”，思考求索的起点，追寻学术的真谛，这就是我们的责任和使命。是为序。

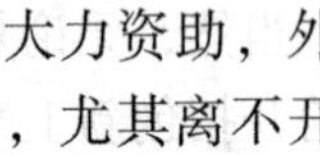

谨识于西南大学

2014 年 6 月 22 日

目　录

丛书序

第 1 章　绪论 …… 1

1.1　研究背景 …… 2

1.2　研究目的与问题 …… 5

1.3　本书内容概述 …… 7

第 2 章　中学英语课堂生态的内涵与现状 …… 10

2.1　中学英语课堂生态的内涵 …… 11

2.1.1　课堂生态的概念理解 …… 11

2.1.2　课堂生态系统的构成 …… 12

2.1.3　中学英语课堂生态系统的特征 …… 17

2.2　中学英语课堂生态的现状 …… 21

2.2.1　一般课堂的生态现状 …… 21

2.2.2　中学英语课堂的生态现状 …… 24

第 3 章　语言课堂学习条件的认知视角与研究主题 …… 28

3.1　关于语言课堂学习的不同认知 …… 28

3.1.1　语言课堂学习的客观主义认知视角 …… 29

3.1.2　语言课堂学习的建构主义认知视角 …… 31

3.1.3　语言课堂学习的生态认知视角 …… 34

3.2　二语学习领域的学习条件研究 …… 36

3.3　语言课堂情境中的学习条件研究 …… 39

3.4　本章小结 …… 51

第 4 章 英语课堂学习条件实证研究方案 ······ 54
4.1 研究设计概述 ······ 55
4.2 数据的收集 ······ 57
4.3 数据的分析 ······ 60
4.3.1 分析方法 ······ 60
4.3.2 分析过程 ······ 61
4.4 研究信效度及伦理 ······ 67
第 5 章 中学英语课堂学习条件理论构想 ······ 71
5.1 中学英语课堂学习条件构想的理论基础 ······ 71
5.1.1 Cambourne 的学习条件研究 ······ 72
5.1.2 有关英语课堂学习条件的研究 ······ 80
5.2 中学英语课堂学习条件的核心要义论述 ······ 84
5.2.1 语言输入 ······ 87
5.2.2 示例 ······ 90
5.2.3 讲授 ······ 92
5.2.4 语言尝试 ······ 95
5.2.5 语言实践 ······ 97
5.2.6 期待 ······ 100
5.2.7 担责 ······ 102
5.2.8 反馈 ······ 105
5.2.9 学习投入 ······ 108
5.3 多维度英语课堂学习条件概览 ······ 111
第 6 章 中学英语实际课堂学习条件考察 ······ 114
6.1 实际课堂内学习条件的呈现情况 ······ 115
6.1.1 语言输入条件的课堂呈现 ······ 119
6.1.2 示例条件的课堂呈现 ······ 125
6.1.3 讲授条件的课堂呈现 ······ 130

6.1.4　语言尝试条件的课堂呈现 …… 134
6.1.5　语言实践条件的课堂呈现 …… 138
6.1.6　期待条件的课堂呈现 …… 142
6.1.7　担责条件的课堂呈现 …… 146
6.1.8　反馈条件的课堂呈现 …… 149
6.1.9　学习投入条件的课堂呈现 …… 153
6.2　中学实际和理想课堂学习条件之间的差异探讨 …… 157
6.2.1　中学实际课堂与 Cambourne 框架的学习条件比较 …… 157
6.2.2　中学实际和理想课堂的学习条件比较 …… 161
第 7 章　中学英语课堂学习条件框架建构 …… 172
7.1　课堂生态情境内主体与环境的关联作用 …… 172
7.1.1　师生课堂行为之间的关联作用 …… 173
7.1.2　环境因素与主体行为之间的关联作用 …… 177
7.2　中学英语课堂学习条件框架 …… 181
7.2.1　框架内容说明 …… 181
7.2.2　学习条件之间的交互作用特点 …… 185
7.3　英语课堂学习条件研究启示 …… 191
参考文献 …… 194
附录 1　会话分析（CA）转写符号标记规则 …… 220
附录 2　课堂教学转录样例 …… 222
附录 3　课堂观察记录样例 …… 242

第 1 章　绪　　论

外语学习是一个复杂的过程，受到多种因素的交互影响，如“学习者个体特征、母语和目的语的结构特征、与目的语者的互动机会、修正的机会、形式聚焦的教学”（Lightbown & Spada，1999：169）。如何克服不利因素的影响，提升课堂内语言学习效果，一直是研究者致力于解决的重要议题。

与一般情境相比，外语学习课堂情境有着其独特之处，例如，教学行为多在课堂情境内生成，并受教师语言学习观的影响；教学预设和即时情境需求是课堂互动形成的主要影响因素；课堂活动具有重复性，可被反复使用直至惯式化；最终，学生的语言产出也更加复杂（Van Lier，1988）。研究者和教师会首选在课堂中了解有效促进学生学习的手段（Allwright，1983），他们把课堂视作“外语教学改革的策源地之一”（徐锦芬、雷鹏飞，2018：564）。

语言学习条件探究不仅能够帮助研究者深入认知复杂的语言学习过程，它之于语言课堂教学效果的提升也有着至关重要的作用。目前，国外语言学习领域的学习条件研究已取得不少进展（如 Stern，1983；Spolsky，1989；Krashen，1985；Swain，1985；Lightbown & Spada，1999 等），它们不仅聚焦环境条件，也重视多个重要的语言学习影响因素。但是，这些研究未考虑中国的中学英语课堂情境。中国的外语教学研究者需要结合本土情境特征，整体地去认知那些促学的多维外语学习条件，进一步讨论师生需要由此做出哪些课堂行为。

1.1 研究背景

语言学习具有复杂性和多维性，不仅“包含语言技能或知识的习得，也包含学习能力和思考能力的获取，态度的修正，兴趣、社会价值或角色的获得，乃至个性的转变”（Stern，1983：18）。为了深层理解语言学习过程，研究者们尝试着发现那些促使语言学习发生的特定条件（Stern，1983），这对如何提升语言课堂教学效果有着至关重要的作用（Johnson，2001；Hedge，2000）。

对学习条件的讨论最早散见于关于教学理论和学习理论的一般论述中。如德国哲学时代的教育家赫尔巴特曾强调兴趣条件的创设，认为兴趣能激发学生的意识，学习内容不仅需要与他们的经验相联系，还应能够激起兴趣（余文森，2011）。布鲁纳（1982）则相当重视教育条件的创设，认为它们能够促进儿童的认知发展，教师在教学中通过对学生自信心、责任感等的培养，激发学生的内在动机，帮助他们认知学习目标，并给予适度的反馈，使儿童具备自我检查、强化的能力。而布卢姆注重课程设计和方法是否完善、教师是否给予期待、学习者的情感需求是否被注意到并获得合理满足、反馈在学习过程中是否起到积极作用（布卢姆等，1986）。奥苏贝尔更是明确指出，有意义的学习应具有两个充分必要条件：一是新知识与学生的已有知识之间是否已建立联系；二是学生认知结构中的新旧知识是否相互作用，以促使新旧知识的意义同化（邵瑞珍，1997）。同时，他还归纳了两类影响学习的因素，包含认知因素（指学习者原有的认知结构）和情感与社会因素（包含动机、人格因素、团体因素和教师特征）（翟葆奎，1988）。

关于学习条件的专门论述始于加涅的教学论。加涅（1985）把学习条件分为两类：内部条件和外部条件。内部条件为性能，它们早已被习得并储存在学习者长时记忆中。当有新的学习任务时，内部条件被提取到工作记忆，用于进一步的加工；而外部条件主要指学习者所处环境中的事件。教学即是安排存在于学生之外的条件；条件的创设需按阶段逐步进行。教学提供者不仅要考虑每一个阶段内学生先前习得的性能，还会安排外部情境，有效使用外部的教学过程①，激活、支持、维持构成学习事件的内部过程，促成学习的最终发生（加涅，1999）。

就语言学习条件而言，相关研究的开展源于语言教学研究者们对学习过程的关注。他们试图由学习条件切入，探寻出能够提升语言教学的有效性的可能途径。起初，相关论点多散落在有关语言输入与输出、语言互动、学习者特征的探讨之中。20世纪80年代，Stern（1983：500）提出了一个语言教与学的模式（a teaching-learning model），专门展示了学习条件因素的重要性，把它与学生的学习行为一并用于阐释学习过程。然而，这里的学习条件专指语言环境条件，即第二语言学习环境和外语学习环境，以此强调语言环境因素在语言学习过程中的重要性。

之后，Spolsky 针对“谁在何种条件之下学习了何种语言且学得了多少”（Spolsky，1989：3）这一关键问题，展开了颇具代表性的学习条件研究，提出了第二语言学习的通用理论（a general theory of second language learning）。他详细列出74个有着相互影响作用的第二语言学习的条件，涵括了10个维度的内外条件（包含语言知识、语言使用、语言综合能力、学习者个体因素、能力与个性方面的个体差异、二语的语言基础、二语学习发生的社会环境、二语学习者态度与动机、学习机会、正规教学的条件）。Spolsky 的学习条件研究加深了语言研究者和教师对二语学习过程的了解，给予他们不少启发。但是，他所列的条件繁多，不仅包含涉及语言特征本身的条件，也包含凭教学行为难以改变的学习者个体的生理条件，以及正式的课堂学习和非正式的自然学习的

① 加涅（1999）依据学习的内部过程把教学过程分为了九个阶段，依次为引起注意、告知目标、提示回忆原有知识、呈现教材、提供学习指导、引起行为、提供反馈、评价行为和促进保持与迁移。

社会环境条件等。对外语教师和外语学习者来说，这种统括性反而使它缺失了针对性。并且，如 Spolsky（1990：611）本人所说，“了解促进语言学习的条件不能直接说明如何复制这些条件”。繁多的条件类别局限了这些学习条件的实际应用；它们的展示仍不能清楚具体地说明如何在课堂内应用这些条件。

针对课堂情境内的语言学习条件，研究者的关注焦点主要集中在语言课堂学习的外部环境条件、过程影响因素和教学提升途径三个方面，不仅论述课堂物理环境、教学环境、多媒体网络环境之于语言学习过程的重要性（如隋铭才，2001；Lightbown & Spada，1999；Tayao，1984；王文静、伊咏，2005；郭晓英，2009 等），也聚焦某一个影响外语学习发生的因素，验证课堂情境内的语言输入、输出、互动/参与、反馈、学习者个体特征等因素对语言学习过程的影响作用（如 Krashen，1985；Swain，1985；Gaies，1983；Seliger，1977；Gass，1997；Clément et al.，1994 等），或讨论教学选择的有效性，最终可为语言课堂情境内的学习条件创设提供更为微观的内容启示（如 Sharwood-Smith，1991；VanPatten，1996，2004；Skehan，1996；Doughty & Pica，1986 等）。部分研究者还尝试更为整体地去看待多个影响学习过程的关键因素，指出这些学习条件能积极地影响语言学习（如 Richards，2015；Hedge，2000；王才仁，1996；王初明，1989，2007，2010 等）。其中，澳大利亚教育学者 Cambourne （1988，1995）的学习条件研究颇具代表性，他基于生态心理学提出了一个学习条件框架，适用于阅读课堂的教学，包含 8 个具有相互影响作用的支持母语习得的学习条件。这一框架虽提供了不少教学启示，有着不俗的课堂实践效果，但由于它的内容和应用全都指向母语课堂的学习，无法被照搬进中国的外语课堂。这些聚焦于课堂情境的语言学习条件研究加深了学界对重要的语言学习要素的认识，促进了对语言学习过程的了解，对于课堂内语言学习效果的提升有着不容忽视的积极影响。

可以发现，课堂情境内的英语学习受到多种因素的影响，需要具备多个不同维度的学习条件。目前，无论是一般学习领域的学习条件研究，还是语言学习领域的学习条件研究，都已有不少发展，研究结果愈发具体且具有应用性，但是，鉴于中国的中学英语课堂情境的特性，它们仍未能帮助教师和学生整体地认知那些可促进外语学习的学习条件，未能让他们清晰了解自己该提供哪些教与学的行为，以促进英语学习的发生，使他们的英语课堂学习投入程度加深。

1.2 研究目的与问题

外语学习的发生主要受课堂教学的影响，牵涉认知、社会、情感多个维度。为了探究出语言课堂实际，外语教学研究者自 20 世纪 80 年代开始已把目光转向课堂过程本身，选择直接观察课堂活动。受此风潮的影响，中国的研究者也开始充分考虑课堂情境的特点，不仅围绕教学方法、模式、教材等在某类型课堂内展开应用型研究，关注外语课堂教学模式或方法的创设或某种教学理论的课堂应用效果（如康淑敏，2012；束定芳，2006），也愈多从语言输入、输出、互动、反馈等微观层面切入，采用定量的研究方法，试着深入了解英语课堂学习的多个影响因素，由此探讨如何提高课堂的有效性，并提升外语学习的效果（如谢晓燕，2011；陆明、丁万江，2005；张曲、张薇，2010），且已逐步采用行动研究方法，开展针对性的研究，以发现、解决课堂教学实践中的具体问题（李异飞，2014）。实证研究的增多让学界对中国的外语课堂学习的过程和特点有了更加具象、清晰的认识。它们多探析单维因素的课堂实效，尝试讨论在课堂情境中如何创造英语学习的机会。这些研究发现有利于英语课堂学习效果的提升，具有教学指导性。尽管如此，考虑到外语学习的复杂性和多维性，研究者也开始思考是否可以从另一个方向，更加整体地认知多个影响英语课堂学习的因素，为学习者提供更多的英语学习机会，使其能够全身心地投入到课堂学习过程中去，从而更加有效地学习英语。

从节 1.1 可知，已有研究者专门聚焦外语学习条件，以此为主题进行了理论论述，尝试沿着此方向，探寻到英语学习的可能提升途径。研究者们不仅聚焦环境条件，也依据二语习得研究的发现强调多个促进外语学习的重要因素，甚至有研究者（王初明，2007，2010）的相关观点已显现出生态性，尝试把语言因素、主体行为和课堂环境关联起来。但是，研究者对于多个学习条件之间的作用关系及它们与课堂主体和环境的交互关系仍缺乏足够清晰的认识，而外语学习条件与中国的英语课堂学习情境和学习对象特点的匹配度如何也需要更多源自课堂的数据。

具体地讲，就中国情境下的外语学习而言，中学英语课堂中，哪些学习条件能促进语言学习？这些学习条件之于英语学习有着怎样的具体作用？它们之间又如何交互作用着？学生和教师在学习条件创设过程中可以做些什么？学习条件的创设与课堂主体、环境之间有着怎样的交互关系？这些问题都需要进一步的理性思考和深度挖掘。

鉴于此，本书旨在从课堂生态视角出发，开放地、系统地审视真实发生的语言课堂学习过程，关注英语课堂生态系统内主体之间、主体与环境之间的关联作用，厘清课堂内促进外语学习的学习条件，建构具有整合性的学习条件框架，说明各学习条件之间的交互关系，尝试以此拓展具有中国情境特色的外语学习条件理论；通过详解各学习条件的含义要点，向教师和学生指明课堂教与学的行为导向，以此提升外语课堂教学的实效，帮助他们更大程度地投入到英语课堂的教/学过程中去。

为了清晰完整地认知研究主题，了解中学英语课堂需要具备哪些外语学习条件，笔者采用实证分析的路径，对多个优质课课堂进行观察、转写、编码与分析，试图回答以下几个子问题：①理想的中学英语课堂具有哪些外语学习条件？②中学英语实际课堂具有哪些外语学习条件？③理想与实际课堂各自所具有的学习条件之间存在差异吗？如果有，存在哪些差异？

1.3　本书内容概述

本书写给那些对英语课堂学习条件和有效英语课堂感兴趣的外语教学研究者、一线英语教师和英语教师教育者。本书选择课堂生态视角，探讨中学英语课堂应具有哪些促进语言学习的学习条件，对进一步丰富外语学习条件理论研究，推动具有中国情境特色的基础英语教学理论和实证研究的发展，具有一定的参考价值。本书提出的具有整合性的学习条件框架尤为强调学习投入条件的重要性，它不仅能够帮助教师和学生更好地应对英语教学过程的复杂性，也可以使他们不再纠结于何时谁应该主动、谁应该被动的问题。即是说，它既让教师明白自己应做些什么来创造有效条件以促进语言学习，促使学生加深对英语课堂学习的投入程度，也强调学生需要做些什么来实现那些语言学习条件的创设与使用，增强他们各自的行为意识，为其课堂行为表现提供明晰导向，由此进一步拓展中国英语课堂教学研究的视野。

具体来讲，英语课堂学习条件探究对解决中学英语课堂教学中的实际问题具有指导作用，为如何提升中学英语课堂教学的有效性提供了另一个方向，超越以往解决途径的局限，使英语教师不再把关注焦点集中到教学方法、模式、教材之上，帮助他们从过度关注自身的“教”到关注“学”，经由“学”的视角和生态智慧，去系统理解英语课堂内由师生共同参与的教与学的过程。通过辅助教师整体把握好有利于学生语言学习的多维条件，引导他们创设有效的课堂教学活动，进而改进个人的课堂教学实践；也能够更大程度地激发学生加大对语言学习的投入，赋予他们更多的主动权，使其明白自己应该如何发挥主体作用以参与语言学习过程；同时，让承担基础英语教育的学校明了需要为教师和学生提供哪些支持，以优化学习条件在课堂教学实践中的创设效果。并且，本书的研究发现还可为英语课堂教学评估、英语教师的专业能力评估、教师教育的培养内容等提供一定的启示。全书共分为四个部分。

第一部分为前三章，旨在介绍研究背景、研究目的与问题，梳理关于中学英语课堂生态的内涵和现状、语言课堂学习条件研究两个方面的文献。这部分内容有助于理解后面章节的编码数据分析和讨论，特别是对中学英语课堂学习条件框架的内容理解。

第二部分即第 4 章，详细阐述英语课堂学习条件实证研究方案，围绕研究方法、数据的收集、数据的分析方法和过程、研究信效度及伦理道德四个方面说明研究设计。

第三部分为第 5 章和第 6 章，解析了研究发现，回答研究问题，说明理想和实际课堂内的英语学习条件。对中国的英语教师和教师教育者们来说，这一部分具有特殊的意义，可为他们提供启示和思考空间。第 5 章先从理论层面出发梳理理想的中学英语课堂需要具有哪些学习条件，才能促进英语学习。第 6 章通过对多个优质课课堂教学视频的转写、编码与分析，归纳中国的中学英语实际课堂具有的学习条件；并探讨理想和实际课堂各自所具有的学习条件之间的契合程度。

第四部分即第 7 章，进一步讨论已发现的英语学习条件的课堂实践，围绕课堂生态情境内主体与环境的关联作用，聚焦师生课堂行为、环境因素与主体行为之间的关联作用，论证理想的中学英语课堂学习条件构想，最终确定并阐释中学英语课堂学习条件框架的内容。这一理论框架包含九个英语学习条件，增加了讲授条件，突显出中国基础教育阶段英语课堂教学的情境特点和教学对象的发展特征，其中，且投入条件的重要地位突出，与其他八个条件之间呈现出相互影响的交互关系；它的提出充分肯定了学生的生态课堂主体角色，不仅学生的行为、认知参与会被注意到，其情感参与也受到不少关注。笔者不再把视线拘泥于教师的课堂教学行为（如英语教学理论的课堂应用）或学生的课堂学习行为（如英语学习策略的选择或应用），而是竭力把课堂主体、主体与所处课堂环境关联起来，补充、调整了其他条件维度的内涵所指，既指明教师的行为表现，也强调学生的主体责任，以此尝试向英语课堂教学参与者提供启示和行为指引，增强了抽象理论在中国的英语课堂教学实践中可能取得的应用效果。

第2章 中学英语课堂生态的内涵与现状

课堂生态研究兴起于20世纪70年代，是教育生态学的重要主题之一，也被视作分析视角和教学研究范式之一，旨在运用生态学的价值观和思维方式观察课堂现象、研究课堂问题（孙芙蓉，2011）。由此，本书研究拟先梳理课堂生态的相关核心概念（内涵、系统构成和特征），揭示英语课堂生态的本质所在，从而剖析中国的中学英语课堂的生态现状，接着概述语言课堂学习条件研究的文献，以此进一步凸显出中学英语课堂学习条件探究的必要性，明确中国英语课堂教学的情境特质，使最终提出的学习条件更为契合外语教与学主体的需求。

基于三维立体观（孙芙蓉，2013）①，笔者认为，中学英语课堂生态系统是一个沉浸在丰富的、真实的英语语境中，遵循了中学教学规律和中学生身心发展特点，以英语教师和学生的教与学的活动为中心，在英语语言的能量推动之下，随英语教师和学生的能量投入、彼此之间的相互作用方式、遇压时系统自身的调控能力这三者间的动态发展而形成的系统。只有当系统内各要素之间达到了动态协调发展，中学英语课堂才能最终实现生态平衡，从而促进学习者的语言接触量的增大，使他们更为系统地吸收、内化和建构外语语言知识，掌握外语语言知识、技能及文化知识，获得思维的发展、情感的丰富、品德的养成，甚而获得作为人的全面发展。它具有整体性、动态性、共生性。通过归纳目前中国中学英语课堂生态系统中所存在的生态失衡现象，本书揭示出教学过程中需要着重关注的层面，强调系统内的语言资源、学习情境、社会互动空间的优化问题，以及学习者与课堂环境之间的交互关系，这为随后的

---

① 孙芙蓉（2013：2）认为“课堂生态系统是一个以教师教学活动和学生学习活动为中心，活力、组织结构、恢复力三要素动态平衡，课堂教学和课外作业求助两方面关联互动的系统”。

研究开展提供思路，奠定理论基础，并指明学习条件的创设导向。

2.1　中学英语课堂生态的内涵

目前，已有不少课堂生态研究围绕课堂生态的概念理解、课堂生态系统的结构、中学英语课堂生态系统的特征三个方面展开了论述。本节拟归纳重要的研究发现，清晰展示课堂生态（特别是中学英语课堂的生态）的本质。

2.1.1　课堂生态的概念理解

课堂生态的概念理解基于对生态的内涵的理解。作为现代汉语，“生态”一词包含两种含义：既指生物与环境交互作用时的状态或模式，也指生物的某种特性或习性。它“一方面始终保持着与生存、生命、生产的密切关联，另一方面，又具有总体性、整体性和全面性的指称”（刘贵华、朱小蔓，2007：4）。而从学科角度来看，生态（ecology）意指生态学。它指研究生物与环境之间的相互关系，及此环境中各生物个体间或种群间的多种关系的科学（李聪明，1989；李森，2005）。

可以发现，生态的基本内涵包含几个关键词，如“生物（包含个体和群体）”、“环境（包含生物环境和非生物环境）”、“平衡”和“联系”。课堂生态的内涵也由此生成。

对课堂生态的研究始于 Waller（1932）的有关课堂座位编排对学生的影响的研究。直至 20 世纪 70 年代，Doyle 和 Ponder（1975：183）开始呼吁以生态维度为切入点，开展教学研究。他们把课堂生态理解为“一个由相互关联的教学过程与教学事件形成的网络，教学环境中发生的行为会受到这些事件的影响”。由此，生态取向才在课堂教学研究领域逐渐传播开来，研究者的研究视角和框架也开始转变。他们愈发强调课堂教学的整体性、互动性、关联性和共生性，着手“分析课堂生态系统内部不同生态因子之间的关系，特别是课堂生态因子与学生发展之间的关系”（范国睿、王加强，2007：43），如有关教学活动类型与学生学术反应相关性的研究（Muyskens & Ysseldyke，1998）、课堂教学组织方式与学生行为之间的关系研究（Jason & Kuchay，1985）。

然而，早期的课堂生态研究侧重于强调“课堂环境对师生及其活动的单向度影响，而非课堂环境与师生之间、生态课堂主体与主体之间的交互作用；此外，对课堂社会组织生态、课堂文化生态等也观照不够。从某种程度上说，已有的微观研究，是课堂的环境研究而非完整意义上的课堂生态学研究，缺乏全面性和生态性”（李森等，2011：3）。为此，近年来，研究者竭力厘清课堂生态这一核心概念的内涵，主张把课堂环境看作一个由课堂内的有机体和课堂环境构成的整体系统，尝试对课堂生态的结构进行细致的划分，力图深入理解环境与有机体之间的交互影响作用。

依循此研究发展轨迹，国内研究者们尝试给出更为明确具体的课堂生态定义，主张把课堂内的有机体与课堂环境一并纳入讨论范围。在他们看来，课堂是“学生在课堂教学环境的影响下达成学习目标的动态开放系统”（王华良，2003：28），包含生物因素（教师和学生）和非生物因素（物质因素和精神因素）（汪霞，2005）；“课堂生态主体与课堂生态环境之间、课堂生态主体与课堂生态主体之间存在着各种联系，使课堂形成一个有机的生态整体”（李森等，2011：59）。

综上所述，课堂生态是人类社会中的教育系统，它的能量流动发生于教师与学习者这两个生物因素之间；课堂的生态性主要表现在课堂生态主体之间、课堂生态主体与其所处环境之间的相互关联。

2.1.2 课堂生态系统的构成

自 20 世纪 80 年代开始，课堂教学研究者把生态学选作其研究的视角和框架，明确把课堂教学视为一个生态系统（范国睿、王加强，2007）。生态系统是课堂生态的最基本的功能单位。一般生态系统“包括特定地段中全部生物（生物群落）和物理环境相互作用的统一体，并且在系统内部，能量的流动导致形成一定的营养结构、生物多样性、物质循环（生物与非生物之间的物质交换）”（奥德姆，1981：8）。

与一般生态系统相同的是，课堂生态系统的核心是生物与环境之间的能量流动。不同的是，二者有着不同的能量源泉和能量流动的支撑点。一般生态系统的“能量源泉来自非生物环境中的太阳辐射能”，它的“能量流动开始于绿色植物的光合作用和绿色植物对太阳能的固定，后依次流经生产者、消费者和分解者”；而课堂生态系统内的能量源泉来自人（即学习者和教师），“人的大脑生产和输出的智能信息流”推动能量的流动（孙芙蓉，2011：61）。可见，在课堂这个特定的时空内，富含生命力的课堂生态主体（即学习者和教师）被着重强调，他们所开展的教与学的活动成为能量流动的动力，推动系统在他们之间、及其与课堂生态环境之间的交互关系中达到生态平衡，最终促成课堂生态系统。

为了具体了解各生态因子的特点和因子之间的关系，国内外研究者开展了大量的课堂生态研究。如孙芙蓉（2013）所说，国外的研究多依循 Doyle 和 Ponder（1975）的课堂生态定义，惯于通过聚焦某一个方面（包含课堂环境、教师、学生或教学事件），来解析课堂的生态。其中，前三个聚焦点受到研究者的关注最多。

课堂生态研究兴起于 20 世纪早期，多关注课堂座位安排与学生的课堂参与度、成绩之间的关联性，这与传统意义上的生态所需应对的问题紧密相关，它们主要涉及有机体的密度和分布。其中，Griffith（1921）的研究颇具代表性和影响力（Knowles，1982）。他指出个人在会议室的位置与他们所能取得的成就相关。之后，Sommer（1967）探讨了座位安排与课堂参与之间的关系，认为学生的座位若是正对教师的、前排的、中间的，他们会更多地参与课堂教学。近年，部分研究者也关注环境的生态特点对接受特殊教育的学生的社会性发展（如 Brown et al.，1999；Brown et al.，1996；Sontag，1997）、社会性投入（如 Reszka，et al.，2012）的作用。

一些课堂生态研究从教师角度入手，聚焦于教师行为生态之于学习的影响（孙芙蓉，2013）。早期的研究（如 Algozzine et al.，1986）多关注特殊教育课堂中的教师行为（如期望、评估偏见等）对学生的学习或整个课堂生态的影响（孙芙蓉，2013）；之后的研究者（如 Smart & Marshall，2013；Deakin et al.，2007；Barowy & Smith，2008；Gest & Rodkin，2011；Bowers，2008）也注重一般课堂中的教师行为（如提问、学生观、互动空间或课堂文化的创设、教学方法等）对学生的认知投入、学业成就、同伴生态或课堂情境的影响。另一些课堂生态研究从学生角度入手，侧重于学生的行为生态（学业应答时间、欺凌行为）之于课堂生态的关系（如 Muyskens & Ysseldyke，1998；Pryce & Frederickson，2013）。

由此可见，国外的研究者们倾向于采用实验或混合研究设计，探索某一个或两个生态因子对学生的学业成就、不同层面的投入、其他方面的能力发展、甚至整个课堂生态的影响。

然而，国内的研究者着重从整体看待课堂生态系统，关注生态因子之间如何维持平衡状态，尝试从理论层面出发，解构课堂生态结构（孙芙蓉，2013）。现有的具有代表性的课堂生态结构研究主要包含以下三个。

沈双一和陈春梅（2004）把课堂生态系统的主要构成要素间的互动关系解读为教师直导式。课堂教学生态系统中，教师被视作最上层的协调器。整个教学过程中，教师充分有效利用环境因素，指挥多个子系统（即学生），以此维护系统，使之最终能达成结构的完善和状态的协调（见图 2-1）。

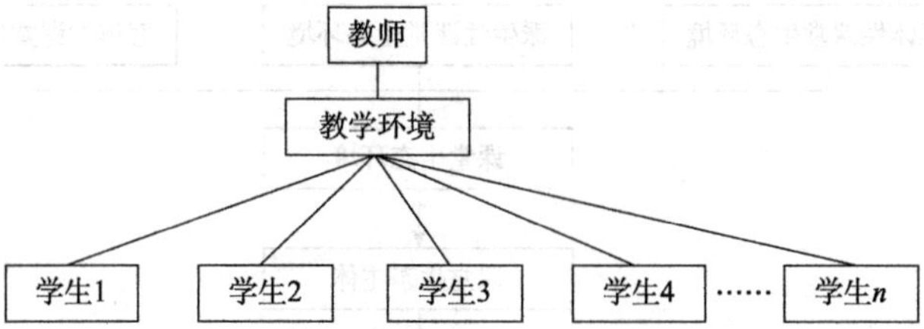

图 2-1　课堂教学系统结构关系

资料来源：沈双一、陈春梅，2004：94

李森（2005）把课堂生态结构分为宏观和微观两个层次。在宏观层次上，课堂生态主体和三类课堂生态环境之间相互作用着；而在微观层次上，主要表现为学习者生态个体、学习者生态群体、教师生态个体、教师生态群体之间的相互作用（图 2-2）。同时，他把课堂生态环境分为三类，包含客体性课堂生态环境、派生性课堂生态环境、客体性课堂生态主体。客体性课堂生态环境包含那些独立于课堂生态主体而客观存在的因素，如教室颜色和温度、课桌、教室光线、照明等。派生性课堂生态环境涵括由课堂生态主体派生而形成的多个因素，如人际关系、班级学习风气、班级管理制度等。而客体性课堂生态主体主要指教师个人因素，包括教师的专业素质、文化修养、个性倾向等。可以说，课堂生态结构呈现交叉状态，即“教师和学生以课堂环境为中介互动和发展，教师和学生就某些主体在课堂环境中进行对话和交流，教师和学生给课堂环境带来新质和变化，从而不断产生新的课堂生态”（李森等，2011：88）。

孙芙蓉（2013：2）从生态系统健康理论视角入手，透视课堂生态系统的动态构成。基于生态系统健康的三个维度（图 2-3），她指出，“课堂生态系统是一个以教师教学活动和学生学习活动为中心，活力、组织结构、恢复力三要素动态平衡，课堂教学和课外作业求助两方面关联互动的系统”。

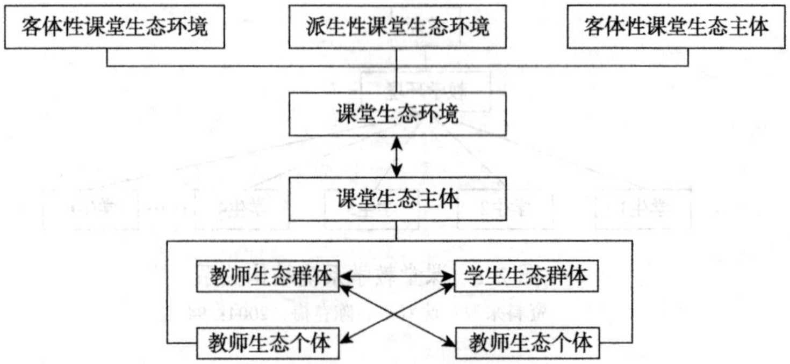

图 2-2　课堂生态的结构图

资料来源：李森，2005：56

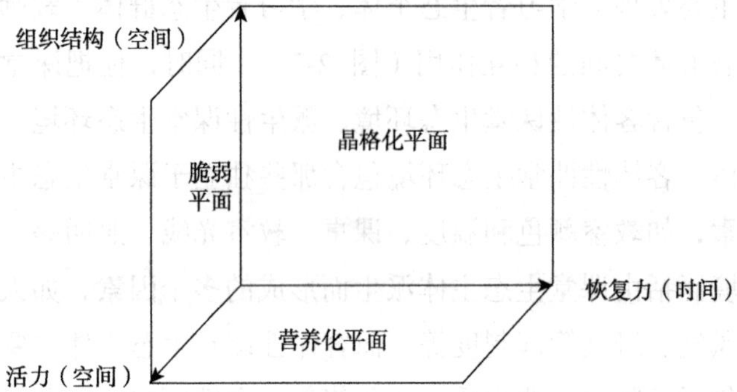

图 2-3　课堂生态系统三维结构

资料来源：孙芙蓉，2013：163

这里的活力指课堂生态系统的生产者（即教师和学生）输入系统的能量，衡量标准为教师和学生通过教与学的活动所输入的全部能量；组织结构指师生之间、生生之间的相互联系、相互作用的方式，它经由教与学活动中的能量流动形成；恢复力指课堂生态系统在受到外界胁迫时尽可能维持其结构和功能的能力。当活力和组织结构处于好的状态时，课堂生态系统方能促进教师和学生在教与学过程中的能量输入，使得师生之间保持良好的交互关系，反之，整个课堂生态系统将会被置于危险境地，无法获得结构的完整和功能的实现。

综合上述三个课堂生态系统结构划分来看，沈双一和陈春梅

（2004）的结构图示尤为突显教师的课堂主体角色和优先协调权；后两种结构剖析则更加强调教师和学生的课堂生态主体角色和权利分享。李森（2005）把课堂生态系统结构解析为交叉型而非阶梯形，他认为教师和学生之间的交流与互动之于课堂生态生成具有不可或缺的作用。而孙芙蓉（2013）的系统构成解读更是跳脱出对课堂生态系统结构的二维考量，不仅注重教师和学生在课堂教与学的活动中输入的能量，细致区分了师生交互作用的路径状态，还引入恢复力作为系统内部构成要素之一，强调三者之间的动态平衡发展，充分考量了课堂生态系统的开放特性。

基于节 1.2 所示的研究目的和节 2.1.1 阐述的课堂生态的概念理解，笔者认为，孙芙蓉的课堂生态系统结构解析以立体、直观的方式，充分展示出师生之间的关联作用，突出师生主体性；它"注重课堂生态各要素、各影响因子间的联系，突出课堂生态系统的整体价值，强调课堂生态系统的动态运行（范国睿，2015：157）"；它所给予的教学启示有利于整个课堂生态系统的优化和调控，能够帮助笔者在观察、分析课堂教学实践的过程中立体地、动态地审视课堂生态系统。

2.1.3　中学英语课堂生态系统的特征

与一般课堂的生态相比，新课改背景下的中学英语课堂生态具有独特性，主要表现在两个方面：其一，英语课堂生态系统的能量源泉不仅来自教师和学生，也来自英语语言本身。生态语言学家们把语言视作生态环境不可分割的组成部分。语言与其外部环境之间的关系曾被 Haugen 比作生物与其所处的生态环境之间的关系（吴文、李森，2009）。通过阐释语言和那些与环境互动中所产生的语言使用行为，语言与外语环境间的交互过程可被揭示出来（吴文，2012）。这意味着，语言是重要的生态因子，影响中国的英语课堂生态系统的形成。课堂内所使用的语言（既来自文本或非文本的教学材料，也来自教师话语；既包含英语，也包含母语）会直接影响师生之间、生生之间的相互作用方式。其二，中国的中学英语课堂生态系统承受着英语课程改革、升学考试所带来的高压，不仅需要直面中学生的身心发展的诉求，还一直应对有着较高强度的外界胁迫。

同样，与小学英语课堂相比，中学英语课堂虽同属于基础英语教育范畴，它的生态也具有独特性，主要表现在课堂主体和环境两个方面：首先，相较小学生而言，中学生有着专属于自己年龄阶段的生理和心理发展特点及语言能力。小学生因尚处于儿童期，心智发育未成熟，好奇心强，易于对新鲜事物产生兴趣，喜欢在行动参与过程中寻找或创造乐趣，想象力丰富，好胜心强，极为享受胜利的喜悦，时常会在课堂中寻求他人的关注，注意力的可持续时间仅为 5~10 分钟（Huang，2009）。而中学生因步入了少年期，虽然仍具有较强的好奇心和好胜心，且处理问题的方式仍显稚嫩，但认知能力已有一定的发展，记忆力增强，自尊心强，喜欢模仿年长的人的行事方式，对学习的需求增多，若他们对英语学习的心理需要被教师忽视，其学习兴趣也将随之降低（夏侯富生，2003）。由此，中学英语课堂环境的特点也有所不同。语言学习材料的难度增加，不再仅仅追求趣味性和直观性；语言学习任务的要求自然也被提高，学生除了浅层感知语言材料之外，还需要充分运用理性思维，充分发挥创造力，通过“观察、发现、思考、归纳、总结、探求”，去深层理解内容（刘道义，2008：22）；教师的语言教学方式已超越唱歌或游戏等具趣味性的方式，教学目标逐步由英语学习兴趣的激发转移为英语学习信心的培养。具体来看，在中学低年级阶段（如初一、初二），英语课堂环境指向学习兴趣的维持，氛围多为轻松式，情境内的学习避免被设定为规范的程序式学习，这更加符合此阶段学生的身心发展特点。他们没有升学压力，其言行会在相当大程度上受到同伴、教师和家长的影响，更容易接受被教师亲和力浓重晕染的教学方式。到了中学高年级阶段，学生需要直面升学压力，书面考试成绩成为主要的学习评价标准之一；重压之下，伴随着他们的独立意识和自我判断能力的增强，他们开始质疑权威，更加青睐能够体现自己的学习主体性的教学方式（赵俊华，2002）。

为此，欲维持整个中学英语课堂生态系统的健康、协调运行，关键在于如何适时有效地调整教师、学生、英语语言的能量投入，以及受英语语言影响的师生之间、生生之间的关系。

理想地来看，中学英语课堂生态系统至少具有以下特征。

第一，中学英语课堂生态系统具有整体性。作为生态系统的基本性质，整体性主要表现在三个方面，分别是生态系统内各因素的普遍联系和相互作用，生态系统结构和功能的整体性，以及动态的生态系统发展（秦晓利，2006）。中学英语课堂生态环境是由各生态因素构成的和谐的有机整体，其中，教师、学生、英语语言及其所处的课堂生态环境之间相互联系、相互作用着。

近年来，随着对语言社会层面的关注增多，外语课堂学习模式发生转变，有机体与课堂生态环境之间的关系不再被割裂开来，各个语言课堂生态因子被赋予生命活力，这主要表现在以下几个方面：①有机体的能动性不再被忽视，教师、学生的角色发生转变，彼此之间的交互作用方式备受重视；任务型教学、合作式教学等途径在课堂内被积极实践，使得中学英语课堂生态环境也不再拘泥于毫无生命力可言的形态，这赋予整个课堂更多的学习空间，赋予学生更多的多维发展的可能性。②大量多元类型的英语语言输入、真实的英语语言使用语境、学习任务的创设，都使得课堂内的语言被赋予了生命活力。③由于课堂学习群体规模的减小、座位编排方式的改变、多样的合作学习组织形式的开展，教师与学生被视作学习生态网络中的核心结点，彼此之间的互动增强，通过有意义的合作达到日益和谐的关联状态，“他们不仅通过系统协调机制与其他要素进行广泛的物质循环、能量流动和信息传递，而且借助系统整合机制与其他构成要素相互影响、相互作用，催生并促使要素关系链的形成与运作”（刘志峰、智延生，2010：45-46）。

第二，中学英语课堂生态系统具有动态性。这主要体现在英语课堂学习的动态生成特性和动态平衡状态之上。

动态生成可谓当代英语课堂学习的显著特点之一。从本质上来讲，课堂学习充满了各种不确定因素，学习事件的安排和发生无法用线性链条呈列出来。受英语新课改的影响，外语课堂学习情境推崇真实的语境和学习任务的创设、提倡合作探究，更加凸显出动态的特性，有助于多个生态因子在微观生态系统内相互作用、交叉推进。同时，预设的、确定的学习目标与即时的、不确定的学习目标相互碰撞，学习情境瞬息变换，学习过程中随时可能发生意料之外的偶发事件。由此，外语课堂生态主体（特别是教师）应能够在互动情境中准确捕捉教育时机，充分发挥教育机智，合理运用即时生成的新问题和新情况等资源。并且，语言知识的形成植根于它与生命个体的互动过程。语言知识的生命意义由个体赋予，个体也在这一过程中调适自我的体验，以便更好地内化。这一过程与生命和生活世界相联系，被叶澜认为“是生命如何在实践中主动运用自己的各种经验、体验，让知识活化的过程”（本刊记者，2004：34）[①]，它本身就蕴含着学习的动态生成性。

与动态生成相比，动态平衡过程表现为一个循环过程。受当前的英语教育理念的影响，教师、学生、语言被赋予更多生命活力，增强了这些语言课堂生态因子与环境之间的互动，直接导致系统中某种不平衡出现，而这种不平衡恰恰给课堂生态系统的演进带来动力，使得彼此之间的信息流动和能量转化成为“由不平衡到平衡、由新的不平衡到新的平衡的循环往复、螺旋上升”（杜亚丽，2011：114）。

第三，中学英语课堂生态系统具有共生性。共生是“人类之间、自然之间以及人与自然之间形成的一种相互依存、和谐统一的命运关系”，其本质是“互依、互惠、协同、合作，共生体内的各共生单元在互惠互利之间正是在合作中得到优化、进化和发展”的（吴飞驰，2000：22，24）。中学英语课堂生态系统的共生性主要显现于师生之

① 这是《教育研究》期刊的作者对叶澜教授的访谈实录，文章的署名是“本刊记者”。

间、生生之间、师生和语言与英语课堂生态环境之间的关系之中。

具体来讲，英语课堂生态环境包含物理环境、英语课程设置、具有真实性的语境等。它的多元性和动态特性可提供一个时空，为课堂生态主体的教与学的活动提供给养。若课堂使用多元化教学手段，关注学习者个体差异，采用动态教学评价，这都在一定程度上影响师生的生态成长、语言的动态发展及它们在学习过程中所输出的能量大小；反过来，在英语语言的能量推动之下，课堂生态环境也会随教师和学生的主体活动产生变化。

此外，与一般课堂生态系统相同的是，教师和学生之间的共生关系在英语课堂生态系统内颇受重视。这种关系的实质是“由师生自我认同在人际间的相互拓展而形成的自我部分融合——生态自我，是师生生命活动的价值在彼此间的凝结”；而生生之间的共生关系因受竞争意识的影响而呈现出多出一层的维度，即生生之间不仅可能出现相互受益的关系，也可能产生以另一方的失败为成功基础的恶性竞争关系（李森，2005：57-58）。

2.2　中学英语课堂生态的现状

本小节先综述一般课堂的生态现状研究的发现；由共性推及特性，基于此深思英语课堂生态现状研究的发现。通过探寻课堂内生态失衡现象，教师可收获学习条件的创设导向，创建起具有整体和谐性的课堂，进而增强学习条件的创设效果，使学生能在可实现自我生命价值的空间内更大程度地增加语言课堂学习的投入程度并提升语言学习效果。

2.2.1　一般课堂的生态现状

自 20 世纪 90 年代中期以来，教育的关注点从教育制度、学校效能转移到学生的学习之上，中国的英语教育政策也开始随之发生变化。基础教育英语课程改革的实施使得全国的英语教育教学发生了显著的变化。英语课堂内，教师们不再“只关注语言知识讲解，忽略学生学习能力、语言运用能力和积极情感态度发展。开始把关注语言与关注全人发展相结合，从多维角度设计教学目标，尝试在教学中既关注学生语言知识和能力的增长，又关注学生学习策略的发展，有机渗透对学生良好品格和价值观的教育”（王蔷，2013：36）。这些令人欣喜的变化使得英语教育呈现生态发展的态势，弱化了课堂教学的线性特点。然而，统观当前的国内普通教育学领域和外语教学领域的相关研究可发现，英语课堂内生态失衡的现象依然存在。

普通教育学领域内，为了促成理想的生态课堂的建构，已有不少专家学者揭示了课堂的生态现状。表 2-1 列出了几种较具代表性的相关观点。

表 2-1　普通教育学领域学者对课堂生态现状的归纳

研究者	课堂的生态现状
汪霞（2005）	①教师的霸权掌控使得课堂教学生态缺乏多样性和共生性；②把知识完全客观化和窄化的做法使得课堂教学内容成为封闭的既定内容，呈现割裂状；③课堂教学方法为机械、灌输的方式；④超限度的课堂规模和封闭的课堂组织模式
余嘉云（2006）	①教学的目的过于崇尚理性、带有超强功利性、致力于“完人”的培养，以致教学可能毁掉生态人，漠视其多样性和自主性；②受唯科学主义的课程与知识观的影响，课程内容缺乏真实性，依附于考选机制，这不仅使内容的生命性价值丧失，也阻碍了学生对自然和非人生命的感知；③师生关系模式易被“中心主义”所桎梏，导致师生之间的平等格局被打破；④教师和学生长期承受着超耐度的教学的物质环境和心理环境
周庆元、黄耀红（2008）	①受教学目标、教师、教材、教学、评价的影响，课堂具有控制性，使得课堂学习系统呈现出既定性和封闭性；②课堂上表现出主客分离的状态，即知者与被知者、教师与学生、自我与他人之间的分离，及人与人、人与环境、人与知识之间的有机联系的缺失；③课堂活动的主题、结构、秩序具有高度线性化特点
李森等（2011）	①课堂的结构出现失衡，包含教与学关系的失衡、课堂生态主体与环境之间的失衡；②课堂的功能出现失衡，不仅包含应试教学的目标与生命全面发展目标之间的失衡，也包含课堂生态的内外在功能的失衡
杜亚丽（2011）	①课堂教学中存在课堂生态主体间性缺失的现象；②课堂教学环境存在超限度或限度不足的倾向；③教师形式化教学、简单化教材、误导学生学习兴趣的做法导致学生的成长受限；④学生的学习行为、竞争关系、学习自主性等阻碍学生的知识、思维的发展

续表

研究者	课堂的生态现状
张勇（2017）	①学教失衡，满堂灌、满堂闪、满堂练等情况依然存在，课堂活动的热闹仅流于表面；②身心失衡，教学内容的容量和难度不符合学习需求，作业负担高，边缘学生难以获得关注；③继承与创新失衡，预设与生成失衡；④情智失衡，教学仍以认知为重心，学生的情感体验和发展被忽视；⑤德知失衡，要么教育与教学剥离开来，要么教学沦为远离生活的道德说教；⑥同异失衡，表现为评价、教学和学生的同质化
熊琦伟（2018）	①课堂学习的物质条件受限；②课堂教学缺少生成，学习内容较为闭塞，学生的思维受限，利于学生自主学习能力培养的空间有限；③生生互动效果不佳

总体来看，课堂生态失衡问题主要产生于生态课堂的结构和功能两个层面（李森等，2011），这主要由教师、学生、教学、课堂教学环境等各生态因子特性的缺乏所致。

首先，结构之上的失衡主要表现在课堂生态主体之间、主体与环境之间的失衡。受客观主义知识观的影响，传统课堂教学模式中，教师惯于传授唯理性的知识，致使课堂生态主体之间的关系割裂；它给予教师霸权合理的理据，导致教师对课堂过度控制，阻碍学生的主动参与和学习能力的提高；且传统课堂教学具有高度线性、序列化的特点，教师在学生学习过程中的角色受限，仅能扮演信息传递者，而非引导者或学习支架的角色，学习演变为受高度控制的机械操作，最终使得教师自身的生态成长也受到相当大程度的阻碍。可见，教师的教与学生的学之间的共生性被忽视。

其次，为满足工业化社会的发展需求，教育制定者普遍关注如何在教学情境中规划出最经济可行的模式，以提升学校的生产效率，大班授课应运而生。然而，过大的班级规模使得有限的教室空间突显拥挤感，以致“课堂生态空间环境超过了生态主体的承受力和耐受度，超出了教育群体最适当的群聚度”（李森等，2011：66）。并且，由于中国的课堂组织方式通常采取封闭的“秧田式”座位安排方式，使所有学生面向处于高位的老师，这虽易于教师管理学生的学习行为、传授知识，利于学生提升专注力，但这种方式易破坏生态平衡，使得师生之间、生生之间的交互缺失，破坏他们之间和谐共生的人际关系；阻碍教师课堂教学方式的转变，阻滞学生的全人发展（闫江涛，2005）。

最后，受应试教学目标影响，功能之上的失衡主要表现为内在功能的失衡，以及内外功能之间的失衡。长期以来，中国的应试教育模式不仅窄化了教学内容，也限制了课堂教学方式，课堂教学内容在较大程度上脱离生活实际；且教学评价多关注学业成绩，忽视学生在情感、道德、社交等其他方面的表现。这使得课堂学习系统呈现封闭状态，学生仅能获得有限的发展空间，其学习策略的习得和学习能力的培养无法真正实现，导致他们对生态因子的适应阈值下降，生态幅变窄，生态价下降（吴鼎福、诸文蔚，1990），无法适应学校教育体系之外的情境，最终无法很好地满足实际的社会需求。

2.2.2 中学英语课堂的生态现状

近年，英语课堂的生态现状已引起外语教育教学领域的学者们的注意。一些学者（如陈春燕，2011；刘凤杰，2006；刘艳君，2013；单岩，2007；郑军，2017 等）专门针对大学英语学科课堂的生态现状，进行理论探讨，指出明显的生态失衡现象，如超耐度的课堂生态环境、不和谐的师生关系、课堂教学模式的单一、课堂学习与实际运用的失衡、评价体制片面化等。近年，随着现代化信息技术的介入，学者（吴斌，2017；贾亚丽，2018）也开始反思信息化背景下的大学英语课堂生态失衡现象，如信息化课堂环境本身，以及它与教师和学生主体之间的失衡、教学目标要求和教学实践范式的失衡、文化教学失衡等问题。诚然，这些现状剖析能够为深入了解英语课堂生态的现状奠定基础，但是，从教学目标、教学对象或教学环境等方面来看，大学和中学阶段的英语课堂有着显著差异。通过对大学英语课堂生态的分析，我们仍然无法全面了解中学英语课堂的生态现状。

目前，统观国内有关中学英语课堂教学的文献，它们鲜有专门以课堂生态现状为主题的系统总结，相关发现多散落在关于中学英语课堂教学模式、教学环境、教师专业发展、教师课堂话语、师生互动的理论和实证探究中。综合这些研究发现可见，中学英语课堂的生态失衡现象不仅体现在课堂结构、课堂功能之上，还体现在输入与输出的平衡之上（涉及物质、能量和信息几个方面）（贺祖斌，2005）。

首先，从课堂结构来看，中学英语课堂的生态主体之间、主体与环境之间仍然存在失衡，主要表现在师生间的不公平地位、生生间的形式化合作、课堂物理环境的阻碍和教学内容之间的和谐缺失等方面。

至今，基础教育英语课程改革已开展了十年有余，在较长一段时间内，“中小学英语教学界流行任务型教学，于是教材编写、教师备课、课堂授课、课后作业、专家评课、语言水平评价都要设法与任务型教学搭上关系”（崔刚，2008：19）；频繁的课堂活动时常使得课堂呈现出一派生机盎然的景象。尽管如此，因受到中国的传统文化观念、教师个人的专业素质能力或学校教育系统的保守教学文化等的影响，传统的填鸭式或保姆式课堂教学模式仍然盘踞在大部分中学英语课堂之内。具体来讲，虽然那些宣称以学生为中心的自由性练习的课堂应用增多，师生之间的互动已随之有所增强，但仍多表现为单向流动，教师在师生关系中的霸权地位难以撼动（田文燕、肖雪莹，2018；刘丽艳、刘永兵，2010；丰玉芳，2007；乔凤杰，2006），或者是活动、任务流于形式，使得学生的学习投入程度不高（彭昆湘，2007），导致教师和学生的生命价值在课堂空间内无法得到充分的体现，不仅限制了学生的课堂学习参与、阻碍了他们的生态成长，使得生机缺乏；也影响了教师的参与程度，阻碍了课堂教学的效果提升。从生生之间的关系来看，看似轻松快乐的课堂情境内，学生们虽呈现出“共同”学习的表象，却实则常把自己置于一种“孤立和隔绝的状态”（王艳玲，2006：34）。热闹非凡的课堂氛围常会使教师在教学过程中迷失，忘掉自己教授英语的初心，一味去追求趣味课堂，忽视语言的基础知识和技能的掌握，漠视课堂的时空限制，使表面呈现和谐状的师生、生生关系丧失核心基点，最终将难以帮助学生提高英语学习水平（崔刚，2009）。

并且，相较大学英语课堂（特别是英语专业的英语课堂）而言，中学英语课堂的密度普遍较大，常常超过学生的承受度和耐受力。为了方便教师控制，座位的排放方式多是秧田式，这除了易对师生的心理、生理产生较大压力之外，也会影响多样的英语课堂学习活动的组织开展，极大地压缩学生的语言实践机会；也会减弱师生之间的情感联系，且难以使每一个学生的个体需求均获得满足，易促使心理冲突产生，对学生的英语学习产生负面影响。另由于以机械的知识观为基奠的英语课堂教学仅能提供封闭的、缺乏整体和谐性的课堂学习情境，课堂生态主体常"以个体的目标为起点，并以个体的获得和体验而告终，缺乏协作精神和能力的培养"（孙建华、刘丽，2003：41），主体之间缺乏足够的能量流动，主体与英语课堂环境之间通常呈现出主客分离状态。

其次，从课堂功能来看，失衡问题主要表现为内在和外在功能的失衡。对于基础教育阶段，在中国的英语学习情境之中，高考这一指挥棒的牵引作用依然存在。学校、教师过于片面地追求考试分数和升学率，编排教学内容时，常以能够满足英语升学考试的要求为重，倾力讲授那些被视作考试重点的语言知识点，使得学习情境呈现为封闭状态，缺乏真实的语境，学生仅能获得有限的语言输入和语言使用的机会，仅能习得有限的语言知识（多为语法知识）、薄弱的语言技能（忽视产出型语言技能，即说、写技能），最终仍然无法在生活实际中成功地应用语言知识（刘丽艳、刘永兵，2012；陈达等，2010）。"学生没有用英语做事的机会，必然产生学用脱节的矛盾并因而加重母语的负迁移。即使学生学会并有能力用英语做事，也会因无使用语言的机会而产生语言磨损（language attrition）"（张正东，2009：4）。并且，由于教师多采用封闭化的展示性提问，提问的内容主要围绕语言结构展开，提问的目的仅限于对客观语言知识的检测，这在很大程度上限制了学生的思维和社会能力的发展（魏华亭，2008）。如今，现代信息技术的介入对教师的教学能力、教学理念和信息技术掌握与应用能力有了更高的要求，但它们却往往无法匹配现代英语课堂生态系统的平衡应用（王艺，2017）。

另外，从课堂空间内的输入与输出来看，课堂内外生态系统之间、课堂内信息输入和输出之间仍存在失衡现象。

近年，中国的教材、教学方法和教学手段等都已呈现出多样化态势；学校被赋予自主权，可根据自己学生的实际语言能力选择适合的教材。但是，课堂内外生态系统之间仍未达成平衡，新课程所提倡的英语教学理念在中学课堂教学实践中的落实仍处于磨合阶段，教师们仍未清楚认识语言的本质、价值、外语学习的缘由等，以致课堂内的教与学并未出现明显的积极变化。不少教师的语言知识基础仍然较为薄弱，欠缺足够的语言运用能力，缺乏对学生语言能力和学习任务性质的充足了解，对课堂反馈语的使用意识也不高，使得课堂反馈语多偏简单化，其信息也时常存在“语句不完整、词不达意、目标语言使用错误、英汉夹杂等”问题，适当类型的反馈无法被适时提供给学生（林正军、周沙，2011：21），最终，师生课堂交往的开展时常仅拘囿于简单的 IRF（Initiation-Response-Feedback）反馈模式（即教师提问—学生回答—教师提供反馈），这无疑使“学生获得可理解输入和产出可理解输出的机会”受到限制（刘学惠、钱薇薇，2007：27），阻碍师生在课堂学习过程中的信息传递，让彼此的反馈缺失，无法形成真正的反馈环，失衡现象由此产生。在这种情况下，师生双方不能“维持正常的自动调节功能，完成各自的行为调节、认知调节和情感调节”（黄远振，2007：109）。

综上可见，这些生态失衡现象的存在虽表明了中学英语课堂的问题所在，却也恰恰展示出课堂的可发展生态空间，给教师们指明了学习条件创设的导向，明确告知他们需要给予哪些层面更多的关注，这能帮助他们建构起向学生供给真正能实现自己的生命价值的、呈平衡状的课堂空间，进而增强学习条件的创设效果，更大程度地促进学生的语言学习。

第 3 章　语言课堂学习条件的认知视角与研究主题

本章简述语言课堂学习的视角转向，着重阐释生态取向的观点所指，强调对语言学习各影响因素的整体认知，尝试为整合性学习条件研究的开展提供导向。笔者综述了语言课堂学习条件研究，整理已有相关研究的重要发现，选择从语言课堂学习的外部环境条件、过程影响因素和教学提升途径三个方面入手对语言课堂学习条件研究进行述评，以期为之后理论基础的确定和多个适用于中学英语课堂的学习条件的梳理奠定基石，并为研究方法的选择提供理据。

3.1　关于语言课堂学习的不同认知

课堂教学实践情境中，语言教师对语言课堂学习的理性认识会被直接或间接地反映到他们所开展的任一教学活动中。语言教师从语言观、语言学习观、语言教学观及对课堂情境的深入剖析与理解等方面着手，尝试回答“课堂情境中语言是如何学习的”、“怎样的教学能更好地促进语言的学习”等一系列问题，深层了解语言课堂学习的本质。长久以来，对语言课堂学习的认知视角主要呈现为客观主义和建构主义两种取向。近年，一种更具整合性、系统性、适切性的生态取向语言课堂学习认知也逐渐显现出来，这为提升语言课堂教学的有效性提供了一种新的视角和可能性。本节将通过简要分析基于客观主义、建构主义形成的语言课堂学习的认知的基本内容和实践反思，着重剖析具有生态取向的语言课堂学习认知的具体内涵。

3.1.1　语言课堂学习的客观主义认知视角

从根本上来看，对语言课堂学习的认知受到对语言本质不同观点的直接影响。20 世纪上半叶，结构主义语言学可谓语言学研究的主流。语言被视作一个包含分层形式结构的符号系统，语言的任一部分（包含语音、词素、句法等）都是语言结构系统中的一个项目；学习者通过学习一门语言中一套有限的语言项目，产出语言。这种语言观与行为主义心理学相互关联，都强调可观察的行为，注重科学实验的科学性。通过这二者的结合，行为主义语言学习观形成。它主要包含四个方面的内容：其一，语言学习是一种行为习惯，这种习惯的养成亟需外界环境的刺激；其二，相较学习者的内在因素而言，外部环境在语言习得和学习过程中占据更为重要的位置；其三，儿童语言习得和学习语言的过程需遵从“刺激—反应—强化”这一基本客观规律；其四，外因之一的正向强化（如成就感、成功感或赞扬等）可促成语言行为的逐渐形成与巩固（Brown，2000）。

因此，语言课堂学习情境内，语言结构被视作学习内容的核心；学习者处于被动的地位，通过教师所提供的大量反复、机械性的语言操练机会，获得足够的外部刺激和强化；他们在语言学习过程中产出的错误会被一一纠正，以最终促成语言习惯的加强或改变。可见，课堂教学的关注焦点是如何创设利于“刺激—强化”联结的外在学习环境，如此易忽视学习者在语言学习过程中的思维认知活动、情感等。

为此，Chomsky 指出，语言不应被视作可观察的行为习惯，它是受规则支配的系统，是学习个体思维中存在的知识；语言学习不再是通过“刺激—强化”联结所养成的行为习惯，而是设置参数值和习得词汇项目的性质（Cook，1996）。由于天赋的“语言习得机制”的存在，哪怕被给予少许接触语言材料的机会，所有正常儿童都可在几年之内习得母语。语言课堂学习环境应给学习者提供激发参数的最佳输入；通过广泛接触语言材料，学习者能够发现语言的深层结构，并把深层结构转化为表层结构的规则，最终创造性地使用语言。

可以看到，相较结构主义语言学而言，转换生成语法选择了动态的语言分析，后期研究对“合乎语法”和“可接受”进行了阐释，在一定程度上把语言和言语结合了起来，超越了结构主义语言学的某些局限（王德春，2002：73）。然而，不可否认的是，转换生成语法的形成基础是结构主义语言学，它“仍是一种结构语法，语法规则反映语言的结构而不是语言的系统”（胡壮麟等，2005：377；转引自支永碧、吴延平，2007：21）。Chomsky 的研究侧重点是语言能力而非语言运用，主要“研究理想的说话者在理想的语言环境中，在不受任何外界影响之下所运用的语言”（王霜梅，2006：55）。他侧重语言的理想状态，缺乏对言语的描述，未足够关注言语环境的分析，忽视语言的社会属性（王德春，2002），导致语言课堂学习情境仅能提供有限的、缺乏语境的输入，使学习者仅能接触到书本中偏理想而缺乏社会属性的语言结构。

由上可见，尽管这两种语言课堂学习认知理论有着不同的倾向，呈现出不同轨迹，但都属于客观主义范畴。在它们看来，语言知识是客观的、普遍的、确定的，是孤立存在于学习个体之外的学习对象。虽然它们所强调的获取语言知识的途径不同，但都认为学习即对客观现实的如实“映像”或“表征”，与客观世界保持完全一致（李园、莫永华，2009）。因此，在语言学习过程中，学习个体仅需被动、直接地接受具有同一性的客观知识，他无须通过新旧个体经验的结合来主动建构语言知识，以致学习过程呈现单向走势，学习者未发挥出足够的主体能动性，仅能从中获取静态的、机械的知识，学习阶段止步于知识的内化、提取而已（王艳玲，2006）；并且，以上两种语言课堂学习认知理论虽都重视外在环境对于语言课堂学习的作用，但对它的重视程度不同。语言课堂学习情境若根据这两种语言课堂学习认知理论而创设则都具有去情境化的特点，语言学习内容受限，使得教师在语言课堂的教与学过程中仅能发挥相当有限的作用，其角色仅限于“客观语言知识的传输者”。在缺乏真实性的语境中，教师让学习者反复操练句型或强行记忆语言规则，导致师生之间仅能获得有限数量和质量一般的信息反馈。

此范畴的语言课堂学习情境主要提供四个学习条件：首先，教师为学习者提供足够的、具有普遍性的客观语言输入，帮助创设丰富的外部语言刺激环境，或促使他们发现可生成语言的规则；其次，教师为学习者提供充足的语言实践机会，使他们能通过机械式的语言训练，给予语言刺激相应的反应，或根据已掌握的规则创造性地使用语言；再次，教师所选择的学习方式有利于学习者准确理解、记忆、提取客观语言知识，使他们最终能够透过同一视角获得相同的解释；最后，学习者参与到语言知识习得过程中来，给予外部刺激反应，或对接收到的客观语言知识信息进行内部认知加工。

从学习实践来看，这种语言课堂学习认知虽在一定程度上促进了语言课堂成效，但仍未能很好地解释语言学习中的复杂现象；虽然它的关注点已从环境中的条件反射转移到了学习者所具有的先天性因素，它给予社会交流的关注却仍然不够，甚至出现减少趋势（司考沃，2006；Johnson，2001），易导致语言课堂学习的社会属性被忽视；其内含的二元对立观也使得学习者、教师在学习过程中仍处于被动的角色，学习者和教师的参与、互动程度不高。

3.1.2 语言课堂学习的建构主义认知视角

自20世纪70年代开始，语言学研究关注点从句子结构转移到语言使用。由系统功能语言学和认知语言学的核心观点可见，语言学家们开始考虑社会环境、语言使用情境，以及语言使用者的意愿和感知，开始尝试把语言研究与外在现实和语言使用者的心理情境相关联。在他们看来，语言并非独立于语言使用者和情境而客观存在的（Stern，1983）。语言知识被认为不是确切的、普遍的，不是对现实世界的准确表征，知识的产生离不开语言使用者和社会环境。系统功能语言学强调语言与社会和文化之间的紧密联系，它动态地理解语言系统，并将研究视野扩展至真实具体的语篇和话语（支永碧、吴延平，2007）。而认知语言学也强调语言的动态性和语义产生来源的多元化，语言知识不再被绝对客观化，而是被理解为语言内部结构、规则作用的结果，抑或为语言使用者个体的经验、认知与信念等的直接作用的结果（支永碧、吴延平，2007）。

另外，自20世纪60年代开始，教育情境的独特性也在心理学界获得了越来越广泛的关注。到了20世纪80年代，建构主义的出现使得学习理论研究发生了范式的转变。它不再以客观主义为哲学基础，主张意义的获得是通过学习个体的主观建构实现的，强调学习个体的原有知识经验在学习过程中的作用；它的指向对象不再仅仅是学习者个体，也指向学习者与周围环境之间的社会互动，以及社会、文化、历史情境的重要作用（王文静，2002）；它的研究基础不再是行为科学，而是"认知心理学、文化人类学、社会语言学、社会心理学和民族学等等质性研究方法"（佐藤学，2004：53）。

随着语言学研究和学习理论的发展，情境在语言学习过程中的重要性也更多突显出来，这使得人们对获取知识的学习过程的认知发生了转变，它不再被视作"由内而外的转移和传递，而是学习者主动建构自己的知识经验的过程，即通过新经验与原有知识经验的双向的相互作用，来充实、丰富和改造自己的知识经验"（陈琦、刘瑞德，2007：186），其中学习者的动机和语言学能、目标语群体和二语群体之间的关系等都不容忽视（Cook，1996）。这在一定程度上对传统的知识观提出了质疑，尤为强调知识的建构性，以及知识形成过程的社会协商性（郑太年，2008：422）。

由此，语言课堂学习认知也随之发生了转变，它愈发关注语言知识本身和语言学习过程的建构性。课堂内，语言学习旨在促使学习者在真实的语言交际活动和社会实践活动中进行意义的建构。学习者不再是被动的行为操练者或信息接收者，教师也不再是行为训练者或信息传话筒。语言学习的目标不再是对客观知识的理解、记忆和机械应用，不仅包括对语言能力的培养，使学生能够学会选择适合的语境，也包括对问题的解决、批判性思维及反思能力的提高和知识创新性方面能力的培养等。要达成这些目标，需要有某些学习条件的支持。

德里斯科尔（2008）采集了众多学者（如皮亚杰、维果斯基、布鲁纳、霍尼本等）的观点，推导出一系列建构主义取向的学习条件。由此可推导出在该取向的语言课堂学习情境内，学习条件的创设至少需要关注以下几个方面：第一，语言学习被置于复杂的、真实的、相关的环境中。复杂情境的提供能避免简化学习任务倾向的出现，有助于学生最大限度地提高问题解决能力。第二，社会协商被视作语言学习的重要部分之一。语言、学习和思维的社会互动性决定了合作在语言学习环境中的重要性。这里的合作不是指简单地活动组织形式上的合作或个体知识的分享，而是强调学习者之间的转换式双向交流，它能使个体通过此途径理解他人的观点。第三，多维视角与多种学习方式受到重视。特别是，当面临的问题属于不良结构的内容领域时，课堂学习环境能够提供不同的情境，促使学习者从不同的视角去学习同一内容，对同一信息做出多种解释；或促使他们借助不同的感觉通道（如视觉、听觉、触觉），去学习同一内容的不同方面。第四，学习者的主体性不应被忽视。他们不应总被视作知识的被动接收者，而应获得更多的鼓励去主动参与自己的学习过程。在自我管理学习的过程中，教师是否提供支架或指导、给予反思空间、创设有意义的指导情境，皆可直接决定学生的学习需要能否获得满足。第五，学习者对知识建构过程的自我意识被培养。建构主义者虽把这种自我意识称作反思，但相较认知信息加工理论者所指的元认知能力而言，它所蕴含的意义更为广泛，不仅指对自己的思维过程的意识，也指随之产生的重要态度和意识，前者涉及知识建构过程，后者指向学习者的探究能力。

不难看出，基于建构主义的语言课堂学习认知已不再囿于二元对立论，它极其注重意义建构过程中语言学习主体的能动角色，强调他们已有的个人经验在知识经验创建过程中的作用，重视语言学习活动的社会协商性，也肯定语言学习环境对语言学习的积极促进作用。尽管如此，语言课堂学习始终未被视作一个系统，语言、语言学习环境、语言学习者、教师等课堂学习过程中的各因素并未被整体对待，导致语言学习这一复杂系统的本质仍未被更加全面、深入地揭示出来，从而使得课堂内可促进语言学习发生的所有条件仍难被准确了解到。

3.1.3 语言课堂学习的生态认知视角

从具有整合性的生态视角来看，语言不仅是人类特有的一套符号系统，也是用于意义表达和信息交流的工具；语言本身的构成和功能都不容忽视。语言的结构成分、功能、语境等要素都应被视作一个整体；整个语言系统由形音系统（graphophonic system）、词汇语法系统（lexico-grammatical system）、语意语用系统（semantic-pragmatic system）等多个子系统构成；若将语言系统分解就等同于扼杀了一个生命个体（Goodman，1996）。

语言具有生物性，呈现出生命动态和多样性；整个语言系统与生态系统相互作用，与其中的“自然、社会、文化、人群等环境因素密切相关”（沈映梅，2008：132）。自 20 世纪 70 年代开始，语言学家（如 Haugen，1972）从生态的视角，探讨语言与环境的关系，甚而提出了语言生态学，旨在研究任何既定语言与其所处环境之间的相互作用。“这里的环境不仅指使用语言的社会环境，也指语言使用者的心理环境。语言生态兼备社会层面与心理层面，语言不仅与语言使用者心智内的其他语言互动，也在交际情境中与社会互动”（Palmer，2013：228）。

生态意识在语言观中的渗透给语言学习观带来了视角的转变。语言学习过程中，学习者之间的关系、情境的重要性突显，它们都被视作促进语言接触、意义交流的关键所在（Wesche，1995）。学习个体的生命活力、他们与学习环境之间的交互作用备受重视；不仅单独个体的参与获得强调，学习个体之间、个体与共同体之间的相互影响同样成为关注焦点。学习的过程被视作一个“作为信息探测者的学习者通过积极主动的活动，借助有目的反思实践，对其情境（物质及社会环境）所能提供的给养进行调适的过程”（郑葳、王大为，2006：914）。

由此，生态视域下，语言课堂学习过程是有机体与环境在语言课堂生态环境中互动的过程。语言课堂学习生态系统内，多个生态因子（包含语言学习者、教师、语言输入材料、语言学习活动、语言学习工具、课堂物理环境等）之间普遍联系与相互作用，形成一个有机的整体。课堂学习系统具有组织性和有序性，提供真实的语言学习情境脉络，有机体（包含教师和学习者）在其中进行积极的社会互动，同时整个系统在生命体和环境之间不断进行调适。

此时，要促进语言学习的发生，课堂学习环境的创设导向需要被转变，它不再关注教师以什么方式把客观的语言知识最有效地传递给学习者，或以什么教学形式促使学习者通过内在认知加工而熟练掌握语言知识，反而更加注重如何优化那些蕴含于学习系统内的语言资源、学习情境和社会互动空间，以便为学习者提供丰富的给养，促进他们与环境之间的交互作用。

课堂内，利于语言学习的学习条件涉及以下几个方面：①教师提供丰富的、具有开放性和整体性的语言知识，帮助学生了解语言的动态发展、多样形式及互动关联，避免割裂或过度窄化语言知识（汪霞，2005）。②师生关系、生生关系的创建被视作语言课堂学习的要素之一。因教师与学生互为语言课堂的主体，师生之间、生生之间的深层多维互动受到重视。③师生与所处环境（包括自然环境、社会环境）之间的互动被正视，它之于语言课堂学习有着重要的作用，教师和学生可由此更为清晰地厘清影响语言学习的各因素，这有助于他们共同创设出语言课堂学习情境，呈现出各因素的最适度状态（秦晨，2005）。④教师给予学生足够的空间，使他们能够依据个体体验主观解读语言知识；教师及时向他们提供适当的协助，创设有利于良性竞争行为产生的语言课堂学习氛围，使其能够更加积极地投入到语言学习过程中来。

统观三种视角，对语言课堂学习的认知，若基于行为主义和认知主义而形成，虽呈现出对立态势，却都被划归为客观主义范畴。前者注重课堂学习情境内外在环境条件的提供，力图促进条件反射，帮助学习者获得语言技能，形成语言习惯；后者重视学习条件的创设，旨在提高学习者的认知加工能力，促使他们更好地理解、掌握语言规则。然而，由于陷于二元论的困境中，二者均未肯定课堂学习主体在语言知识建构过程中的作用，未重视主体间的社会互动，忽视了语言本身、语言学习的社会属性；教师虽被置于课堂学习过程的中心地位，但其能动作用仍然有限，仅仅是客观知识的传递者。相较而言，语言课堂学习的建构主义视角能够充分突出课堂学习主体在意义建构过程中的自主性、能动性，重视课堂所能提供的语言学习情境的真实性和复杂性。但是，它在一定程度上易偏向较为极端的主观性，过于强调学习者的主动角色，未足够多地关注教师在语言课堂学习过程中的主体地位、师生之间的积极互动。可以发现，这些语言课堂学习的认知都只关注到语言课堂的某一个或某几个侧面，未能足够开放地、系统地去审视课堂，没能给语言知识的意义建构活动提供一个更具整合性的框架，而这正是语言课堂学习的生态认知视角所能突显出的优势。

3.2 二语学习领域的学习条件研究

伴随研究者对学习过程的关注增多，大量教育研究对它的本质探寻产生了浓厚的兴趣，开始注重区分那些支持各类学习（特别是发生在非正式环境的学习）的条件（Salomon & Perkins，1998）。例如，Brown 和 Campione（1996：292）曾明确指出，“具有自发意识性的、积极的、反思的学习环境的形成”离不开四个学习条件，即信息的持续共享、具有结果导向性的任务、学习内容的投入、对研究的坚持；协同作用（synergy）之于最佳学习条件有着必要性。虽然，这些条件不是专门针对语言学习而提出，但同样可以成为真实的语言学习机会的特征；应用语言学家若能根据具体学习情境，更好地区分这些条件，并把上述关注点与语言特征相融合，就能够推动理论与实践的发展（McGroarty，1998）。

与此同时，关于语言学习条件的研究也不断涌现，应用语言学领域的研究者们开始密切关注情境特征、任务要求、话语框架、道德维度（McGroarty，1998），尝试围绕这些重要方面，更好地了解语言学习的过程，试图弄明白支持有效语言习得的条件有哪些（Spolsky，1989）。具有代表性的研究包含以下几项。

20世纪80年代，Stern提出了一个语言教与学的模式（A teaching-learning model）（Stern，1983：500），专门把学习条件纳入其中，设置为宏观模式中的要素，强调学习条件对了解语言学习过程的关键作用。这里的学习条件专指语言环境条件，包含第二语言学习环境和外语学习环境。前者为学生提供具有支持性的目的语使用环境；后者提供非支持性语言环境，它主要发生在语言课堂之中。这两个学习条件主要指外在环境条件，不涉及内在心理条件。然而，学得条件和习得条件的并列却突显出语言环境因素在语言的教与学过程中的重要性，使支持目标语学得的环境重建问题受到重视（肖礼全，2005）。

Spolsky（1989）创建了一个颇具影响力的理论模式，即第二语言学习的通用理论，列出了74个促进第二语言学习的学习条件。它们相互影响，呈现出10个维度（即语言知识、语言使用、语言综合能力、学习者个体因素、能力与个性方面的个体差异、二语的语言基础、二语学习发生的社会环境、有关二语学习者态度与动机、有关学习机会、正规教学的条件）。依据条件的内在属性，他将其划分为三类：必要条件（指对学习的发生必不可少的条件）、典型条件（指典型使用却非必要的条件）和递级条件（指学习的结果受条件满足程度的影响）；依据条件的外在性质，他又将其划分出两大类条件，即社会环境条件和学习者个体条件，认为学习者因素尤为关键，二者间的相互作用决定着第二语言学习的结果。这一通用理论模式基本上明确了促使第二语言学习发生的内外条件，不仅包含涉及语言特征本身的条件，也包含凭教学行为难以改变的学习者个体的生理条件，及正式的课堂学习和非正式的自然学习的社会环境条件等；它探讨了这一模式与语言教学之间的相关性，明确指出它们和其他维度的学习条件（特别是学习者的能力、个体差异、态度与动机、已有语言知识和语言使用机会创设）之间的相互影响作用，推动了语言教学研究的基点从语言本身转向学习问题。

同一时期，Strevens（1988）也呼吁从语言学习的条件出发，让语言的教与学实现互惠循环。他认为，学习在很大程度上受六个方面的影响，即语言输入的呈现方式对语言理解和学习的影响，学习者的身份认同、学习意向、心智特质对学习过程乃至学习者个人发展的影响，大量具有复杂性、多元性和渐进性的感官数据与记忆对语言学习的作用，理解和记忆对学习的诱发作用，多元化语言呈现形式和大量使用机会对语言掌握的影响，有效学习与启智式教学之间的相互影响（Strevens，1988）。这意味着，课堂情境内，教师需要注重语言输入的形式与呈现方式、学习者的个体心理活动和特质、内容的理解与记忆、语言使用机会的提供等方面，创设相应的学习条件以促进语言学习。

1994 年，Ellis 建构了一个具有清晰解释力的二语习得框架（a framework for explaining L2 acquisition），指出语言输入、学习者个体因素、其他知识（如母语知识）会直接影响语言加工，社会因素/背景和语言产出在习得过程中起间接影响作用。他虽未专门论述相关的学习条件，却能引领教学研究者和实践者去探知，由这五个要素去延伸出可促进二语学习的学习条件。

这些因素共分为三类：外在因素、内在因素和学习者个体差异。外在因素包含输入和互动、社会因素（年龄、性别、社会阶级、族群认同）。Ellis（1994：197）认为，在不同的学习者发展阶段，语言习得的发生需要不同类型的语言输入和互动；社会因素通过对学习者的态度塑造或影响其学习结果，它们决定学习者可能获取的学习机会，间接影响着学习。内在因素包含语言迁移（母语的影响）、认知过程、语言使用过程、语言的普遍现象；它们与学习者内在机制相关，其存在说明二语学习是一个具有一般认知性的机制管控的过程。学习者个体差异则包括学习者对语言学习的信念、情感及一般因素（年龄、学能、学习风格、动机、个体特征），它们与语言学习是否成功息息相关。

以上研究多采用思辨式研究方法，从宏观层面阐释二语习得过程的方方面面，帮助全面了解二语习得过程中的多个关键结点。它们普遍具有统括性，却也恰恰因此缺乏足够的针对性。对课堂情境内的语言学习来说，这些研究论述的启示性虽强，却仍需有效桥梁的辅助，方可为教学实践者提供更为直接、实际的指导。为此，下一小节将专门综述更具指向性的语言课堂学习条件研究。

3.3　语言课堂情境中的学习条件研究

回顾已有国内外语言课堂学习条件研究，可以发现，语言教学研究者已愈发意识到，不存在什么“万全之策”（如某一种教学方法）。若要让教学情境中的语言学习得到满意的结果，“不要试图把一种经验或一套原则强行生硬地应用到教学中去，那不会走得长远”（Nunan，2011：167）。语言教学研究者更愿意选择从语言学习过程本身、教学环境特征、师生角色定位和互动关系等侧重点切入，思考哪些学习条件有利于课堂情境中的语言学习，及如何由此创设有利于语言学习的机会，提高语言课堂学习效果。这种路径能够拓宽教学研究者和实践者的视野，增加语言课堂教学质量提升的可能途径，让教师更加关注学习的本质、学习者个体特征与情感等，最终增加课堂内教与学过程的契合度。笔者将从语言课堂学习的外部环境条件、过程影响因素和教学提升途径三个方面入手，述评已有语言课堂学习的学习条件研究，以期为本书研究提供坚实的理论基础。

1）语言课堂学习的环境条件

学界对外部环境之于语言学习过程的重要作用的关注始于行为心理学，外界环境的刺激被认为在很大程度上决定行为习惯（语言学习习惯）的养成。起初，针对课堂学习情境的学习条件，加涅（1985，1999）提出了一个学习论和教学论。他把教学视作外部条件（存在于学生之外的条件），强调外部情境之于内部学习过程的重要作用。

自20世纪80年代开始，语言教学研究者们也意识到，任何一种教学方法都难以是绝对正确的，它的有效性受特定情境的影响。课堂背景的独特性被纳入他们的关注范围，课堂的物理环境、教学环境等逐渐成为他们的讨论焦点。

Spolsky（1989）专门把课堂物理环境设定为促进二语学习的学习条件之一（即第 68 个条件），把教室描绘成具有独立性的封闭物理空间，认为课堂情境内的语言学习机会受社会环境的影响，社会语言情境、目的语的地位、目的语接触量和各类家长因素影响着学校的教育理念、目标和优先选择，进而影响课堂学习机会的给予。

在中国的英语教学情境中，课堂物理环境条件的重要性尤为凸显。隋铭才（2001）基于对唯交际论和外语与二语不分的质疑，建构了一个英语教学模式，专门提出“英语教学条件”，以此突出中国英语教学的社会环境特点，强调课堂教学的重要性。这里的教学条件主要指课堂环境条件，包含“课堂的桌椅、黑板、电视、电脑、OHP、班级规模等”，既直接受社会环境[①]的影响，也直接影响英语教与学的过程；学生的学习结果可给这些教学条件反馈信息，便于条件的改进，进而提高英语教学的质量（隋铭才，2001：227）。

除了物理环境之外，课堂的教学环境也备受语言教学研究者的关

---

① 隋铭才（2001）把社会环境界定为社会、经济、政治、文化、教育等外在环境因素对教学条件、主体、参与者的直接影响；同时，它包含因此而制成的教学大纲等。

注。例如，Lightbown 和 Spada（1999）针对课堂背景内的二语学习，建议创设具有支持力的课堂环境，以激发学生的兴趣，使他们能投入到与其年龄和文化背景相契合、可能获取成功的活动中去。Tayao（1984）在关于课堂教学对二语习得的有效性的综述文章中指出“低风险”环境的重要性，认为它能促进冒险行为的生成。

更有学者把语言学习的环境条件理解为两类环境的综合作用。如王文静和伊咏（2005）指出英语学习环境是儿童英语学习的必要条件，这一环境条件不仅包含通过虚拟技术建成的虚拟学习环境，也包含物理学习环境（如学校、教师、家庭等）、基于真实人物和活动为载体构成的英语学习共同体。学习共同体的建立被认为可以培养课堂内的积极关系，它是有效学习的保证条件之一。学生在这个学习共同体内能更加投入，更加有归属感，从而提高了学习动机和参与度；他们在合作的氛围中对自己的学习更有责任感，最终促进他们的自我反思、元认知等的发展。最为关键的是，学生在共同体内是学习过程中的积极参与者，能意识到自己在做什么，以及为什么要这么做。教师为学生创造出这样的环境，使他们能够不断思考，在学习过程中建构个人的意义（Watkins，2005）。

目前，随着互联网技术的发展和自主学习理念的兴盛，中国的研究者们愈发倾向于采用实证分析路径，关注多媒体网络环境（包含多媒体技术环境、博客平台）对英语学习直接或间接的影响。例如，骆蓉（2017）调查统计了中美四大 MOOC 平台的六个外语类课程的学习情况，提出一个由自主学习综合能力素养、交互式在线学习环境、输出驱动型自主学习过程三大模块构成的外语自主学习模式，以此解决网络环境下外语自主学习的问题（如自主学习意识淡薄、互动较少、有效输出不够等）。郭晓英（2009）采用实验验证的方法，把受试分为实验组和对比组，通过分析写作教学实验前后的英语写作成绩，发现了博客环境给大学英语写作教学带来的益处，它不仅有益于师生主体性的发挥和交互作用，提高学生的写作能力，也有助于改进大学英语写作教学模式。何高大和钟志英（2007）注意到多媒体的交互性和超文本功能，专门设计了网上写作探究学习的英语学习环境，采用了调查报告和实证性研究互动的方法，探讨网络多媒体环境下，高等教育层次的学生在学习资源、场所、评价与管理等方面有着怎样的适应性。魏先军（2006）的理论探讨范围则比较宽泛，仅通过课堂教学实例分析，关注了如何借助多媒体网络环境激发师生的自主性，以此提高大学英语课堂教学的有效性。

从以上文献概述可以看出，早期的语言课堂环境条件研究多内嵌于语言学习/教学的模式探索之中，研究者偏向采用思辨式研究方法，强调环境条件之于英语学习的积极作用。近期，相关研究的内容不再仅仅单一讨论课堂的物理环境特征，也讨论课堂教学环境特征和创设途径，或它们与宏观层面的环境条件（如制度/非制度条件、政治或经济条件）之间的影响关系。研究者开始采用实证途径探究课堂的情境特征（如班级规模、授课时间和网络环境），求证它们对教师课堂实践行为的影响（Fang，1996；Kim，2014；Bell，2009），探讨它们与学生语言学习能力、课堂教学质量之间的相关性。诚然这些研究发现能够增进学界对语言课堂学习的外部环境条件的认知，但由于此类研究有着内容和方法的限制，未能更深入地探知课堂学习过程本身，导致其研究启示仅能够对师生的课堂教与学行为产生有限影响。

2）语言课堂学习过程的影响因素

学习一门外语需要一个多维的、多因素的和综合的框架，它被整合在两类变量下，除了与情境相关的因素之外，与学习主题相关的因素也被包括在内，它包含语言能力和学习过程等因素（Fandino et al.，2019）。伴随研究者对语言课堂学习过程重要性的认识加深，很大一部分语言课堂学习研究论述或验证了课堂情境内的语言输入、输出、互动/参与、反馈、学习者个体特征等因素对语言学习过程的影响作用，尝试回答与课堂情境中语言习得相关的重要问题（Seliger & Long，1983：V），通过理论论据和实证数据揭示这些促进英语学习的条件之于语言课堂学习的重要性。这些对课堂过程的探究对于我们认识课堂内哪些条件能促进语言的掌握至关重要，它们能够帮助教师对自己的课堂行为形成正确的判断（Ellis，1994）。

语言输入和语言输出之于语言学习的促进作用早已获得语言学习专家们的普遍认同。Krashen 和 Swain 是其中的代表人物。前者明确把可理解的语言输入视作实现二语习得的唯一必要、充分条件（Krashen，1985，1989）；后者指出语言输出与语言教学的有效性提升之间存在正相关性，把沉浸式教学的问题归结于学生语言使用机会的不足、教师对语言输出准确性的忽视（Swain，1985）。另有不少语言教学研究者论述了语言输入和输出对语言课堂学习的重要性。Gaies（1983）把语言输入或二语教学的语言环境归纳为语言课堂教学过程研究的主要研究内容之一。Tayao（1984）指出可理解性输入对目的语规则内化的积极作用。Spolsky（1989）所提出的一系列学习条件中，多个条件与正规的课堂教学相关。除了上一小节说明的课堂环境条件（第 68 个条件）之外，另有 5 个条件（即第 64、66、70、72、74 个条件）都专门聚焦课堂教与学，被他视作课堂教学的典型且递级的条件。其中，他特别重视语言输入与输出机会的提供，把大量的目标语言的观察和使用机会看作课堂学习情境的必备条件。Lightbown 和 Spada（1999）主张向学生提供具有真实性的语言材料，逐步引导他们接触语言；为学生创设以理解和意义表达为宗旨的交际性实践机会，使课堂教学以意义为中心。

语言课堂情境中，教师话语被视作重要的语言输入内容之一，它无论对课堂管理还是对语言习得都至关重要（Nunan，1991）。教师有效使用课堂话语能够提升学习者的参与度（Incecay，2010）。语言教学研究者对教师话语与学习机会之间的相关性有着浓厚的研究兴趣，他们不仅调查教师目的语输入量，还关注与特定情境，特定教学功能、目的相关的教师语言选择（Duff & Polio，1990；Gearon，1998；Polio & Duff，1994；Wash，2002；Kim & Elder，2005）。为了找到教师话语中目的语的最佳使用方案，研究者们着手调查在不同课堂情境中的教师语言选择。如 Tian 和 Macaro（2012）调查了听力理解活动中教师的语码转换对外语词汇习得研究的影响；研究发现，相较纯目的语讲解而言，教师在课堂话语中使用语码转换更能促进语言学习。

另外，课堂互动与学生的有效吸收之间的相关性进入部分研究者（如 Allwright，1984；Slimani，1987）的视野，课堂中的师生、生生互动机会受到重视。例如，Seliger（1977）通过比较两类学习者（一类积极参与课堂互动；一类边缘参与课堂互动）的语言发展，指出学习者是否积极参与课堂互动与语言学习有着正相关。Dobinson（2001）探讨了师生互动、生生互动与词汇学习之间的关系。他认为，课堂互动能够帮助词汇的记忆与回想，教师在课堂中应提供互动的机会。Pinter（2007）调查了低年级的外语学习者在任务中的生生互动。最终发现，与同伴互动对学习者来说是一次宝贵的经验，能从中获得自信感；由此，他鼓励低年级的语言教师在课堂中尝试强调互动的交际任务。Watanabe 和 Swain（2007）的研究也说明了同伴间的互动模式在语言学习中的作用。而且，近年的研究者不再仅仅关注那些具有共识导向的英语课堂互动，转而开始分析各种外语互动情境中的不合作。例如，Matsumoto（2018）调查了学生如何有效地协调各种非言语资源（特别是长时间的沉默、身体定向、凝视、微笑和手势），以及他们如何既兼顾礼貌，又能够通过语音巧妙地挑战或逃避教师的认知权威。他最终指出，这些具有冲突性和挑战性的时刻促成了语言学习机会的生成，能够推动学生发表自己的观点并构建新知。

同时，受互动假设（Gass，1997；Pica，1994）的影响，互动中获得的反馈也被视作二语学习的必要条件之一，具有积极作用。教师若能够在课堂中正确使用反馈，会对学生的学习和行为表现产生强大而积极的影响（Winstone et al.，2017；Vattoy & Smith，2018）。而且，由于外语的教与学涉及与语言、语法和课程相关的、针对学生的、有着特定主题的挑战（Burner，2015），外语学习过程中的教师反馈尤为重要。通过实证研究，研究者指出互动反馈能促进学习者的语言学习（Li，

2010；Lyster & Saito，2010；Mackey & Goo，2007），引导他们修正自己的语言输出，自动化已有的语言知识（Swain，1985，1995）；也能帮助他们注意到中介语结构与目的语结构之间的差异（Gass，1997）。

同时，长久以来，哪些学习者个体特征与二语习得相关都是语言教学研究者们注视的重点之一。其中，学习者的动机、焦虑与语言学习之间的关系受到了最为广泛的关注。Gardner 和 Lambert 的动机研究（Gardner & Lambert，1972；Gardner，1985）具有代表性，采用社会心理学的研究方法，构建了一个二语动机模式，区分了融合型和工具型两种动机取向。语言学习动机被研究者（如 Clément et al.，1994；Crookes & Schmidt，1991；Dörnyei，1994a，1994b；Skehan，1991）认为能够向语言学习提供最初的动力，以及为学习持续供给驱动力可以说是决定二语学习速度和成就的重要因素。虽然早期的焦虑研究大多说明了它在二语学习中的负面作用，最近的相关研究也开始看到焦虑的积极中介作用，如学习者可以在课堂学习情境中通过焦虑注意到反馈，继而进行产出（Sheen，2008）。不同的外语焦虑水平也对学习者的自我管理策略运用有着较为显著的影响（Guo et al.，2018）。

除了探讨以上单个因素的课堂效用之外，部分研究者也采用思辨的研究方法，考虑课堂背景的独特性，从二语习得的本质入手，归纳多个影响学习过程的语言、认知、社会、情感等维度的关键因素。

例如，Hedge（2000）选择从语言学习本身、学习者个体差异、情境、师生角色、学习材料五个维度出发，探讨语言输入（包含教师话语输入）、输出、互动、反馈、师生角色、课堂教材、学习情境特征等要素的作用，向教师提供启示。他着重指出输入、有效吸收的过程、互动、错误四个关注焦点在语言习得过程中的重要作用，强调可理解的语言输入的提供、语言加工与知识的内化、互动形式、错误的修正等关键问题。另外，学能、学习风格与策略、情感因素（如焦虑）、英语学习动机在语言教与学过程中的作用，社会因素（如社会对语言学习的态度）、教育因素（如教师所处的教育系统、考试系统）对材料选择、课堂教学过程决策的影响等也都受到了关注。同时，教师和学生各自扮演的角色、承担的责任以及角色定位和师生期待的关系被认为是语言习得过程中的重要影响因素。同期，Nunan（2000）基于学习经验观，针对语言教与学提出了七个假设，说明可从哪些方面入手向学生提供更多的学习体验和机会，提升教学情境中的语言学习效果。在他看来，教师的教与学生的学不应是线性的、对称的关系；他尤为肯定学生的主体参与，指明教师和学生的角色责任，重视学生的个体感受、想法和体验，强调师生、生生之间的协商互动。若要促进语言学习，教师需要重点关注语言输入、互动参与、意义协商、个体情感与体验；围绕这些方面，他们能够创设条件，鼓励、协助学生参与到已提供的机会中来，积极内化知识，找寻到最适合自己的学习途径。Richards（2015）则通过分析五类二语课外活动的有效特征（共 21 个），强调以下六个条件的提供能促进语言学习：①语言输入须是真实的、多模态的，以及能与学生的生活实际相关联的。②师生和生生互动尤为重要。③学生的个人兴趣和学习风格受到重视；他们能被给予自我选择的权利和互助学习的机会。④除了附带性学习之外，聚焦于语言知识、技能的有意识学习不应被忽视。⑤教学活动能够激发动机。活动以成功为导向，能让学生感受到成就感，通过积极体验，增强他们的语言使用信心，并获得强烈的学习驱动力；它应能提供有意义的互动，增加学生的参与意愿；它能激发学生的兴趣，使他们乐在学习过程之中。⑥教学活动情境的丰富性、与学生生活实际的关联性、超越个人实际且具有真实性的实例，都能让学生反思并认识到不同语境中语言使用的差异。

国内外语教学研究者也一直致力于探究中国英语教学的特点，或从理论层面探索适用于本土语境的英语教学模式，或开展相当数量的实证研究来探讨影响外语学习发生的众多因素。例如，王才仁（1996：70）提出了一个以交际为核心的英语教学交际模式，突显了师生互动、具有互动性和情境性的输入、师生个体特征、反馈、输出等因素在整个英语教学过程中的重要作用。他把英语教学视作“师生之间的交际的反复循环”，强调输入的内容（包含语言、语用、文化信息）和方式（交际互动方式）以及反馈之于英语教与学的作用，指出教师个体特征（如教学思维、英语能力）和学生内在因素（如动机态度、自我意识）对教与学过程的影响。赵璐和聂晓黎（2011）、亢莉（2010）等针对学生自主学习能力发展，归纳了一些自主学习条件，包含师生关系模式的转变、学习策略的训练、基于学生的个性和学习风格及能力生成的任务设计、丰富真实学习情境的提供、多元协作模式的建构、评价机制的改变等。

此外，王初明的一系列外语学习研究颇具代表性和连贯性，它们的研究发现具有重要的启示性和参考意义。他的理论探讨充分考量了外语学习情境的独特性、外语学习者的特征、外语学习的规律等，颇为强调多维度反馈、自我形象、语境、互动等条件在外语学习过程中的重要作用。1989年，基于实践观察体验和有关英语学习心理研究，王初明（1989）建构了一个外语学习模式，列出了多个影响外语学习的因素，包含输入、学习者的个体差异（即态度与动机、自信、移情、焦虑、语言学能、学习策略）、能力与运用、自我形象和反馈等。之后，王初明（2007，2010）从生态视角出发，界定了语境，将其解释为语言学习的生态环境的统称。语境既包含学习者的先有知识和学习经历，也包含他们的认知心理状态；按照变量的特征，它还可被划分为语言本体语境、心境、情境、认知语境或内部语境等。王初明指出，外语学习的最佳语境即在语境中与本族语人的互动，而互动对话更是学好外语的最佳途径。互动不仅能提供动态语境，使学习者能直接从高水平的语言使用者那学习到语言知识，还可供给有利于语言学习的纠错反馈。

可以看出，王初明的外语学习观点较为契合中国的英语学习情境，已显现出生态态势。他使用“语境”一词，把学习者和他们所处的语言学习环境统一起来，既重视外语学习者的个体因素（包含情感因素）和先有知识，也未忽视学习者外部因素，突出学习者和学习环境中其他人之间的交互作用，肯定错误的反馈作用。这与Spolsky的想法一致，他也指出，大量目的语接触和使用的机会“若能与其他相关条件（如学习者、目标、情境）相匹配，学习会更有效”（Spolsky，1989：25）。同样，澳大利亚的教育学者 Cambourne （1988，1995）基于生态心理学理论提出了一个学习条件框架，它囊括了八个相互联系的学习条件，不仅涉及语言输入、输出、互动等与语言学习直接相关的方面，还包括了与教师和学生相关的要素，并关系到不同维度要素之间的交互关系。此类具有生态取向的观点无疑能为课堂情境中学习条件的创设提供另一个导向。

综合以上研究发现，研究者的研究倾向已从理论论述转移到实证探究，更多选择采用实验或准实验的研究方法，来验证那些语言学习影响因素的课堂实践效果，期望获得启示以加深对教学过程的了解。然而，量性研究方法的运用虽能够帮助研究者从充足的实证数据中分析出单个重要因素（与语言、学习者、环境等相关）的课堂实效，却未能用整合的视角去探讨多个因素之间的作用关系，未专门以“条件”之名对已获得的发现进行精华提炼、指称并整合，易使得语言教学研究者和实践者的思维受限，仅把视线投注到具体的教学方法层面，结果将事与愿违。由此，部分语言教学研究者开始尝试选择具有生态性的视角，把教师、学生、环境和语言看作一个整体，更加重视各要素之间的关系作用，但他们或未从英语作为外语的课堂中获取数据，或较少采用更具有整合性和自然性的研究方法去整体把握住课堂，导致研究结果的有效性不足，对真实外语课堂情境中的多个学习要素之间的关联作用仍然缺乏更为深入系统的探析。

3）语言课堂教学的提升途径

通过探讨上述语言课堂学习的影响因素的有效性，语言教学研究者们还竭力区分促进或阻碍习得的教学变量（如学习者、教师、教学手段/环境，或其中的一些互动形式）（Nunan，2011：6），以期探寻到能更好地促进学生语言发展的教学选择。这些研究的发现能够为语言课堂情境内的学习条件的创设提供更为微观的、详尽有效的内容启示和佐证。

语言教学研究者一直在探寻哪种输入能更好地促进语言的习得。以下研究具有代表性。例如，Sharwood-Smith 于 1991 年提出了“输入强化”（input enhancement）。他指出，教师不仅可以采用特殊排版、印刷方式来突出那些预先选择好的语言结构，还可通过输入流（input flood）的方式向学习者提供含有大量目的语语言结构的输入（Wong，2005），以此引导学习者的注意力，帮助他们理解语言意义，并找到意义–形式的联结。VanPatten（1996，2004）主张通过结构化输入活动（structured input activities）使学习者能够注意到并修正自己默认的无效加工策略，最终实现有效的内化吸收。

并且，不少研究者还比较输入型教学和输出型教学两种途径。一部分研究者（如 Izumi，2002；VanPatten & Cadierno，1993；Shintani，2012）通过设计不同的吸引注意的方式（视觉输入强化和输出强化）或理解性任务和输出性任务两类工具，验证了输入加工教学的积极效果，说明输入型教学途径能促进语言学习，为学习者提供更多的互动机会。但另一些研究者（如 DeKeyser & Sokalski，1996）开始质疑其中的输出型教学练习的设计是否合理，认为大量机械操练的使用有失妥当，它可能导致被比较的研究的结果不具有代表性。由此，Qin（2008）选择了非机械操作类型的合作听写任务（dictogloss tasks）①，比较它与输入加工教学对初级外语学习者的英语被动语态习得的影响差异，最终发现也许“输入加工教学和合作听写任务都是有效的教学工具，能够帮助初级外语学习者习得目的语言语法结构（Qin，2008：61）”。当输出型教学途径的积极效果愈多获得证实时，连 VanPatten（2002：798）也不得不说道：“只要目的语言形式类别和使用的材料具有意义导向性，且能避免机械性、陈列式的语言，就能促进教学；这么看来，在以意义交流为主的教学中融入语言形式聚焦，也能取得与输入加工教学相当的效

① 合作听写为合作输出任务（collaborative output tasks）中的一种形式，学习者被要求在完成任务的过程中准确输出语言，或是合作完成某一特定语言特征的输出任务。

果”。

课堂互动对语言学习的积极影响也促使研究者（如 Pica & Doughty，1985a，1985b；Doughty & Pica，1986；Porter，1986 等）极力寻找学习的机会，通过设计语言学习活动，向学习者提供更为丰富多样的互动，使课堂教学尽可能地满足学习者对课堂外真实语言使用的需求。由此，任务型大纲愈发受到青睐。正如 Skehan（1996）所说，当学习者被要求互换个人信息、解决问题、决策时，他们就正在接近互动行为。通过完成一系列看重意义商讨和互动的任务，学习者能提高自己的交际语言能力。

同时，研究者不忘探讨如何能使互动反馈更好地促进语言发展。许多影响互动反馈、学习者内外变量、学习发展过程三者之间关系的因素被区分了出来，如学习情境（Lyster & Mori，2006；Sheen，2004）、语言聚焦的类型（Long，2007）、反馈特征（Loewen & Philp，2006；Lyster，1998）、任务的结构（Révész，2009）、学习者个体差异（Mackey et al.，2002）。

在近年国内的外语教学领域内，研究者通常从某一种教学模式、教学方法或任务类型切入，在某一类课型中开展应用研究，探讨它们对学生的语言能力或语言学习的实际影响，以期寻找到有效的教学改进途径。例如，倪锦诚（2011）采用实验和访谈相结合的方法，比较了几种阅读和写作教学模式的应用性，结合学生的评价和学习情况，尝试获得最佳的教学模式选择。周正钟（2018）则专门聚焦输入与输出条件的创设，通过实证研究调查了它们的频次对语块产出性知识习得的影响，提供更为具体有效的外语教学启示。张新玲和周燕（2014）采用实验的方法，根据受试学生的英语语言能力，把他们分为两组，比较不同类型的任务（包含综合性任务、读写任务、读听写任务）对其写作表现的影响，由此提出相应的外语写作教学对策，说明综合性任务的适用情况，鼓励多媒体、多模态训练方法的使用。

由以上研究可见，外语教学研究者们已不再满足于从理论层面揭示英语课堂学习过程的本质，愈发主动地开展实证研究，倾向于在真实课堂中收集数据，近距离了解教学实际；以教学任务或活动设计为研究切入点，通过大量的量性数据，揭示某一个或几个具体的教学策略的有效性，以期让自己的研究更具普及性，从而使那些研究发现能够被较好地应用到具体的语言课堂教学情境中去，给语言教学提供强操作性建议。虽然，此类有关语言课堂教学途径的研究具有启示性和指向性，更加有利于教学实践者进行课堂操作，较好地把理论和实践融合起来，为多个学习条件的课堂创设提供重要的方向和内容指引，牵引着研究者和实践者的实验或实践偏好。然而，恰因为此，他们的目标也常常被桎梏于某一个教学模式、方法或任务设计的效果验证。并且，这类研究习惯于从教师的角度思考教学改进途径，反而易忽视掉学生的课堂主体责任。由此，研究者和实践者仅能被赋予有限的能动性，缺少对本地课堂教学情境的整体审视，最终难以更大程度地提升语言课堂教学的有效性。

3.4　本 章 小 结

从研究内容来看，国外的语言教学研究者主要聚集于语言课堂学习的外部环境条件、过程影响因素和教学提升途径三个方面，加深了学界对课堂情境内这些语言学习要素的认识；单维因素的实践效果验证虽能为教学方法或模式的改进提供充足可靠的数据，却也使得研究者不习惯用整合的视角去探讨多个因素之间的作用关系，反而更多关注实践层面的教学途径探寻。且虽已有研究者开始尝试选择具有生态性的视角，强调主体、环境、语言因素之间的关联，专门针对语言学习条件，系统地展开了具有影响力和启示性的研究，但由于研究数据源自母语习得过程，其研究发现与中国的外语学习情境和学习对象的契合度较低，限制了学习效果的提升程度。而国内现有的英语课堂教学研究（特别是中早期的研究）多为国外教学方法或理念的引介或评价，或依据感性经验做出的主观分析；虽已尝试从语言输入、输出、互动等微观层面探讨英语学习的诸多影响因素，思考如何提升课堂教学的有效性，但对于中学英语课堂需要哪些学习条件来促进英语学习这一问题，仍然缺乏整体性的把握，且专门以语言学习条件为主题的具有整合性的课堂研究仍然缺乏。

从研究路径来看，早期的研究多从理论层面探寻语言学习过程的本质，并以此为切入点，向教师提供课堂教学的有效建议，或有导向地反思自己的教学机会。伴随二语习得研究的发展，语言教学研究者更多倾向于设计实验研究，验证某种语言学理论在人为控制的课堂中的应用效果，再基于此提供相应的教学启示。然而，他们较少从整体上审视整个真实的课堂学习环境，较少系统地关联多个维度的影响因素；研究者虽强调学生的课堂主体性，也会细致观察他们的微观心理与行为表现，却因研究方法的局限性，难以在研究过程中更多地保留研究对象的自然性。

近年，随着生态意识在语言教育教学领域的不断渗透，部分研究者（如 Cambourne、王初明）开始从生态视角出发，以一种更具有开放性、整合性的视角去审视整个语言课堂学习过程，既关注课堂主体自身和环境特征，也关注二者之间的关联，使得教师、学生的本体存在方式不再被忽视。在他们看来，课堂主体是课堂环境中的有机体，不是“从环境中分离出来的孤立的个体，或者是在实验室中作为被指导的自我观察的被试，或者是刺激—反应操作实验的一个被动的实验对象”；环境也不再是“一堆刺激的堆积”，或是“作为一种意识到个体存在的对比物或突显人的价值的背景或分析人的行为能够发挥的因果推理手段”（易芳，2004：56，58）。例如，Cambourne 采用了 Barker 的行为样本记录法和行为背景调查法。他在自然情境而非实验室情境中，通过长时观察收集一手数据，力图超越静态的实验研究对一般规律的单一探究，重视个体差异性，在动态中尽可能准确地去把握有机体的心理过程。

由此，为了准确了解课堂情境的特征和有机体的行为、心理表现，本书研究虽然未能在完全自然的课堂情境中观察教学，却也采用多种方式（如会话分析的转录规则、开放式编码）尽可能地还原课堂实景，避免简单地抽象或归类行为，竭力把课堂有机体的主体感受、行为与教学背景关联起来，把握它们之间的交互关系，专门聚焦学习条件，探索哪些学习条件可促进中学英语课堂内的外语学习。

第 4 章　英语课堂学习条件实证研究方案

选择研究范式的评断标准是具体的研究目的与研究问题（Creswell，2009）。陈向明（2000：63）也明确指出，“选择研究方法的起点应该是研究的问题，而不是相反”。研究者根据具体的研究内容、研究情境的特点、自己的需要选择适合的方法，而不是被已有的方法分类约束起来。

本书聚焦英语课堂具有哪些促进语言学习的学习条件这一核心问题，从课堂生态视角出发，把英语课堂教学视作一个生态系统，审视中学英语课堂的生态现状，尝试充分了解影响英语学习的多维因素，避免从某一个因素出发去探究这个因素与课堂教学效果之间的相关性，阐释多个有利于语言学习的学习条件和它们之间的交互关系。若欲解答这一研究问题，研究者需要整体看待整个英语课堂学习过程，把握课堂教学主体之间的关联、主体与环境之间的关联。

这与质性研究的自然探究特点相符，整体性和相关性突显。“质的研究认为，任何事件都不能脱离其环境而被理解，理解涉及整体中各个部分之间的互动关系”（陈向明，2000：7）。由前一章可知，现有的英语课堂教学研究的内容已从国外教学理念的述介或主观经验讨论转移到具体影响因素与教学的相关性探究，研究者也更多倾向于实验研究，更加关注课堂的教学过程，细致观察学生的微观心理变化和行为表现。但是，他们仍未足够整体地去把握英语课堂内一系列可促进语言学习的学习条件。当现有理论无法准确捕捉探究问题的复杂性或不适用于特定的人群或样本之时，质性研究的研究方法的使用恰恰能够满足研究者的需求（Creswell，2013），避免对研究所欲揭示的客观真实进行肢解。

4.1　研究设计概述

质性研究的研究方法的理论基础之一是后实证主义。它认可客观实体的存在，认为有因未必一定有果，强调理论的证明无法由经验的归纳来实现，客观真实需要研究者采取具有逻辑相关性的步骤，通过“猜想—反驳”的过程逐渐被接近（陈向明，2000；Creswell，2013）。由此，为了准确把握本书研究提出的三个子问题（见1.2.2），笔者选择把此研究置于连续体的“半自然主义”那一端（陈向明，2000：61），即研究者从较强的理论倾向出发提出自己的假设，收集并分析原始数据，对假设进行验证，通过理论论证得出研究结果。

具体来讲，笔者采用实证分析的途径，先基于理论和相关研究发现，梳理适用于中国中学英语课堂的多个学习条件，从这一事先设定的假设出发，立足教育事实，通过比较和归纳分析细分问题，尽可能秉持价值中立的态度，客观地描述发现，力求对问题达成完整的认知（张武升、廖敏，2005）。

整个研究过程主要分为三个阶段：基于理论梳理学习条件、基于优质课课例进行实证分析、理论构想和实证分析的比较和讨论（见图 4-1）。

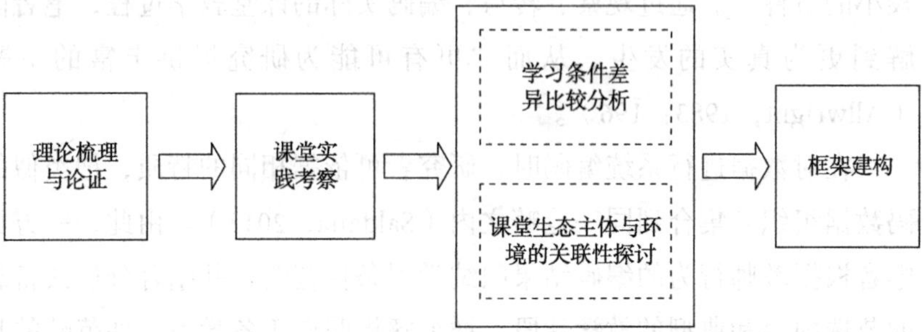

图 4-1　英语课堂学习条件实证研究流程图

第一阶段研究的开展旨在从理论层面出发，通过具有生态取向的理论发现，梳理出理想的英语课堂所需的多个学习条件，并细化各条件的涵义内容。其中，重要的理论基础之一是Cambourne的学习条件框架。它源于Barker的行为背景理论，被划归为生态心理学范畴。生态心理学主张在真实环境而非具有强烈人为控制性的实验室中开展研究；力图超越静态的实验研究对一般规律的单一探究；它的整体性和面向生活世界的特点反映出对还原论和元素主义的研究方式的批判态度，前者主张把高级运动形式还原为低级运动形式，后者采用实验室研究的简单抽象化行为（易芳，2004；秦晓利，2006）。

为此，本书研究依循此类具有真实性和整体性的研究方法的精髓所在，未采用具有人为控制性的实验论证路径，反而整体地审视实际课堂，通过观察、编码和分析课堂教学实践，尽可能地保留数据本身的整体性，还原真实教学情境中参与者之间的关联行为，尝试整体把握那些影响英语学习的多维因素，对之前提出的理论构想进行验证。

在第二阶段，为了考察学习条件理论构想是否存在于实际教学情境内，笔者选择多个优质课为课堂观察对象，对课堂教学视频进行转写，并使用编码方法，尝试在数据收集和意义阐释之间建立关键联结（Charmaz，2001）。

随着课堂过程之于课堂教学重要性的突显，研究者们倾向于探究语言课堂内的实际发生，“把课堂的实际看作非技术层面、和教学相关性较小的事件”。通过观察、转写、编码实际的课堂教学过程，笔者能了解到更为真实的发生，从而“更有可能为研究提供丰富的主题”（Allwright，1983：196）。

在对数据进行系统编码时，研究者可依据相同的特质，把类似的编码数据组织、集合到同一范畴之内（Saldana，2013）。由此，一方面，笔者根据教师行为的编码结果归纳学习条件范畴，并结合分析式备忘录的节选内容和典型的教学片段，详细解析归属于各学习条件范畴的具体课堂呈现情况；另一方面，也根据学生行为的编码结果区分他们的课堂表现。

至第三阶段，笔者着手探讨理想和实际课堂各自所具有的学习条件之间的契合程度，比较并归纳差异所在；再结合学生行为的编码情况和课堂环境因素的观察结果，探讨课堂主体的行为之间、他们与环境之间的交互作用，厘清学习条件、教师和学生、课堂环境之间的关联性，完善之前提出的理想的中学英语课堂学习条件构想；最终，基于比较和讨论结果，获得实证支持和理论启示，得出可靠的研究结果，确定并说明学习条件理论框架的内容，阐述各学习条件之间的交互作用特点，使框架与中国中学英语课堂情境和学生特点相匹配。

4.2　数据的收集

质性研究的数据收集由一系列相互关联的活动组成，包含研究场域或参与者的确定、入场途径和关系的获取、目的性的抽样、数据的收集、信息记录、实际场域问题的解决、数据的储存；研究者收集“好”的信息，以解答研究问题；鉴于研究目的与问题的不同，不同的研究者可选择从其中任一活动开始收集数据（Creswell，2013）。由本书研究的研究目的与问题（见节 1.2）可知，在实证分析阶段内，第二、三个子问题的回答需要以中国的中学英语课堂本身为研究中心，这能够使最终的研究发现与中国的外语学习情境和学习对象之间产生较高的契合度，从而更好地促进中学课堂情境内的英语学习。为此，笔者收集了某一届全国英语教学观摩研讨课案例集（16 节初中英语课、15 节高中英语课），把它作为课堂观察数据来源。选择考量包含以下几方面：

第一，此类观摩研讨会集结了在全国各省（区）、直辖市范围内推选出来的优秀教师进行现场授课，这使得案例集内的课堂教学较具代表性；教师所授之课虽不是常态课，其教学设想却并非完全脱离日常教学情境，仍能在一定程度上展示出我国中学英语课堂的教学实际。

第二，这些授课教师普遍有着高水平的综合语言素质，且已开始努力把新课程理念转化为实际的教学行为，他们的课堂教学已呈现出以学生为重的趋势，课堂互动程度相对较深，课堂生态显现更多的良性特征，有利于笔者获得具有说服力的信息以回答研究问题并理清理想的中学英语课堂需要哪些促进语言学习的学习条件。

第三，从此届全国英语教学观摩研讨课案例集中，笔者便于获取实证分析所需的完整信息。它不仅可提供优质的课堂教学录像，使研究者能够快速并准确地转写出课堂实际情况，帮助他们通过面部表情和肢体动作，分析教师和学生的心理层面的发展变化；也提供教案，让研究者能够具体了解教师的教学理念和设计思路（有时还包含教师个人的反思）；同时，它还附有国内教育专家的适时点评，这可帮助研究者拓展思维，引导其注意到之前可能遗漏的内容。

第四，此案例集为公开发行的课堂教学材料，方便教学实践者和研究者从网络平台观看、下载或购买视频，再结合这些教学视频审视、思考数据分析和研究发现。

进而，为了完整地认知课堂全景和课堂学习的过程，深入解答研究问题，本书研究采用观察这一收集数据的关键工具，笔者通过调动自己的五官去注意实践现场的现象（Creswell，2013），观察中国的优质中学英语课堂内真实发生的事件。并且，笔者尝试“从被研究者那里获得能够表现他们的所思所想、所作所为的资料”（陈向明，2000：163），收集了课堂教学视频、视频转录文本、课堂观察记录，分析式编码备忘录，以及其他相关文档（如参与教师的教案），竭力挖掘一切可为研究目的服务的东西，将其用作数据。这些来自不同来源的数据恰恰能够促成信息的互补与验证。表 4-1 归纳了所获资料的类型和数量，这些资料为研究问题的解答提供了一手资料。

表 4-1　资料收集情况一览表

类别	数量	省份	课型①	学生人数	课时长度
观察课堂	31 个	23 个	阅读（17）	每节课约 30 人	1211.44 分钟
			听说（6）		
			综合（2）		
			对话（2）		
			导入（2）		
			语法（1）		
			读写（1）		
视频转录文本字数	约 1.7 万词（英语）				
备忘录字数	约 1.6 万字（中文）				
教案（高中）	88 页（pdf 文档）				
课堂观察记录	约 2.5 万字（中文）				

注：①“课型”这列数字表明 31 个课堂分别有多少课是阅读课，多少是听说课等。

笔者先转录了已获取的课堂教学视频，完成 31 个转写文本。相较统计数据而言，详尽的转录文本能够展现出更加完整的课堂互动场景，让读者更为准确地感知到课堂的社会氛围。

同时，在观看教学视频的过程中，笔者书写了课堂观察记录（见附录 3），记录下每一个课堂的详细信息（包含课型、时长、人数、座位编排、教学使用的材料等），内容被分为描述性和反思性的记录两类，包含教学过程、教学内容、观察中和观察后的反思。笔者使用第一人称，不仅根据课堂事件的实际发生顺序，记录了活动流程；也展示出自己对教学过程中反复出现的图示或显著事件的思考。

随后，笔者对转录文本进行了二轮编码（包含第一轮的开放式编码、第二轮的集中编码和轴心式编码）。编码过程之中，笔者会时常反思初级编码的生成过程和师生的课堂行为发生情境，并及时记录下来，完成分析式备忘录的书写。这一备忘内容被用作对编码主题归纳和分析的依据之一。

4.3 数据的分析

4.3.1 分析方法

编码是重要的质性数据分析方法之一，是一种有效的分析策略。研究者时常会在数据收集期间或之后对已收集到的数据进行编码。他们基于数据共享的特征，将类似的已编码数据聚集并分组到多个类别或族群中去。编码过程中，研究者自备分析镜头，透过镜头的滤镜去感知和解释数据（Saldana，2013）；凭借分类推理、默会、直观的感觉来确定哪些已聚类的数据是看起来相似或感觉相似的（Lincoln & Guba，1985：347）。

质性研究中，一个编码"通常是一个单词或短语，象征性地为一部分基于语言的数据或可视数据赋予那些具有归纳性、显著性、抓住精华的、产生共鸣的特质。前一类数据指访谈文本、参与式观察笔记、日志、文档、电邮通信记录和文献等，后一类可视数据则包含绘图、手工制品、照片和视频等"（Saldana，2013：3）。编码主要（但不是唯一地）用于检索和分类相似的数据块，以便研究人员可以快速查找，提取和聚类那些与特定研究问题、假设、构造或主题相关的片段（Miles et al.，2014：72）。

一些研究方法学家认为编码是机械的，只是为研究的更高层次的思考做准备的工作。然而，Miles 和 Huberman（1994）把编码视作分析，认为编码是对数据意义的深度反思、深层分析和阐释（Miles et al.，2014）。需注意的是，编码并不等同于分析，它仅是分析的一个重要方面。

编码具有启发性。作为一种具有探索性的解决问题的方法，编码不仅仅是贴标签，它突显出关联性，被 Charmaz（2001）视作"数据收集与意义阐释之间的关键联结”（Saldana，2013：3），“能够引导研究者从数据到研究想法，并从研究想法回到与该数据相关的数据之上”（Richards & Morse，2007：137）。编码旨在解释分析，它能够给研究赋值，而非简化研究（Madden，2010）。并且，在大量数据中确定编码不是一件易事，需要研究者细致阅读和缜密思考数据中的核心内容或意义（Miles et al.，2014）。

编码也具有循环性。编码一般分为两轮，有时甚至会有第三轮或第四轮的再次编码。Saldana（2013：3）详细阐述了两轮编码可能涉及的数据范围：

“第一轮编码过程中，研究者拟编码的数据量大且多样，从单个的单词到一个完整段落、整个文本页面或一连串移动的图像。第二轮编码过程中，拟被编码的数据可能与第一轮的数据相同、也可以是较长的文字段落、数据的分析备忘录或被重构的编码。”

第一轮的编码任务要求研究者给数据块分配编码，而第二轮的编码任务主要与第一轮中已获编码相关联。研究者在整个编码过程中可以使用多种编码方法，第一轮编码的方法可多达 25 种（如特质编码、描述性编码、同步编码等），第二轮编码的方法包含 6 种（如模式编码、轴编码等）（Saldana，2013）。

最终编码是否有效准确在很大程度上取决于它与研究主题和目的的相关性。研究者无须编码那些与研究问题无关的、无价值或无效的数据。

4.3.2　分析过程

为了较好地回答研究问题，笔者需要对已收集到的资料进行严谨的编码、分析、归纳。

首先，笔者采用转写录像的方式记录课堂生活，以会话分析的转写符号标记规则（Atkinson & Heritage，1984），转录了 31 个教学视频；

同时用二线转写的形式（包含斜体、加黑加粗、括号等），仔细记录教师和学生的非言语行为，以期能借助教师的面部表情、肢体动作来了解教师和学生心理层面的具体表现，尽可能完整地展示课堂教学过程的整体景象（见附录 2）。

随后，笔者开始对 31 个视频转录文本进行二轮编码。编码是一个循环式行为；第一轮数据编码极少能够完美地达到预期效果，第二轮重新编码能够进一步管理、过滤、突显、聚焦质性数据的显著特征，从而生成范畴、主题、概念，或抓住意义，抑或建构理论（Saldana，2009）。

第一轮编码过程中所采用的编码方式是初级编码（即 initial coding，也称开放式编码）。笔者逐行阅读文本的内容，在 WORD 文档里，先对教师的行为表现逐一进行标号并编码（见表 4-2），又对学生的行为表现逐一进行标号并编码（见表 4-3）。这种详尽的逐行编码方式能提升分析的可信度，帮助研究者减少代入的可能性，使他们尽量不把自己的动机、恐惧，或未解决的个人问题代入应答者或收集的数据中去（Charmaz，2008）。同时，为了便于之后能准确、有效地从编码中生成范畴，笔者使用的编码不仅包含过程码（process code）来选择动词以准确描述教师和学生的课堂行为，也会适时加入子码（subcode）为之后的数据分析提供具体参照，采用冒号把它们与过程码隔开。

表 4-2　初级编码样例（教师课堂行为）

1. T: Class begins. Good morning, everyone.	
2. SS: Good morning, teacher.	
3. T: Sit down, please. Ok. Now, you can [1]**look at my pictures** shown on the screen. Can you [2]**guess our today's topic**? Any ideas?	[1]输入图片：与主题相关 [2]猜测主题
4. SS: Museums.	
5. T: Museums. [3]**Well done**. So [4]**today we're going to talk about something about museums**. But when we talk about museums, can you tell me, [5]**what can you see in the museums?**[6] **We can see?**	[3]肯定学生的回答：重述+积极反馈语 [4]直接说明教学内容 [5]设置导入性问题：与主题相关 [6]邀请回答
6. S1: Civilization.	
7. T: Oh: ↑ , civilization. [7]**Something about civilization.** So [general speaking, [8]***[转身走向黑板，写上'things on display'***	[7]肯定学生的回答：重述 [8]输入新词的释义：板书

续表

we can see [9]**many things...on display**. What does it mean? [There are many things for us to...visit, [10]***[转身面向学生；身体略向前倾*** right? ↓ [11]Today, **we have another word**. We can [call urh exhibits. [12]**[Can you read after me?** [13]***[转身在黑板上　[身体向前倾*** ***写上'exhibits'*** **Exhibits.**	[9]输入新词的释义：口述 [10]使用亲近的身体语言：身体前倾 [11]输入新词：口述 [12]示范词汇的读音：领读 [13]引导注意力：板书
8. SS: Exhibits.	
9. T: Exhibits. [14]**Well done**. So [have you ever been to a ***[走向学生，*** [15]***明显的咧嘴笑*** museum before? Yes or no?	[14]肯定学生的回答：积极反馈语 [15]使用亲近的身体语言：走近并咧嘴笑
10. SS:Yes.	
11. T: Yes: ↑. So [16]**what ↑ museums have you been to before?** You can tell me [17]**any: museum** you have been to. Zhang Xin (!).	[16]设置对话主题：与学生的个人生活经历相关 [17]引导注意力：拖长语调
12. S2:Urh, I have been to Hefei Museum.	
13. T: Oh:, Hefei Museum. [18]**How about you?** Dong Jiang?	[18]邀请回答

注：所有字母和符号的涵义见附录 1，全书同。

表 4-3　初级编码样例（学生课堂行为）

1. T: Class begins. Good morning, everyone.	
2. SS: [1]**Good morning, teacher**.	[1]问候
3. T: Sit down, please. OK. Now, you can look at my pictures shown on the screen. Can you guess our today's topic? Any ideas?	
4. SS: [2]**Museums**.	[2]回答提问：与主题相关
5. T: Museums. Well done. So today we're going to talk about something about museums. But when we talk about museums, can you tell me, what can you see in the museums? We can see?	
6. S1: [3]**Civilization**.	[3]回答提问：与主题相关
7. T: Oh: ↑, civilization. Something about civilization. So [general speaking, ***[转身走向黑板，写上'things on display'*** we can see many things...on display. What does it mean? [There are many things for us to...visit, ***[转身面向学生；身体略向前倾*** right? ↓ Today, we have another word. We can [call urh exhibits. [Can you read after me? ***[转身在黑板上　[身体向前倾*** ***写上'exhibits'*** Exhibits.	
8. SS: [4]**Exhibits**.	[4]朗读：全班
9. T: Exhibits. Well done. So [have you ever been to a ***[走向学生，明显的咧嘴笑*** museum before? Yes or no?	

续表

10. SS: [5]**Yes.** 11. T: Yes: ↑ . So what ↑ museums have you been to before? You can tell me any: museum you have been to. Zhang Xin (!).	[5]回答提问：与主题相关
12. S2: [6]**Urh, I have been to Hefei Museum.** 13. T: Oh:, Hefei Museum. How about you? Dong Jiang?	[6]回答提问：与主题相关

笔者完成一个文本的编码工作后，开始反复阅读各编码和对应的课堂现象，“消化并反思”初次的编码是否准确描述了现象（Clarke，2005：84），修改不够准确的编码；再把这一视频转录文本发给一位同伴，让她对之进行两次开放式编码，一次聚焦教师行为，另一次聚焦学生行为；待她的编码结果被返回之后，笔者向对方发送自己的编码结果；随即两人开始比对两份编码样本，讨论编码的适当性，确定编码内容。

依据讨论结果，笔者继续编码另外 30 个转录文本；并把关键的编码放入圆括号内，或在存疑的编码后添加问号，以此为之后的分析式备忘录写作和二轮编码做准备。另外，为了确认所有转录文本中的编码是否一致与恰当，笔者进行了三次复查，反复比对编码内容、视频和转录文本。

之后，笔者继续进行第二轮的数据编码，分别把每一个有关教师行为、学生行为的编码（除去重复的编码内容），统一随机录入各自的 Excel 表格文档里（命名为“教师行为编码分析”和“学生行为编码分析”）。

笔者先采用集中编码（focused coding）的方法，将数据中频繁出现的，与主题内容相同、相似或紧密相关的编码归类为同一范畴，突出展示它们共有的显著特征（见表 4-4 和表 4-5）。此过程中，研究者需要心无旁骛地对相似的性质和维度进行范畴归类，明确认识编码的特性，不能把它视作精准的科学（Saldana，2009），应意识到“范畴并不能总是拥有共享着一套特征的组成成分，也未必总有着明确的界限，它们有着不同的归属程度”（Dey，1999：69）。

表 4-4　集中编码样例（教师课堂行为）

转录文本中的编码	次范畴
输入阅读文本	输入丰富多元的语言材料
输入对话录音	
输入新词	
输入视频	
引导注意力：拖长语调	引导注意语言输入的关键内容
引导注意力：放慢语速	
引导注意力：朗读	
引导注意力：板书	
引导注意力：PPT	
设置连续的相关任务：览读文本，确认自己的内容猜测是否正确	加深语言输入的加工程度
设置连续的相关任务：细读文本，查找细节	
设置连续的相关任务：设计提问	
大声朗读出文本内容	
变换文本呈现形式：截取部分文本内容，打碎文章固有结构安排	变换语言输入的呈现形式
变换文本呈现形式：在文本右边增加空白处以供书写关键信息	
变换文本呈现形式：按段落拆分文本内容之后呈现给学生	

表 4-5　集中编码样例（学生课堂行为）

转录文本中的编码	次范畴
回答：与主题相关	回答教师的提问
回答：阅读策略的使用	
回答：写作策略的使用	
回答：与文本内容理解相关	

最后，笔者随机统一地把所有次范畴录入新的 Excel 表格里，采用轴心式编码（axial coding）的方法，对它们进行重新组合（见表 4-6 和表 4-7），反复阅读比较各次范畴之间的异同，移除掉冗余码，依据主题把具有代表性的相关次范畴集合起来，归纳学习条件概念范畴，即

“轴（axis）”，并给予它们相应的名称标示。

表 4-6　轴心式编码样例（教师课堂行为）

次范畴	范畴
输入丰富多元的语言材料	语言输入
引导注意语言输入的关键内容	
加深语言输入的加工程度	
变换语言输入的呈现形式	

表 4-7　轴心式编码样例（学生课堂行为）

次范畴	范畴
回答教师的提问	言语回应
朗读	
分组讨论	
学习评价	

这种把范畴与次范畴关联起来的方法，能够细化范畴的性质（如特征）和维度（连续体中一种性质的定位）（Saldana，2009：218）。分析过程中，研究者尽可能把握好理论构想的内容导向与信息的开放性之间的关系，既积极寻找与理论构想相关的数据，也保持对其他可能的理论方向的敏感性。

并且，整个编码过程中，通过分析式备忘录的写作，笔者仔细思考课堂行为发生的情境、条件、互动和结果，或者阐述理论编码生成的过程。具体来讲，研究者可以反思研究问题、编码选择和它们的工作定义、生成的图式、范畴、主体、概念和提议，以及它们之间的可能关联性、自己的个性与参与者或研究现象之间的关系、新兴或相关的现有理论、研究过程中遇到的问题、任何一个人或伦理困惑、未来的研究方向、备忘录本身和最后的研究结果等（Saldana，2009）。为了方便检索和引用，笔者标注了备忘录（如备忘录—C17—20150103，见表 4-8）。

表 4-8　备忘录样例

这 4 个次范畴的内容涉及文本输入的内容、呈现形式、加工程度和对输入的注意等。鉴于它们皆与输入有关，轴心式编码过程中，我把它们集合到一起，组成一个范畴，将其标示为“语言输入”范畴；再把这一名称直接用于学习条件的指称。而且，虽然大部分次范畴的内容与 Cambourne 的“沉浸”条件的含义相符，但我并未沿用原有的名称，反而揪住关键词“输入”，来突显外语学习与母语学习之间的差异，还原实际课堂学习情境的特点。 （备忘录—C17—20150103）

接着，基于编码分析结果，笔者着手讨论各个学习条件的课堂呈现频率，结合分析式备忘录节选、课堂观察记录节选和典型的教学片段，详细解析各条件在课堂内的具体呈现情况；并反复往返于各个资料（包含理论框架设想、编码文档、备忘录等）之间，细致剖析它们与 Cambourne 所提出的学习条件、理想课堂具有的学习条件之间的差异。

最后，根据学生行为的编码结果和对课堂环境因素的观察结果，笔者着重讨论英语课堂主体、环境和英语学习条件之间的关联性，据此反思之前提出的学习条件理论构想，建构中学英语课堂学习条件框架，并说明各学习条件之间的交互作用特点。

4.4　研究信效度及伦理

质性研究结果的衡量标准主要涉及研究的可信度、效度及伦理道德。它们的术语指称、内涵意义和评判标准与量的研究中的概念内容并不一致。效度不再是“固定的、可用量化工具检测的一个指标，而是研究项目各个部分和各个阶段之间的一种关系”（陈向明，2000：380）。信度的确立可经由研究者的长期投入、数据资源、方法和研究参与者的三角验证来实现（Lincoln & Guba，1985）。而研究的伦理道德原则和规范并非无关紧要，反而也是质性研究的质量保障之一；这些原则和规范不仅涉及“研究者本人、被研究者群体、研究者的职业群体、资助研究的人、财团或政府机构、一般公众”，也渗透入整个研究过程（陈向明，2000：426）。

为了获得真实可靠的研究结果，确保研究的效度和可信度，笔者采取了以下几种策略，尽可能地规避掉可能的威胁因素：

（1）研究者的详细现场记录可帮助提升研究的可信度，帮助读者做出明智的研究决策，使他们能把信息迁移到其他情境中去；且基于某些共享的特征，他们可判断是否能把研究结果进行迁移（Creswell，2013：252）。为此，研究者需使用优质的录像带，并转录视频，记录下关键的细节、停顿或重复（Creswell，2013）。

如4.2所述，本书研究所使用的教学视频源自某一届全国英语教学观摩研讨课案例集，它是已公开发行的课堂教学学习材料，录像的质量获得保障，图像、音质都处于优质状态，便于笔者开展视频转录工作。转录过程中，笔者依循会话分析的转录规则，详尽转写课堂教学过程（包含师生的肢体语言和面部表情），尽可能完整、客观地呈现课堂景象。

（2）研究者的倾向和偏见也可能对研究的效度造成负面的影响；他在研究过程中倾向于观察、发现支持自己预设的数据，这种预设会影响研究数据的导向（Creswell & Miller，2000）。为了尽可能地避免这种情况的出现，笔者在搜索、阅读、分析文献资料时尽量保持客观，避免掺入个人偏见。资料收集阶段，笔者严格依循转录规则，转录课堂教学视频，不因个人的理论或教学实践倾向而影响转录内容，始终秉持客观公正的态度，还原真实的教学场景；初次转录后，笔者再次逐一观看视频，对所有的转录文本进行了一次内容核对，以此确保文本内没有任何内容的缺失或失真。之后，笔者还对 31 个转录文本中的所有编码进行了三次复查，反复地自我询问是否已使编码用语保持了一致。

（3）研究者的个人背景和研究视角等都可能对研究结果产生影响。因此，资料分析过程中，笔者让同行（高校教师，课程与教学论博士）编码一部分转录文本，再与她分享并对比分析结果，共同商讨编码内容与转录文本中对应部分的匹配程度，确定了编码的适当性，之后方才完成所有的编码工作，尽可能地确保数据分析的客观性和准确性。

（4）除此之外，笔者从多方面收集了不同的数据，为研究提供确信的证据（Creswell，2013）。除了对转录文本进行编码、对课堂做观察记录、教案（高中）之外，笔者在编码过程中完成了分析式备忘录，记录下自己在编码过程中的关键选择、行为反思、对编码内容的阐释等，透明化编码的决策过程，以使研究结果更可能被最终追溯到研究过程中进行检验。最终，在数据分析阶段，笔者反复往返于这些质性数据之间，寻找有效信息，解答研究问题。

（5）为了确保研究的可信度，笔者对研究过程做了比较周密的考虑，不仅选择从教育研究、脑科学研究、学习心理学观点等多个理论视角出发，论证学习条件理论框架的内容设想；也结合严谨的实证分析，通过结果对比，最终确定框架内各学习条件的内容。清晰研究设计的呈现可使得他人对研究的外在信度产生充分认识，帮助其合理判断出此研究过程和研究结果是否具有迁移性。

此外，笔者遵循“自愿和不隐蔽”“尊重个人隐私和保密”“公正合理”“公平回报”原则，充分考量研究中的伦理问题；这些问题包含个人信息泄密、研究报告的真实性和可信性、跨文化情境中的研究者角色、网络数据收集过程中的个人隐私问题等（Isreal & Hay，2006）。此类考量贯穿于整个研究阶段（Creswell，2009；陈向明，2000），如研究问题的确定、数据收集与分析、论文写作等阶段。

资料收集阶段，笔者注重各教学视频中教师和学生的隐私保护。在转录文本中，笔者使用代号（如 T1）或化名取替教师和学生的真实名称，对其真实身份采取一定的保护。笔者注重公平对待被观察的课堂教学实例，不对任一课堂持有偏见，客观、详细地转录每一个课堂内的教学过程，还原真实的课堂情境。

资料分析阶段，笔者不会对课例中的教师和学生本人做价值评判，尽量以客观、中立的方式，尽可能准确地描述、恰当地分析课堂内的真实发生，采用开放式编码的方法扎根于数据中，深入反思数据内容和其中的细微差别，以此提供准确真实的信息。笔者不隐蔽任一编码结果和讨论发现，清晰、系统地展示分析思路和方法。

书籍撰写阶段，笔者尤为重视研究伦理问题，充分尊重别人的研究成果发现，当需要应用引语或借鉴论点时，会严格标明出处；尽量避免使用带有个人偏见色彩的表述；也不会为了迎合自己的需求，随意编造、删除、篡改研究发现。

第5章 中学英语课堂学习条件理论构想

本书首先从理论上梳理英语课堂应该具有哪些学习条件方能促进语言学习，整合 Cambourne（1988，1995）的学习条件框架和关于英语课堂学习条件的重要研究发现，揭示了多个影响英语课堂学习的因素，指出理想的中学英语课堂具有九个维度的学习条件，即语言输入、示例、讲授、语言尝试、语言实践、期待、担责、反馈、学习投入，认为课堂教学不仅需要重视语言输入的质和量、示例的支架效用、学生自我暗示和学习期待的建构以及各层面学习投入的激发，也需要提供大量具有真实性、递进性的语言尝试和实践活动，以言语或非言语的方式使学生能够进行语言产出，为他们提供语言修正的机会，还需要为教师讲授行为的发生拨留空间，通过讲授帮助学生了解关键语言知识、内容信息、活动程序等。九个学习条件被视作语言课堂生态系统内的生态因子，它们的理想呈现之于语言学习的发生有着重要的作用。笔者将基于上述理论基础，逐次详细解读理想的英语课堂需具有的学习条件，依据教育研究、二语习得研究、脑科学研究、学习心理学观点等多视角阐释各条件的涵义要点，论述它们的必要性。

5.1 中学英语课堂学习条件构想的理论基础

本书拟提出的学习条件理论构想主要源于两个理论基础：一个是 Cambourne（1995，2002）提出的学习条件研究，另一个是关于英语课堂学习条件的重要研究发现。以下两个小节将详细阐释这两个理论基础的选择理据和具体内容。

5.1.1 Cambourne 的学习条件研究

Cambourne 的学习条件研究源自生态心理学理论，特别是 Barker（1965，1968）的行为背景理论。在 Barker 看来，行为背景（behavior setting）是稳定的实际存在，含有时空指数、持久度和广度，可由研究人员进入、调查、再调查；它具有超个体特征，个体行为将受背景约束。它包括两类组成成分，即人类的行为和非心理的实物；这两种成分有着内部秩序，被安排在一个稳定的、有特色的时间/空间模式里（Perkins et al.，1988：356）。这一理论超越了以往心理学在研究导向上的局限，不再片面地“关注人的内在因素或关注人的行为”，而是“将人的主体感受和行为与其更广泛的背景联系起来”（秦晓利，2006：149）。行为背景的发现揭示了人与环境的整体性和交互关系，这里的环境是一种超个体经验的存在，被看作“研究对象本身的一部分，以及研究主题中的有机成分”（易芳，2004：27）。

受此影响，Cambourne（1988，1995）采用了自然研究方法，在真实的母语学习情境中展开研究，维护了研究参与者的心理和行为发生过程的生态性，创建出一个适用于语言课堂的学习条件框架（见图 5-1），它也不再片面地从学习者个体本身去寻找解释教与学行为的发生，而是关注课堂教学背景中心理、行为和背景之间的交互关系。Cambourne 把课堂视作一个“行为背景”（即 Barker 理论中的关键分析单位），学生和教师聚在此处共同开展教与学的行为。他认为存在于这一背景的学习条件会受到生态和环境的约束，若更多教师能在课堂内模拟出这些条件，学生的学习会更加有效。

学习条件框架包含了八个相互联系、相互影响的学习条件，分别为沉浸、示例、期待、担责、尝试、使用、回应、投入。这些学习条件不再被简单地理解为环境因素，而是被解释为生态因素。只有当学习情境中呈现出某些生态因素时，人类的大脑才能最为有效地运作，去应对复杂的学习（Cambourne，2001b）。

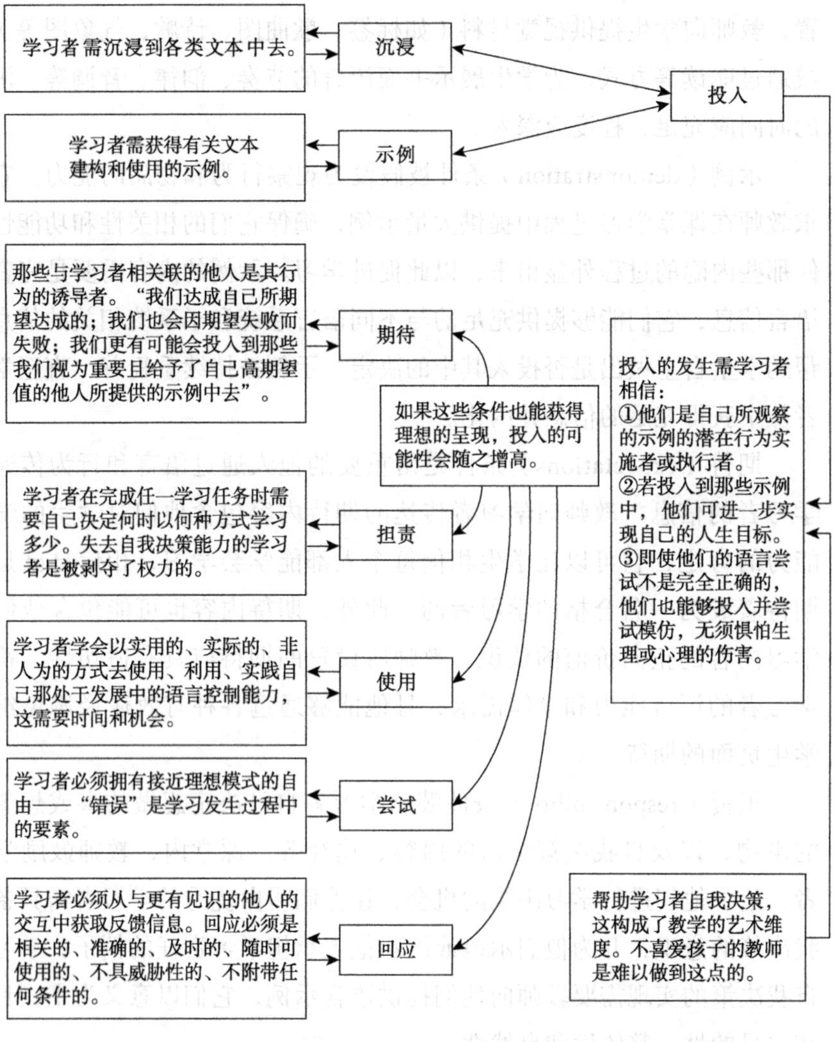

图 5-1　Cambourne 的语言学习条件框架

资料来源：Cambourne，1995：187

沉浸（immersion）条件是指一种被所学内容包裹、淹没的状态，即教师需能为学习者提供多种机会，帮助他们体验由印刷图案和文字带来的视觉饱和，以及由朗读书面文本所带来的听觉饱和。沉浸的形式分为视觉型或听觉型，也可是教师主导型或学生主导型。通过教室的布置，教师向学生提供视觉材料（如标签、歌曲图、诗歌、气象图等）；或通过朗读等方式，为学生展示书面语言的节奏、韵律、音调等。沉浸的时间应充足，程度应深入。

示例（demonstration）条件被假设为观察行为和物品的能力。它要求教师在课堂学习过程中提供大量示例，确保它们的相关性和功能性，使那些内隐的过程外显出来，以此促进学习。示例的内容需要是完整的语言信息，它们能够提供充足的与不同语言系统和子系统相关的信息，帮助学生自主做出是否投入其中的决定。示例被持续重复着，直至学习者从中获得充足的信息并内化。

期待（expectations）条件是由重要的他人通过语言和行为传递给学习者的信息。教师向学习者传达的期待内容包含他们对学生的学习能力的肯定，它可以让学生相信每个人都能学会学习，相信自己是被期待着成为一名合格的学习者的。此外，期待内容也可能包含他们对学习内容的正向价值的认识。教师所设置的期待应具有适切性，符合学习者的语言能力和个体需求；且他能够通过各种有效途径避免给予学生负面的期待。

担责（responsibility）条件鼓励学习者自己决定想做的事或想忽略的事物，以及自我决策学习的内容、途径等。课堂内，教师鼓励学习者，给予他们进行学习决策的机会，让他们明白优秀的学习者需具备自我决策的意识，并为他们示范或展示他人承担学习责任的例子；学习者自我决策的实现需要教师向他们提供语言示例，它们以意义为主，具有相关目的性、整体性和自然性。

尝试（approximations）条件鼓励学习者勇于使用所学。他们不必过于担心语言石化，无须等自己完全掌握语言之后才去使用语言；他们需感知到自己的语言尝试是能被欣然接受的；正视错误在语言学习过程中的积极作用，认识到它可以帮助学生调整和细化知识、认识和技能。为了学会语言的正确形式，学生会经历一系列的尝试。当第一次语言尝试的结果不正确时，学生再次投入到相同或类似的示例中去，对假设进行调整，直至完全掌握正确的语言知识。这种尝试行为具有公开性，会受到某个重要的他人的监督。

使用（employment）条件强调大量语言使用机会的提供。这些机会既包含学生与其他语言使用者之间的社会互动机会，也包括个体学习的机会。若课堂中的语言使用机会具备有意义的、真实的情境，学生能够以比较自然的方式去学习语言，并最终习得语言的正确形式。此时，语言使用仅是情境创设的附带目的，学生的参与动机源自更为宏观的原因。

回应（response）条件鼓励重要的他人（可指教师或其他学习者）提供的非威胁式的、以意义为中心的反馈或信息。当给予反馈时，教师充分相信学生具备解决问题的能力，密切关注他们的接近正确形式的语言使用，循环提供饱含信息的示例，特别注意其中的显著特征。反馈内容是多样的，它或是他人针对学生现有的语言知识和技能与正确的语言掌握之间的差距快速给予的示例，或是任务的拓展抑或是已更改的求助资源建议。

投入（engagement）条件包含一系列的不同行为，不单指学习者的注意力投入；它的实现与否也取决于学习者的积极参与程度。教师需持续地与学习者交流并示范一系列理由，使之具有个体相关性，让他们明白成为优秀学习者的意义所在（Cambourne，2001b）。“投入”可被类比为“离合器”。“当机动车的离合器处于空挡位置时，发动机加速无效。可以说，此时的离合器正处于一种非投入的状态。对于运转的发生，投入是必不可少的，它可把机动车的能量与带动运转的机械装置联系起来”（Cambourne，1988：51）。因此，即使英语课堂内创设了沉浸、示例、使用等这些必要条件，学习行为的发生也需要有投入这一“学习的离合器”作用。教师不仅要让学生相信教师对他们的喜爱之情，也要清晰认识自己所给予示例的性质所在，了解投入的各种影响因素。

Cambourne（1995：184）明确表明，上述“条件”既指一种特定的存在状态（如行动、表现、创造），也指一系列必不可少的环境。这种存在状态与环境之间是相互影响的关系，同时，各条件要素相互作用着，以促进语言的习得。其中，“沉浸”和“示例”为必要条件，前者强调大量的文本输入的提供，它被视作教学意识中的一部分，融入了大部分的教学计划、资源分配和教学预算决策；示例条件的提供可以帮助展示语言的功能层面和使用情境。并且，Cambourne认为，学习的发生还离不开“投入”这一关键的充分条件。学习者若消极地参与课堂学习过程，即使注意到了内容沉浸中的示例，学习最终也不可能会发生。因此，为了促进学习者投入，他提出了四项原则：让学习者相信自己最终能学会；使他们看到学习的意义和价值；尽量避免其在学习过程中受到焦虑的影响；示例是由他们尊敬、崇拜并信任的其他人提供（Cambourne，1995：187-188）。而且，投入量的多少也会影响其他另外五个学习条件（包含期望、担责、使用、尝试、回应）的课堂实践效果。

并且，当这些学习条件在课堂教学实践中应用时，必定会伴随发生四个过程，分别是转化（transformation）、讨论/反思（discussion/reflection）、应用（application）、评价（evaluation）。这些促学的过程与上述学习条件之间有着协同关系，四个过程之间有着共生关系，彼此相互影响着。（Cambourne，1995）

转化过程中，学习者内化所学的知识技能，掌握学习自主权。这一过程会受到讨论/反思过程的影响。后者是一个对人类学习非常重要的语言过程，它可以向学习者提供与意义对话的机会，有助于学习者提升自己的学习、思维、识知和理解；它包含两个层面的讨论，一是与他人互动的社会层面，二是学习者内部反思的个体层面。应用过程则与其他三个过程之间形成了多层关系，被内置于使用条件之中。学习者在应用习得知识解决实际问题时，需要与他人合作；合作过程中，讨论产生；讨论过程中，当新的知识或新的技能被掌握时，转化随之产生。教师若能注意到“转化—反思—讨论—反思—转化”之间的持续循环关系，便会注重为学生提供讨论的机会，使他们在讨论过程中应用并转化所学的知识技能。评价过程被内置于回应条件中。它不仅包括学习者对自我行为表现的评价，也包含教师对学习者在学习过程中的行为表现所给予的持续评价；还可能包含由同伴讨论而获得的反馈。

随后，为了帮助教师更有效地应对教学的复杂性，使他们能把上述利于阅读学习的条件应用到实践中去，Cambourne（2002）划分了课堂的构成，把它分为两个层级进行描述。

Cambourne 把课堂描绘成稳定且动态的行为背景，认为它由实物设备、项目事件和居住者三个组成成分构成。由图 5-2 可见，椭圆形的边缘代表包围背景的时空界限。以课堂来说，物理空间界限为教室的四面墙壁，时间界限则由教师教学的时间槽划分。三个组成成分在背景中不断移动、互动着，创建并塑造着教师所期待的学习文化。这些学习文化在图中被表征为漂浮着的小黑点，表明它们是渗透在背景中的无处不在的流动媒介，这意味着，一方面它们是流动的、动态的、不断变化的，另一方面它们又是持续不断的、无所不在的。而且，与其他行为背景不同的是，教师是课堂教学背景内拥有最大执行权力的居住者，可操控另两个变量，来创造出他们所期待的学习文化。他不仅可以决定购买或使用教学所需的物体类型，确定什么时候使用、如何使用、由谁使用它们、把它们储存在何处，还可以决定教室的布置；他有绝对的权力创造并实现项目事件的角色、程序与关系等。即便如此，教师对背景内另一类居住者（即学生）却仅拥有优先的控制权；他们主要通过语言、行为和期待的表达，维护着有关学习文化和项目事件的自我决策。

课堂教学背景的第二层为教学片段（episodes），即学习的机会（见图 5-3）。Cambourne 认为，当学生沉浸在教师所创建的学习文化中时，教师需设计、协调行为事件（即教学片段），为他们创造学习的机会。教学片段的构成离不开背景内三个组成成分的共同作用，同时也受学习文化的影响。可以说，教学片段本身可被视作背景内的第四个组成成分；它们是教师专门为学习者的学习而创造出的、有着特

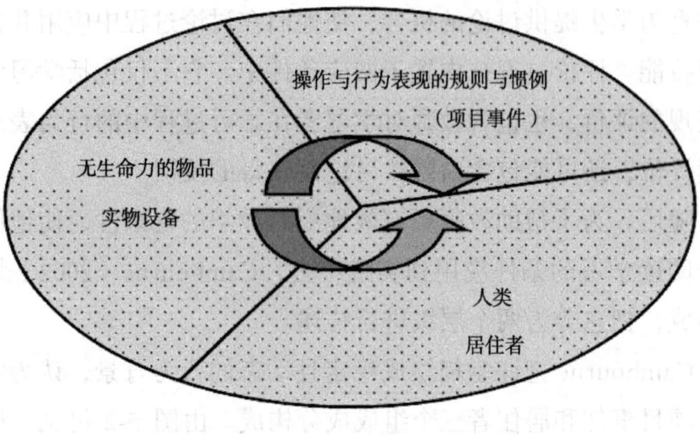

图 5-2　作为行为背景的课堂
资料来源：Cambourne，2002：359
小黑点代表教师期待的学习文化

定程序步骤的学习机会，附有教师的示范和恰当期待；它们具有可渗透性（图中以小黑点表示），与整个课堂背景相互影响。因此，教学片段被视作教师行为的基本单位。为达到某先决结果，教师可以设计并使用一系列的教学片段；当这些片段形成线性序列之后，学校的工作时间可被描述出来。

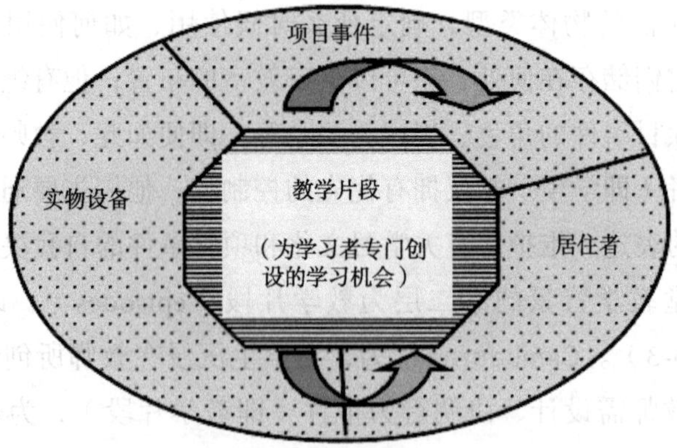

图 5-3　作为学习机会的教学片段
资料来源：Cambourne，2002：359
小黑点代表教学片段的可渗透性

以上对课堂教学背景的分层描述从另一角度为教师提供了思考教学活动的通用框架，使他们能从自己所处课堂背景的组成成分出发，定位关注点，帮助他们在遭遇教学困境时迅速找到症结所在；最主要的是，它能促使教师积极思考课堂情境与发生于其中的学习本质之间的差异。课堂教学过程中，教师若能把这种背景描述与学习条件框架相结合，就可更为有效地应对课堂教学的复杂性，创造出更利于学习发生的课堂生态环境。

综合学习条件框架和课堂的分层描述来看，Cambourne 的研究有明显的生态取向，他将课堂视作一个行为背景，把其中的物理实体、规则、学习者和教师的行为表现视作一个整体；他从认知、社会、情感三个维度出发，建构了一个学习条件框架。不同维度的学习条件被整合到一个框架之中，彼此之间具有关联性，共同促进课堂内的语言学习。伴随学习条件创设过程而生成的四个教学过程也具有协同关系并相互影响。此外，这些学习条件在框架内并未被线性排列，它们的排序在课堂实践中具有灵活性，各条件的实施比重根据教学的内容和目的而有所不同。

由八个学习条件可见，Cambourne 不仅注重真实、意义情境的创设，强调给学习者提供各种与学习内容相关的文本输入，提倡将教学中采用的语言实例置于具有意义的交流情境中，要求学习者在使用所学的语言内容时采取功能化的、切合实际的、自然的方式。他重新定位了学习者和教师的角色，通过投入、责任等条件要素强调了对学习过程中学习者主体性的关注。他看重教学是否能给予学习者足够的自我决策、自我调控的空间，是否能激发学习者的学习动机，是否能提供充足的机会让学习者积极主动参与到知识建构过程中来，是否能为学习者提供自我学习空间以反思他们自己的知识建构过程并内化所学内容。他主张把教师看作提供支架的协助者而非独裁者；认为教师应更有效地帮助学习者参与到学习过程中，鼓励学习者与同伴或教师进行互动，并提供给学生信息反馈，促使学习者主动进行知识建构和信息交流。

Cambourne 通过长时间观察孩子的母语学习，提出了八个学习条件，这些学习条件符合语言学习的特点和规律，该学习条件框架已被较为成功地应用到大量的实际读写课堂内（Cambourne，2001a，2001b，2002），具有教学指导性和适用性，对本书拟建构的中学英语课堂学习条件框架而言具有较好的适切性，可为之提供有效的理论依据和启示。

5.1.2 有关英语课堂学习条件的研究

在语言教学研究领域内，"研究、理论和实践普遍聚焦于教师、学生、学习资源与课堂本身，看它们如何为学习的发生提供必要的条件"（Richards，2015：6），这些条件可以指课堂的物理条件（如灯光、布置、音效）或情境条件（如班级规模、授课时间）（Kim，2014；Bell，2009）；或更加宏观层面的环境条件，如二语/外语教学、制度/非制度条件、政治或经济条件（Stern，1983）；抑或促进语言习得的因素，如可理解性输入、互动、输出、动机、反馈等（Krashen，1985；Chan，2019；Bley-vroman，1986；White，1991；Han，2002；K. Hyland & F. Hyland，2016）；也包含为某一个学习内容而设计的具体教学策略，如教学措施（Lee，2007；王园，2010）、教学任务设计（Qi & Lapkin，2001；Hwu et al.，2014；杨文芳，2008；王初明，2018）、活动组织形式（Dobao，2014）等。

在国内，关于语言课堂的研究也颇受研究者重视。毕竟，中国的英语环境虽已获得改善，但课堂这一基本的教学形式仍无法被超越或取替（隋铭才，2001）。近年来，研究者愈多把关注点从教学模式或方法的验证转移到学习过程探析。他们不再把研究内容仅聚焦于教学方法、模式、教材等方面，也聚焦于学习条件，开始思考条件建构之于语言能力的积极作用。

研究者（如王才仁，1996；隋铭才，2001；赵璐、聂晓黎，2011；亢莉，2010；张红，2008；王初明，1989，2007，2010，2018；周正钟，2018；柯文娟，2019）普遍强调输入、输出、语境、互动、反馈、教师和学生的个体特征、课堂环境、策略使用、兴趣、示范等条件的重要性。王初明（2013）还选择从母语对话入手，把五个对话特征视作促进语言学习的必要条件，它们分别是交际意图、互动协同、语境融入、语言的创造性使用、语言理解与产出结合。交际意图是语言学习的交际动力所在；互动协同过程中，语言和非语言因素相互渗入，形成动态语境；这一交互作用过程与语言理解和产出相伴随；语言使用因互动的变化而变化，新的意义被促成。其中，他尤为强调语言理解与产出这一条件，呼吁强化二者之间的结合，以此增大目的语使用的可能性（王初明，2018）。

王初明（2014）专门论述了语言模仿的促学作用，肯定学生自主创造内容的引导作用，鼓励他们在丰富的语境中模仿语言。基于行为主义学习理论，语言学习的第一阶段始于学习者对语言现象的观察，模仿是语言实践的基础。长久以来，“模仿”一词带有强烈的行为主义色彩，被赋予“机械”的形象标签。但在王初明看来，不应全盘否定“模仿”这一课堂行为，不应把它狭隘地等同于句型操练或词汇、句型、语篇的背诵；它若能在动态语境中进行，没有沦为简单机械的语言重复，终能在很大程度上促进外语学习。这种对语言模仿重要性的强调，充分突显出我国外语学习的特点。

实际上，就我国今日的外语教学而言，文本和背诵仍然颇受师生重视（张正东，2005），机械的语言学习方式并非完全无可取之处。相反地，“不能一味要求好玩，英语学习有一部分就是枯燥乏味的，是学习者必须要忍受的”（崔刚，2009：28）。

近年，这种传统与新潮理念和方法之间的较量一直在进行。面对西方各种“先进”教育教学理念的冲击，中国研究者们保持了足够的清醒，正视本土教学情境的特征和文化特色，充分意识到中国课堂教学不能被动地被师生关系的转变风潮牵着走，不应一味追赶“潮思”，过多强调学生的中心地位却盲目贬低教师作用。实际上，“教师角色会有变化，但不等于教师将消失。青少年是长知识的时期，他们尚不成熟，他们处理信息的能力还很差，判断是非的能力还很弱，需要教师的指导和帮助”（顾明远，2001：19）。教师的教学活动不应被消除，教师传授知识的作用不应被消除（李定仁、肖正德，2006）。“教学中‘注重知识传授’，根本、永远不存在‘过于’的问题，而是根本、永远不够、要不断加强的问题。”（王策三，2004：17）。

此外，自 21 世纪初的英语新课改实施以来，中国民众对外语教育的关注度不断攀升，外语教学成效显著。语言的“唯工具论”受到批判，传统的教学方式遭到摈弃，教师的统治性权威受到抨击。随之，语言的功能成为焦点，任务型教学途径获得追捧，学生的主体作用被充分肯定。尽管如此，外语教学的效果仍未尽如人意，仍然饱受“耗时低效、高投入、低产出”等批评，一些普遍性问题依然存在。近年，学界围绕外语的价值、外语教育的目的与意义、外语教学的内容与方法展开了一系列讨论（如陈国华，2010；韩宝成、刘润清，2008；张正东，2004，2005）。研究者们指出，他们虽强调语言的人文性，却不否认它的工具性；他们主张外语教育的多维目标的设定，却不忽视它对基础知识和基本技能的培养；他们肯定任务之于外语课堂教学的有效性，却不蔑视传统的教学方式的促进作用，教师的主导作用仍具有重要性。

为此，一些研究者（如李镌钊，2010；丛立新，2008；何克抗，2012；吴守一，2004；张光陆，2010；秦积翠，2007；钟静，2013；汪建华，2014；邢红军，2014 等）着手重新审视讲授观，梳理讲授法的发展演变过程和理论基础，探讨教师讲授在课堂学习过程中的效用，强调教师必须对具有积累性、逻辑性和经验性的系统知识进行必要的讲授。同时，研究者们指出，对教师讲授行为的强调，并不是要鼓吹或夸大以讲授行为为主的教学模式、方法，或教师的中心角色，不能仅从技术层面看待这一行为，它不等同于“灌输”“填鸭”“强力注入”等具有绝对控制性的行为；过于极端地看待课堂讲授，一味地把它与传统的强权教学挂钩，会在很大程度上否定教师、教材或课堂本身的支撑作用。“课堂是传授语言知识的主要渠道，课堂的讲解和练习应该是相辅相成的，通过讲解传授语言知识，通过练习巩固所学的语言知识，把外显性知识通过练习尽可能地转化成内隐性知识”（崔刚，2009：27）。学生的主体地位是否能实现，不是由讲授行为的存在与否、实施时间的长或短来确定（苏令，2006），关键在于方式是否与教学实际和学生的需求相关联，讲授的内容是否具有目的性、逻辑性、思想性（徐祥梓，2014；吴守一，2004），讲授语言是否具有条理性、准确性、感染性、知识性、趣味性等（袁维英，2012；刘丽群、石鸥，2010）。教师的讲解不仅要够量，还需足够清楚，一味地让学生从大量的练习中去归纳知识和规则，只会使语言学习的效果打折扣（崔刚，2009）。教师减少对语言规则的机械讲解，可避免阻碍学生的学习兴趣激发（张红，2008）。

意识到课堂讲授的正向价值，部分研究者开始考量它与其他教学途径结合的可能性，尝试以此规避可能出现的弊病，帮助更大程度地实现教师主导和学生主动，拓展学生的思维并发展其学习能力。例如，潘世墨（1998：43）提出，把问题教学引入课堂讲授，构建起一个“提出问题—分析问题—解决问题—再提出问题……”的过程。苏小兵（2009）建议把网络技术与课堂讲授相结合，以新的教学模式增加师生间的互动，提升课堂教学质量。不仅如此，一些一线中学教师（如李刚刚，2013；何昌兵、郭开金，2011；袁维英，2012 等）也公开肯定课堂讲授的积极作用，结合自己的教学经历，思考何种课堂讲授方式更为有效，针对讲授的内容、方式、时机三个方面展开了讨论，强调讲授应与学生的已有知识、兴趣、能力之间关联性大，呼吁警惕机械化课堂教学的生成。

综合上述学者的观点，为了使学生的英语语言结构知识转化为长期记忆，我们不仅需要给学生提供语言使用的机会，让他们能够更多使用所学的语言知识去成功完成任务，也需要给他们进行正式的课堂讲授，使他们能够操控性地模仿或练习所学的语言结构。二者缺一不可。这点在刘润清（1993：44）的中国外语学习条件设想中得以清晰呈现，他指出，语言结构和语言运用同等重要，人为控制性高的练习和自由真实的练习形式同样需要，二者之间的使用比例随学生学习水平的提高而变化，即最初的课堂学习以正式学习为重，随着学生语言水平的提升，高阶的英语课堂学习偏向语言使用并看重真实的语言环境的创设。

5.2 中学英语课堂学习条件的核心要义论述

由上述可知，国内外关于课堂内语言学习条件的研究普遍强调多个要素之于语言学习的重要性；语言学习条件具有多维性，包含语言输入、语言接触、互动/参与、反馈、自主、动机/情感、语言输出等。尤其是就外语学习而言，语言输入是否丰富多元、语言接触量是否足够、语言使用体验是否恰当且充足、语言理解和使用是否有效结合等成为外语教学有效性能否提升的至关重要的因素（王初明，2013；2014）。由于中学生正处于青少年发展阶段，他们的“高级认知功能的发展、自我控制和目标确定行为以及自我认同等在长期学习的过程中尤为显著”（经济合作与发展组织，2010：213），他们的先有经验、冒险意识、责任感和自我控制的能力等都不应被忽视，他们的情感、动机、投入程度等因素都可以在很大程度上影响外语学习的效果。为此，本书认为，理想的英语课堂需要具有九个学习条件，分别为语言输入、示例、讲授、语言尝试、语言实践、期待、担责、反馈、学习投入（见图5-4）。

其中，语言输入、语言尝试、语言实践、期待、担责、反馈、学习投入条件主要借鉴了 Cambourne 的学习条件框架。尽管如此，由于这一框架的应用课堂多是母语课堂，它的语言环境和教学对象与中国的外语课堂具有明显区别，笔者又结合国内研究者的发现，修改了几个学习条件的名称（如语言输入、语言尝试、语言实践、反馈、学习投入），调整或补充了学习条件的内涵所指，以使它们能够更加符合我国的外语学习特点。

例如，“沉浸”被改为“语言输入”，突出了基础英语课堂的特质。在基础教育阶段，中国的英语学习者通常需要通过正式的课堂教学学得语言，且他们的语言水平有限，最终所获目的语的输入质量和数量均很难优于二语学习者，以致输入向摄入（intake）的转化过程会遭遇更多阻力（戴炜栋、张雪梅，2001）。沉浸状态在课堂中难以被实现。若一味追求沉浸，忽视掉教学对象的语言能力水平和认知特点，则可能导致学生的学习自信和兴趣减弱，对他们的学习投入产生消极影响，导致最终外语学习效果不佳。同样，考虑到英语课堂学习的特点，“回应”被改为“反馈”。受到课堂时空的限制，外语学习的反馈多是由他人或学生本人有意识地提供，反馈针对的是对课堂语言学习内容的尝试性运用，这与 Cambourne 强调的无意识回应并不相同。

另外，虽然“语言实践”条件的内容阐述大部分来自 Cambourne 的“使用”含义，但本书结合国内研究的发现，把语言模仿也视作课堂中重要的英语实践机会之一。尽管教学改革风潮以意义为中心，一些研究者（如 Richards，2015；Ellis，2006）已开始重视以语言聚焦为目的的活动之于语言学习能力发展的积极促进作用。甚至国内部分研究者（如常海潮，2011；谭春，2009）充分考虑了中国的语言环境、文化观、社会文化环境的特点，专门讨论教师和学生在外语课堂中的角色地位，呼吁大家正确看待教师讲授、模仿等传统教学行为，认为它们的促学实效不应该被全盘否定（见节 5.1.2），恰当的课堂讲授和模仿等帮助学生在有限的课堂时空内更加准确、迅速地学好外语。

基于此，本书增加了“讲授”条件，虽强调教师在外语课堂教学过程中的主导作用，重视教师讲授这一教学行为之于外语学习的重要性，却不主张他们采用机械的方式进行满堂灌。讲授条件的提供不是为了限制学生的主体作用，而是为了最终实现学生的自主学习。

如图 5-4 所示，学习投入条件被置于图中的内核处，意在表明其关键作用，即它会在很大程度上影响其他所有学习条件的实现。在中学英语课堂这一具有整体性、动态性和共生性的生态系统之中，各个条件相互关联（由各条件节点间的连接线表示）且被视作有机整体，突出展现课堂生态主体（教师和学生）之间的交互关系。外围的圆圈界限被用于展示生态英语课堂的时空界限，具有生命活力。

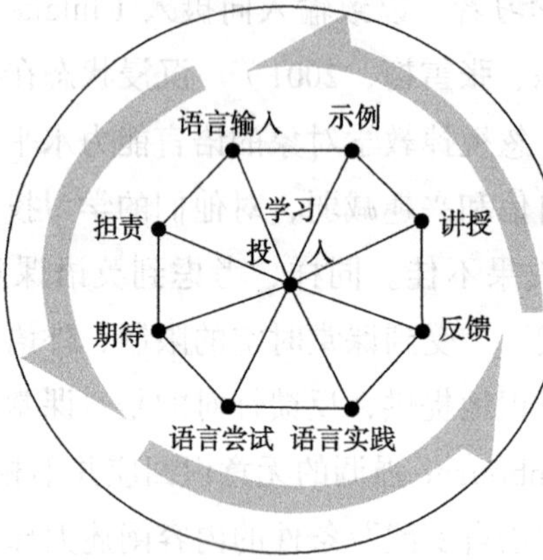

图 5-4　理想课堂的英语学习条件关系图

需指出的是，这些学习条件主要指教师和学生在课堂生态系统内可创设的有利于语言学习的教与学的条件，并不涉及课堂的物质环境条件（包含教室环境设计、教材的提供等）、学习者的生理条件（包含学习者的智力水平、身体条件等）。毕竟，相较而言，这些条件都是不可轻易被教师或学生在课堂内的教与学的行为所改变的客观存在着的条件。

九个学习条件蕴含了认知、社会、情感三个维度，强调语言、教师、学生、环境等英语课堂生态因子之于语言学习的作用。在中学英语课堂生态系统内，语言学习的发生离不开这些学习条件。它们不仅是影响语言学习的重要因素，也是这一系统内的生态因子，影响良性课堂生态的形成；这些学习条件在课堂内的理想呈现能促成中学英语课堂的生态平衡，使师生之间、生生之间、师生与课堂环境之间实现良性关联和有效互动，进而促进语言学习。这一作用关系在图 5-4 中用循环线展示。

以下各小节将结合教育研究、二语习得研究、脑科学研究、学习心理学观点等具体阐释这九个学习条件的核心含义，论述它们的必要性，以期使各学习条件的内容与课堂情境中学生的英语学习过程和规律更加契合。

5.2.1　语言输入

“语言输入”学习条件强调英语课堂教学需提供足够多的适合学生实际语言水平、学习兴趣和需求的多元化语言输入文本材料或非文本材料，这些材料与教学主题或学习任务具有相关性。输入的呈现形式应多样，既可采用视觉形式（包含教室内的环境布置、教学道具、文本材料、视频材料等）也可采用听觉形式（包含音频材料、教师话语等），既可是教师主导的输入（即输入的内容和形式等由教师决定）也可是学生主导的输入（即输入的内容和形式等由学生选择）。教师不仅需要给予学生充分的深入沉浸的机会，也要能够引导学生注意到大量语言输入中的关键信息。

这一学习条件不等同于 Cambourne 所归纳的“沉浸”学习条件。Cambourne 研究语言学习条件初衷之一是提高课堂内英语作为母语的读写学习效果，他认为沉浸条件的实现取决于可促进学生投入的、适用于读写教学的大量多元类型文本的输入。在这种英语作为母语的课堂教学情境中，学生的语言水平相对较高，课堂内外的语言输入非常丰富，教师课堂话语的输入效用并不明显。

然而，就中国的英语课堂学习情境而言，语言输入途径相当有限，大部分英语语言输入主要在课堂教学过程中进行，有限的课堂空间制约了语言沉浸氛围的创设，这使得英语语言学习受阻。教师仅能根据自己的实际教学情况（包含具体教学情境特点、学生的实际语言水平）为学生提供尽可能多的语言输入，竭力创建接近沉浸情境的学习环境。语言资源的缺乏使得外语教师的课堂话语愈发受到关注，外语教师课堂话语已被视作主要的语言输入来源之一。因此，本书提出了语言输入学习条件，把输入文本和输入话语都涵括进去，这与二语习得研究领域中输入研究的内容聚焦点相吻合。语言输入条件既强调课堂内可接触的语言素材的质和量，也主张引导学生注意并吸收关键的输入内容，重视教师课堂话语的质量和数量对语言学习效果的影响。

至今，学界对于语言输入之于二语习得的作用尚未达成共识（Ellis，1994）。行为主义者忽略学习者的内部加工，认为输入仅是习得过程中受控的外部因素之一。心智主义者虽然也认同输入在二语习得过程中的必要性，却更看重学习者的内部习得机制，认为输入仅是激活（trigger）语言内在机制的手段；心智主义者认为，学习者单凭输入最终仍然无法掌握目的语规则。持互动理论的研究者则认为，语言环境与学习者的内在机制之间是交互的关系，输入经互动而形成。可以看到，尽管不同的理论倾向赋予了输入不同程度的重要性，各方却都一致认可输入的积极作用，认为它对二语习得来说是必不可少的（Ellis，1994）。

Krashen 的"语言输入假设"把输入视作语言习得的必要条件。VanPatten（2004）也把输入视作语言能力发展的必要条件。对于外语教学而言，语言输入之于外语学习的关键作用已获得许多研究者和实践者的认可（邹为诚，2000）。外语学习中的课堂输入具有缺乏真实的语言使用环境、输入量不足等的显著特征。俨然，输入的质和量成为决定外语学习成效的决定因素之一（何家宁，2002），有意识地通过"听力、阅读以及多媒体等各种方法获得丰富的语言输入是语言习得的重要途径"（文秋芳，2010：76）。因此，本书把"语言输入"学习条件视作必要条件，它的有效提供对外语课堂的语言学习来说必不可少。

大量语言输入的提供能够增大学生的语言接触量，刺激大脑的不同部分以建立起更多的树突并联系更多的神经通路。而且，大脑能够同时加工许多输入，倾向于多重处理。相反，较为缓慢的、线性的步速会削弱学生的理解能力（Caine & Caine，1997）。不同的大脑区域由一个高度复杂的系统联结起来，它由树突的突触神经系统组成；当大脑接收到更多的刺激时，树突的分支就会越多样，突触联系也会越来越多。丰富的语言输入能增加细胞重量，使树突的分支变多样，增强大脑的突触反应（Diamond & Hopson，1998）。贫瘠的环境使突触联系生成少，细胞重量较小，树突间的联系少。而且，若课堂输入的数量不够充足，质量上也存在某些问题（如对某些形式的突出强调），可能导致学生固化甚至“石化”错误（Gass & Selinker，2001）。

语言输入与教学主题或学习任务是否相关将影响启动效应的最终产生。启动效应被看作“由于某一刺激（如词或图片）的先前呈现而导致随后对该刺激或相关刺激加工的易化，或由于先前对项目之间关联的学习而导致对其相关项目属性加工的易化”（蔡厚德，2010：146；转引自李金钊，2013：73）。教师预先呈现与学生的个体经验或学习能力相关的背景知识可为他们提供建立联结的基础，当大量联结在神经系统内被建立起来形成连接网络时，学生可在教师的引导下通过经验作用，判断连接的适合性并进行选择，最终方可通过精选形成感觉和后期认知（布兰思福特等，2013）。

但是，仅凭大量的输入可能无法使学生在课堂内完全内化学习内容，如何使输入更好地转化为摄入（intake）已成为研究的争议主题。为此，教师引导学生有选择性地“注意”输入，通过丰富输入内容、变化呈现方式或加工输入等方式，让学生“注意”到一些关键语言信息并进行深度加工，深化他们对输入材料的理解程度。

当教师变化语言输入的呈现方式时，“大脑可通过加工多感官信息（包含来自视觉、听觉、嗅觉、触觉等的信息）激发所有身体感知的活动经验，形成多个大脑通路，以促使大量树突（神经元间的联结）生长，从而增强学习的效果”（李金钊，2013：85），基于学生对加工通道的偏好选择激发其发展潜能。或者，教师给予学生足够多的深入沉浸机会，调整教学文本的颜色或印刷样式，改变声音或手势，通过这种方式培养学生的注意意识，教师也要给学生教授进行集中注意的策略，通过以上种种方式教师可在课堂内更好地管理学生的注意导向。

“注意”对语言学习有效输入的作用不容被忽视。Gass（1988）在二语习得理论框架中把被感知的输入（apperceived input）放到第一个习得阶段，以此强调输入中那些引人注意的特征。此外，从神经科学的视角来看，注意是一个器官系统，它拥有自身的解剖结构，包含维持觉醒、感觉定向、面对竞争性想法和感觉时的冲突解决能力。而从认知信息加工观的视角来看，在环境中输入的信息自进入加工系统之后，一般会经历感觉记忆、短时记忆和长时记忆三个阶段。当感官获得刺激，信息可被短暂地储存进记忆系统，再经过进一步加工而进入工作记忆，信息通过这一系列转换被永久保存在记忆之中。整个过程中，注意的重要作用不可被取替。注意被加涅看作“教学中必有的第一事件”（德里斯科尔，2008：314）。加涅认为，注意能帮助学生获得某种方向定向，学生依据此定向接收输入信息之后才能促使学习的发生，这种资源容量有限，需要在相互竞争的目标之间被分配与共享（德里斯科尔，2008）。否则，认知超载将产生，导致学生无法成功加工语言输入，毕竟“学习者本人对语言输入的吸收起了关键的控制作用，语言知识只有被学习者吸收并转换为相应的语言能力才能被认为是成功地习得该语言”（文秋芳，2010：55）。

5.2.2 示例

“示例”学习条件的形式主要表现为人工制品、行动，内容多涉及语言知识和技能、文化信息、语言学习策略等。在英语课堂教学中，示例的内容不应是已被肢解开来的语言知识，教师应该呈现出语言整体形态的多维度信息；这些丰富的示例应该具有相关性，尽可能地与学生当下的语言学习任务相关，符合学生的实际语言水平和思维发展水平，与学生的个体经历之间存在关联；并且，示例可被持续重复；示例效果的提升需要学生的参与，学生在主动体验过程中能通过观察、模仿等方式进行意义的自我建构。

中国中学生的英语语言综合能力仍处于初级发展阶段，学生的学习主要发生在课堂这一有着有限时间和空间的场域之内，示例条件的提供与学生的英语学习效果之间存在相关性。例如，教师在课堂教学中采取“有声思维”的形式进行示例，为学生展示解决学习问题的可能途径和策略，这使他们能够在有限的时空内更加有效地习得语言。

自 20 世纪 50 年代开始，示例学习就已成为教育研究的研究主题之一（Atkinson et al.，2000）。“示例”通常被视作一种教学策略、一种有利于解决学习问题的教学手段或一种以示例为焦点的教学方法。在早期，认知和教育心理学研究者们采用示例学习范式（learning-by-example paradigm）调查或描绘与概念形成相关的过程。到了 20 世纪 70 年代，研究者们开始关注更为复杂的知识与学习（特别是问题的结构），关于问题示例的课堂研究随之涌现出来（如 Zhu & Simon，1987；Carroll，1994），这扩展了对示例的理解，使教学研究者和实践者不再简单地把示例与传统的教学方法（如直接教学法等）相关联。基于以上分析，本书的“示例”学习条件主要指一种指向问题解决的教学行为，它的作用是阐释概念或展示解决问题的途径等。

当教师向学生提供新的示例时，学生的感官随即被激活，大脑的特定部分得到刺激后因体验而发生生理学上的变化，即大脑会随每一次体验而变化、生长；新的树突形成，将新的信息与已有经历联系起来，大脑通过自动搜索，尝试把新的刺激放置于已有神经通路中。同时，这也向学生提供了复述的机会，促使他们将输入信息和已有概念、经验关联后进行编码。通过复述和编码两个过程，学生阻止信息从自己的工作记忆中流失掉。特别是，若教师在让学生解决问题之前提供示例（worked example），相比于未提供示例，学生常采用更为有效的问题解决策略，也更加倾向于关注问题的结构层面（Atkinson et al.，2000）。

示例内容的相关性能帮助实现意义的建构，达成教育的目的。Cram 和 Germinario（2000）曾明确指出，关联性即大量的连接，形成于神经元之间。发生于细胞层面的连接越多，新信息在长时记忆中的存储程度就越深。教师引导学生把新信息、先前学过的内容和自己建构的意义这三者关联起来，深化理解的程度，延长记忆的保持时间，鼓励生生之间的社会交往，以此引导他们创建连接（钟启泉，2009）。而且，教师若采用多种学习材料，以多种方式持续重复示例，能帮助学生成功内化所学知识。

示例效果的提升也受学生参与程度的影响。通过参与示例过程，学生能在理解他人行为的同时，感受到某些特殊的情感并看到自己的行为，进而激活镜像神经元，成功引发与该行为、该情感类似的体验的生成（经济合作与发展组织，2010）。

同时，有效示例过程的实现还离不开学生意义的自我建构，这种自我建构主要由观察、模仿等方式来实现。在课堂内，通过教师提供的实物、图像、模型等直观教具的示例，学生能够通过亲身观察获得知识。以观察的方式，学生不仅可以学会如何实施某种行为，也会明白在特定情境中实施这种行为时可能遇到的情况。布兰思福特等（2013：109）曾说，儿童的学习是“通过观察成年人以及活动情境中成年人所提供的线索和支持来实现的”。同样，中学生正处于青少年发展阶段，他们的英语学习也离不开对他人的观察。观察他人时，观察者的某部分肌肉中的外周运动系统会产生反应，这部分肌肉与被观察者实施动作时所用到的肌肉是相同的（Fadiga et al.，1995）。可见，人在理解自己和别人动作的意义过程中，其脑内会发生某种神经生理活动，这种活动被视作其他许多高级社会功能的基础。随着人在社会环境中的体验发生变化，大脑发生生理变化并每日形成新的树突，这样来联系新信息与已有的经验。

5.2.3 讲授

讲授可被看作一种教学方法，或被视作整体教学策略中的一个成分，抑或被视为一种教学工具，本书把讲授视作外语课堂内促进语言学习的学习条件之一。它主张教师在外语课堂内获得机会，以语言为载体，采用叙述、描绘、解释、推论等方式，向学生传授知识（包含语言知识、技能、概念、学习策略知识、文化知识等），或阐明语言规则、活动程序等，引导他们模仿、分析、反思、解决问题[①]。这一条件虽强调教师在外语课堂教学过程中的主导作用，却不忽视学生的课堂生态主体地位；虽重视教师讲授这一教学行为之于外语学习的重要性，却不认同机械的满堂灌或一言堂。讲授的实施目的指向学生自主学习能力的提高。

语言学习是需要被引导的。“也许语言发展的某些特定参数内置于学生的心智，但在某一语言的学习过程中，这些参数是否能被固定住却总是取决于一种外在控的行为，这种行为的具体实践具有不同的间接性和微妙差异”（Widdowson，1990：190）。且“任何教学都属于文化传承活动，其内容靠教师筛选、传递；学生在活动中如何更好地发挥主体的自觉性和受体的灵活性，有赖教师指引。在教学过程中学生近乎置身于暗道之中，教师比学生更清楚该怎么走”（张正东，2007：22）。因此，即使外语教学的终极目标是学生的发展，教学主体是学生，教师却仍然是重要的知识传授者、信息提供者或协助者。这一基本角色定位虽充分肯定教师的权威，却并非意指独裁控制，它虽强调了教师的引导和监控能力，却并不主张他们实施具有威胁性的主导行为。

在外语课堂内，语言的交际使用固然具有重要的实际意义，但是，因外语学习的特性，我国外语教学目标不可能脱离双基（即基础的英语语言知识和基本技能），语言的结构不应被忽视，它作为功能的载体应该先被认识（张正东，2007）。而那些聚焦于语言结构的课堂教学活动往往与教师讲授相关，教师讲授行为的积极作用在课堂教学过程中被清

① 此学习条件的概念阐释源自王道俊和郭文安（2009：239）的讲授法定义，他们认为，讲授法是“教师通过语言系统连贯地向学生传授科学文化知识、思想理念，并促进他们的智能与品德发展的方法”。讲授法包含四种形式，分别为读与讲的结合，对学习对象、材料或过程的描述，对抽象知识的阐释，以及对结论等的归纳总结。

晰展示出来。讲授能够有效引导学生结合意义对语言形式加以注意，促使语言输入被转化为有效吸收（Schmidt，2001；Robinson，1995，2001，2003；转引自 Mackey，2006）。讲授可以帮助学生增强语言意识，使他在有限的课堂学时中快速有效地掌握目的语结构，让他们对下一阶段所需要学习的语法结构做好心理准备，提升他们的中介语水平，使他们的语言结构更加接近在自然语境中习得的语言结构，最终促进语言的习得（Pienemann，1984）。

并且，教师的讲授语言本身能够帮助实现间接知识的传递。在语言输入有限的外语课堂内，教师为学生提供有效的教师话语（包含讲授语言），不仅可以增大学生的语言接触量，也能让学生接触优质的语言使用范例。教师的表述对学生具有直接和间接的影响。当教师的表述用于讲解课文内容或处理方法，给学生提供意见、资料、事实依据时，或用于给出需要学生执行的命令或指示时，它能够对学生产生直接影响（李如密，1995）。讲授语言不是“随意的、无组织、无规则的普通日常用语”（秦积翠，2007：12），它应该充分考虑授课对象的年龄阶段特点，这直接关联讲授的有效实现程度。教师需要主动调整自己的语言风格和词汇选择（陈雨濛，2019），使之更加契合中学生的语言知识和心理发展水平。

可见，教师讲授与教学对象的认知发展水平紧密相关。心理学家 Laurence Temple 曾把处于青春期的中学生们比作拥有不熟练驾驶技术的汽车司机，指出他们的脑决策功能仍未发展成熟（经济合作与发展组织，2010）。奥苏贝尔也认为，相较学前儿童和小学生来说，中学生的学习主要是伴有具体经验支持的接受学习而非发现学习，学习内容是抽象概念和规则，而非具体概念或定义性概念（邵瑞珍，1997）。这意味着，学生虽能凭自学获得部分知识，却也需要教师对复杂和关键的知识进行讲授，快速引导学生的注意力，使他们更加准确地完成知识的理解与掌握。通过讲授行为，教师传递知识、活动要求、解决途径等，使学生的大脑对这些重要内容的重要性做出判断，高效选择出自己需要注意和学习的信息。

而且，教师对青少年的教学不应以知识灌输为目的，讲授条件不主张采用被动、机械的知识传递方式。应该用灌输的活动模式而不是建构模式，以促使学习这一行为突破信息接收的任务局限，转变为信息的运用、质疑和验证的过程（索萨，2013）。在英语课堂学习情境中，教师对于学生是重要的他人。通过教师讲授，学生能从教师那获得恰当的指导；非机械式的讲授方式更加尊重中学生的脑成熟过程中个体之间的显著差异，使他们在教师的支持鼓励之下成功搭建起他们的知识结构（经济合作与发展组织，2010），学会培养自己的兴趣和设定学习目标学习目标，学会对自己的进步和学习成果进行评价，最终实现可以进行自我指导的目标（李金钊，2013）。

5.2.4　语言尝试

在英语作为外语的课堂内，语言学习的发生离不开“语言尝试”这一学习条件，它鼓励学生大胆进行目的语尝试。教师给学生提供多种学习机会，鼓励学生勇于冒险，创设出使学生不断接近目的语的空间，帮助其以一种具有相关性的、有意义的方式操练所学语言，给予他们足够的语言调整或修正的机会，从而使他们获得语言学习发展的可能。在语言尝试过程中，教师给予学生适当的期待、监督与反馈，正视学生产出错误的积极作用。

学习是一个不断循环的假设检验过程，它起始于学习者的自我学习期待、示例和重要他人的期待，中间经历沉浸、自主处理示例信息、提出假设、检验假设、获取反馈、头脑动荡、修正假设等环节，再至学习的发生（Cambourne，1988）。二语习得过程中，学生对目的语的结构特质提出假设，构造出假设的语法，进而对语法进行有效性检测。若学生的假设合理，他们的产出被接受或未被误解，则他们的假设通过检验；若学生的理解存在问题，他们的产出未帮助他们达到交际目的且未被修正，则他们的假设没有通过检验（Corder，1967）。从一个更为宽泛的层面来讲，这种假设检验的过程即中介语形成过程。中介语的发展包括三个阶段：更新阶段（新的语言形式的习得）、阐释阶段（关于语言形式的情境使用）、修正阶段（对整体系统的调整）（Ellis，1994），即学生需要经历一系列的持续尝试，在获得语言输入和示例信息之后，勇于进行学习尝试，正视自己在学习过程中所犯的错误，并在接收到有关这种学习尝试的反馈信息之后，修正学习行为（Cambourne，1988），最终使语言获得发展。

在课堂教学中，语言尝试机会的给予与固化的本质紧密相关。在语言学习过程中，学习者大脑中的语言知识会在内外因素共同作用之下出现固化或石化，这种语言固化或石化既可能受到语言环境的影响，也可能因学习者的动机、个性、语言学能等而产生（文秋芳，2010）。

为了防止语言固化或石化，教师创设出鼓励语言尝试的课堂空间，既向学生提供肯定的情感反馈，鼓励他们的语言尝试行为，避免他们对石化产生过分焦虑；也及时提供否定的认知反馈，告诉他们语言修改之处，让他们关注语言的准确性（Vigil & Oller，1976）或增强学生对错误形式的“意识”。即使不能消除固化或石化，这样做是“改正错误的前提”，能在一定程度上防止石化的形成（文秋芳，2010：95）。实际上，产出错误在学生的语言学习过程中起着重要的作用。“错误并不可怕，可怕的是怕用错而不敢使用、怕模仿错而不敢模仿、怕创造错而不敢创造、怕表达错而不敢表达”（胡春洞，1996：80）。错误的出现不应被排斥，它是学生中介语重构的推力，以及语言获得修正的契机；“由错误到正确，是一个过程，需要一定的时间”（胡春洞，1996：81），这一过程和时间的缩短离不开教师的引导。具体来讲，教师引导学生正视错误的作用，促使学生发挥主观能动作用，能够增加学生的语言尝试行为，鼓励学生更深层次的学习参与；伴随不断增多的积极自我暗示，学生还能够对英语学习形成积极的态度。

课堂环境允许并支持语言尝试会让每一个独特的大脑被得到接受挑战的机会，这有利于学生接近新概念；语言学习反馈的提供将帮助他们理解并进一步发展新概念。当学生检测语言假设时，大脑可被用于感知并生成模式。学生基于自己的人生经历模仿对新概念的运用并以不同的方式去接受并加工它，当教师提供反馈信息给学生，引导、支撑、并挑战学生的技能习得时，大脑的独特性便凸显出来。

特别是，中学生们处于青少年发展期，更加倾向于选择冒险行为，或追求刺激和新鲜感的行为（Spear，2000）。中学教师在课堂内创设语言尝试的机会，给予学生足够的语言学习自信，让他们敢于冒险犯错，能使他们从多巴胺愉悦水平的波动中获益，增强大脑的感受性，有利于增强他们学习的积极性；当接收到修正型反馈所传达的信息之后，他们的大脑会修正神经网络中诱发错误所预测的信息，以避免错误的再次发生（索萨，2013），加深对事物的理解深度。

5.2.5　语言实践

“语言实践”学习条件提倡教师让学生大量使用目的语，强调有意义的语言使用情境的创设，认为情境应该具有相关性和真实性，主张提供充足的师生、生生互动的机会。

“语言实践”与“语言尝试”是学生语言学习过程中必不可少的两个输出阶段。学生不仅需要在并未完全掌握所有语言知识的情况下大胆使用语言，还应该获得更多的时间和机会来持续操练语言，直至最终实现语言综合能力的发展。从神经科学的角度来看，这种反复练习与重复信息至关重要，它能够决定记忆信息的巩固程度，是最为关键的因素（索萨，2013）。

从关于沉浸教学效果的研究结果可知，语言输出对学习者中介语发展具有不容忽视的促进作用（Swain，1985）。研究者们发现，在课堂环境中，学习者若未被提供足够多的目的语使用机会，教师也未敦促他们“注意”语言输出的准确性，即使学生输入了大量的目的语语言，他们在目的语语法的某些方面仍会存在问题（Harley & Swain，1984；

Swain，1985）。可见，在课堂学习过程中，学生是否能获得足够的语言尝试和实践机会，成为其是否能习得目的语语言的关键所在。

Andersen把二语习得过程看作经由“实践”发生的程序化陈述性知识习得过程（Ellis，1994）。二语习得从输入到输出需要经历四个阶段，通过感知、理解、摄入输入、进而形成中介语系统；不是所有被感知到的输入都能被理解，也不是所有被理解的输入都能被有效摄入（Gass，1988）。在语言习得过程中，学习者不仅会程序化语言知识，在某些关键时间点上，他们还会重构基于规则的目的语表征，这其中，“实践”正是变化的机制（McLaughlin，1987）。功能性实践可促进学习者的内隐知识①，这种实践是学习者通过交际最大化语言接触而进行出的尝试；而正规实践则能巩固他们的外显知识②，它既是有意识的二语学习，也是外显知识的自动化学习（Bialystok，1978）。

语言实践条件强调师生、生生之间互动机会的提供，认为功能性实践的增多能促进语言使用。近年，研究者普遍认同语言习得的互动性（王初明，2014）。人类需要社会化和与他人产生联系来增强学习效果（Vygotsky，1978；Caine & Caine，1997）。若教师过多采用单方面传授客观知识的教学方法，将难以让学生（尤其是中学生）集中注意力。语言学习若能在互动中被完成，有利于实现结构启动，“促进外语运用并巩固已经习得的语言结构”（王初明，2014：45）。

不仅如此，语言实践条件也重视正规实践的促学作用。对意义优先的强调并非要否定语言形式聚焦的重要作用，外语教学不可能回避得了

① 学习者的二语知识可分为内隐与外显知识。内隐知识是隐性的、直观的、程序化的、以及自动化的；它可在无计划的语言使用中被学习者轻松且迅速地获得；具有不可表述性，只在学习者的言语行为中显现出来；且隐性知识的学习具有年龄限制（Ellis et al., 2009）。

② 外显知识是显性的，具有自觉性和陈述性；它通过计划性语言使用中的可控加工（controlled processing）获得，可被学习者表述出来；它时常与元语言知识一起发展；它可被任何年龄的学习者学得。学习者的外显知识学习能力会更多受到其分析技能方面的个体差异影响，而非年龄（Ellis et al., 2009）。

模仿这一天赋的重要学习方式（张正东，2007）。重复练习的积极作用也已被关于自动性的研究充分肯定。正如文秋芳所归纳的（文秋芳，2010：174）：

在词汇层面，通过经常接触、频繁地辨认某些词汇，会逐步实现词汇信息的自动化读取与处理。到短语结构构建层面，却需要控制处理的介入，但通过依赖词汇知识的逐步丰富，加上练习的作用，提取语法信息或进行句法分析的处理速度就会逐渐加快，很多表达法的熟练程度会逐步提高，注意资源的消耗渐渐减少，自动化程度随之提高。随着更多练习的巩固加强，处理过程要求更少地甚至不占用注意资源，从而利用剩余的或腾出的注意资源做更多的、更高层面的语言信息处理，如语篇层面或语用层面，从而实现更高程度的自动化（桂诗春，2004），最终使语言规则变得没有必要（王初明，2003）。

避免简单机械地重复进行句型操练或背诵等语言模仿形式方可实现上述促学作用。语言的实践不应被局限于行为主义的视野之中。有意识或自动化的学习的开展并不是对意义表达、协商互动的背弃或对学习者主动性的忽视。

同时，将语言使用情境和学习者的已学内容和已有经验相关联有助于促进学习者的回忆。“经验使大脑功能的总体质量增加。把胶质细胞（这是一种通过提供营养和清除垃圾来支撑神经元功能的细胞）作为索引，在复杂环境中的动物的每一个神经元的胶质数量多于圈养动物”（布兰思福特等，2013：119）。当学生的注意力被诱发之后，教师应提供相关的、真实的学习情境，这有利于他们获得“有价值的新信息”，从而使大脑不被置于低迷的状态之中（李金钊，2013：77）。

总体来看，使用条件的有效创设能够帮助学生进一步理解和内化语言知识。语言需要被经常使用，否则，一种神经修剪的过程将会生成，随之，语言出现萎缩，最终声音系统随之消失（Sylwester，1997）。具有重复性和延展性的练习和突触联系的增加也具有密切关系。重复的刺激使神经环路之间的联结增多，而新形成的环路的阀限被降低，之后少量的重复就能形成较强的神经环路来提升学习速度并提高实现神经系统的效率（索萨，2005）。而且，“脑的神经联结在形成之后需要时间进行巩固和安置”（李金钊，2013：80）。语言使用机会的提供把一段安置时间拨留出来，有利于学生进行自我反思和知识内化，让他们把所学知识和技能与自己的原有经验结合起来，获得更多的个体学习意义和联系且获取更多新的知识，再将新知识应用于问题的解决。如此，更多更成功的图式将有利于学生最终得出更加准确的预测（答案）（索萨，2013）。

5.2.6 期待

“期待”学习条件既指重要的他人对学生的期待，也指学生在教师引导下对自己产生的恰当期待。

在无意识的状态下，教师通过行为传达关于学生的课堂学习角色、英语学习能力、英语学习内容价值的信息；教师应尽量避免传达出消极期待的各种行为，如不断的纠错、学习任务的负面价值传递、对学生学习能力的否定等；教师应根据学生的个体特征和具体学习表现，设置出不同的期望值，帮助他们制定出合理的学习目标，并依据学生的实际发展变化及时调整原有期望值，以此增大期望值与英语学习效果的正相关性。

教师对学生的期待间接影响学生的心理和行为表现，起到“言语说服”的作用，使学习者获得信息，了解到别人相信他能做什么，从而影响他们的自我效能知觉。这种知觉是一种信念，个体为了达成给定成就，会判断自己是否具备顺利完成行动进程的能力，进而形成信念，这样的信念“影响人们选择执行的行动进程，影响在指定的活动中投入多大的努力，影响在面对阻碍和失败时能坚持多久，影响他们从逆境中恢复的能力，影响他们的思维方式是自我阻碍的还是自我帮助的，影响他们在应对高负荷的环境要求时体验到多大的压力和抑郁，以及影响他们所能实现的成就水平”（Bandura, 1997：3；转引自德里斯科尔，2008：269）。

为此，在教学中，教师应让学生切实感受到自己对他们的喜爱之情、关怀之意。教师应持续细心地观察学生在学习过程中的发展变化，及时赞美学生的点滴进步，不吝于给出恰当的赞美，充分肯定学生在课堂教与学过程中的主体地位，给予其足够的自主学习空间，提供合适的指导；当学生遇到挫折或困难时，教师还适时给予他们积极的暗示，有效引导其进行自我暗示。

教师为学生设置合理的学习期待，是学习过程的重要组成成分。教师的期待和责任不足会降低学生的学习兴趣。相反地，过高期待也会使学生感到沮丧（Rushton et al.，2003）。高水平的压力和已感知到的对自己的威胁都会阻碍学习。大脑的情感中心首先检查所有外来的感官信息，以此看它是否与记忆中的某一种已知的危险相匹配。当感知到威胁时，学习的能力会大大受到阻碍，全身自动准备好开始进行自我防御，使各种化学物质从身体内释放出来，这将给学习过程带来深远的影响。特别是，学生的身体可能释放荷尔蒙皮质醇，作为对畏惧性的信号或真实或仅是感知的回应。过多的皮质醇会缩减海马结构内的细胞，这些细胞负责处理记忆的大脑结构。这一旦发生，学生将难以组织自己的思维与记忆，从而使记忆失去情境，变得支离破碎起来（Wolfe & Brandt，1998）。因此，教师需要寻找到平衡点，既让学生获得安全感和认同感，也让他们感到趣味性和挑战性。

此外，在外语课堂教学情境中，学生的自我期待也是促成期待学习条件最终实现的关键要素之一，它包含学生对自己的英语学习者身份、英语学习能力、师生关系的认知，这与其学习自信心、自尊等自主性心理素质息息相关，和学习投入相互影响。因此，教师应引导学生形成正确的自我认知，协助他们积极设置合理的自我期待值，使他们能够正确理解教师所传达的期待信息，从而及时调整学习目标和计划；同时鼓励他们适时主动给予自己积极的自我暗示。对于处于青春期的中学生来说，积极的自我期待的形成能较好地辅助他们形成自我认同，“认同的发展带来了学习和动机的重要驱动力，而自我防御则常常伴随着学习抵制或退缩的行为”（经济合作与发展组织，2010：209）。

通过以上论述可知，期待学习条件的创设与否将会影响学生的动机和情感状态，进而影响二语学习。一方面，教师是否相信学生的学习潜力，是否能让他们感知到学习过程中的成功或失败，都易影响他们的动机（Ellis，1994）；当教师让学生感知到教师对自己进步的渴求时，学生才会把“这种真切期待转化为自信，作用于内心世界，从中获得力量”（王惠来，2007：77）。而自信恰恰是动机的内在来源，自信的增加自然会加大动机的强度，最终影响二语学习的结果。另一方面，教师所传达的期待是否恰当，是否能及时给予学生积极暗示或指导，影响着学生的情感状态（如焦虑的出现）和语言学习能力。在学习过程中，学生容易因不佳的学习体验对学习持有负面的期待，产生情境式焦虑（MacIntyre & Gardner，1991）。这种焦虑是二语习得的重要影响因素之一，它会因程度的不同对学习产生积极或消极的影响。低焦虑状态促进学习，相反地，高焦虑状态则抑制语言学习（Ellis，1994）。

5.2.7 担责

“担责”学习条件强调教师和学生在英语课堂生态内的主体地位。它尤为强调学生应在教师的引导之下承担部分学习责任（如学习过程中的自我决策、自我评价与反思、主动向教师或学习同伴求助），也重视教师需要承担的教学责任（如沉浸氛围、示例、语言使用机会、期望等的给予、自主空间的创建）。

教师所承担责任的实现程度受学生担责情况的影响；而教师的有效引导和帮助能促进学生自我担责的最终实现。“教师和学生需重新审视自己的角色定位，学习者应当参与更多的活动，增强自主性，并对自己负责，教师们则应当发挥更多的协助作用，如陪伴、支持和反馈等”（经济合作与发展组织，2010：235）。教师应该超越讲解式教学中的传统角色，认识到自己并非掌控一切的独裁者，重视学生资源的提供和有利学习环境的创造，认识到学生也有责任发起知识的建构，能够通过增多社会交流等行为以促进学习，并关注学生个体原有的知识。

“在青少年期，学生应该有权利选择学习内容和学习方式，以及选择可能的学习场所，以便符合他们对经验和视野范围的需求”（经济合作与发展组织，2010：211）。为此，教师应正确认识自己在学业帮助过程中的引导作用，充分相信学生的学习能力，合理调控自己需要提供的帮助，他帮助学生建立足够的自信心，增强其独立做出学习决策的愿望；他信任学生，不总是替代学生选择、决定学习内容，给予他们足够的学习参与机会，使其乐于积极自主地选择自己认为有必要学习的内容；学生未做任何学习尝试之前，教师不会急于给出答案，而是鼓励他们尽力选择并运用恰当的学习策略，或寻求同伴的帮助来解决学习问题；同时，当教师提供沉浸材料和示例时，相当重视信息的整体性，采用反复呈现相似示例的方式，帮助学生获得完整信息以完成学习任务、了解有效的学习策略知识并提升策略使用能力，使他们能更为有效地根据自己的学习关注点和已内化的语言知识来定位信息，选择恰当的学习策略，做出正确的学习决策。

同时，教师积极引导学生定位适合的求助动机，帮助在班级中创建有利于学生发出求助行为的教学氛围，引导学生认同自己的课堂学习主体角色，使他们相信自己能够凭借学习智慧和内在学习机制开展自主学习，从而不完全依赖教师的帮助，仅将这种帮助视作非核心的辅助行为（郭思乐，2006），将求助动机设定为学习成效的提高和个人能力的发展，既不会为了快速顺利地完成学习任务，才向教师发出求助行为，也不会为了避免他人对自己的能力和智力进行消极评价，而回避求助（Butler & Neuman，1995）。教师应该尽量避免采用替代性的帮助行为，相反，他们应该向学生传达出乐于提供帮助的意愿，给他们提供充足的可进行学业求助的机会；学生遇到困难或问题时，鼓励他们独立思考，必要时再采取工具性求助行为，从教师或学习同伴那里，获得有助于任务完成的重要信息，而不是直接询问答案、寻求帮助（Butler，1998）。

此外，教师还可采用合理分组、任务分工、信息沟提供、同伴帮助者的选择等方式，促进同伴互助行为的发生；引导学生明确自己向同伴求助的行为方式，知道自己应该先独立思考，适时再主动告知同伴自己对关键信息的需求，而不是把解决问题的责任完全强加给自己的学习同伴；教师以直接或间接的方式，让学生对同伴产生信任感，使其对彼此的合作有足够多的信心，推动彼此间良好的情感互动，让他们敢于承认自己所遇的困难或问题，对同伴帮助持有正面的态度，乐于向同伴发出求助行为；而学习同伴在接收到对方发出的求助信息后，需要能够基于自身的能力水平，提供适合的帮助行为，以促进问题的共同解决。

这种“担责”并非提倡学生在忽视个人的实际语言水平和学习表现的情况下，无原则地随意制定学习目标、选择学习内容和学习策略。特别是考虑到中国的中学英语学习者的总体语言发展水平，学生自主不等同于恣意妄为，教师不应任由学生做所有的学习决策，教师应该全面准确地了解学生已掌握的英语知识和技能，基于此引导他们根据个体的实际需求、能力或学习任务要求做出适合的学习决策。

总体看来，担责学习条件不仅强调学生自主学习能力的增强，也主张处于青少年期的学生拥有学习选择权和自我决策权。它指出教师应能基于学生的个体经验和需求向他们赋权，这一教学行为被视作整个语言学习过程中的关键要素。“通过自由选择的活动而获得的学习经验和知识会得到老师和学生的认可，那么基于此的进一步学习会得到加强，同时能够适应其他学习环境，建立牢固和广泛的知识网络”（经济合作与发展组织，2010：211）。当学生能够担起学习责任时，一种赋权感油然而生，他们的求学欲望和自我效能感随之提升，最终生成积极的学习结果。

近年，随着学习科学的发展，学习者在学习过程中的自我调控能力愈发受到重视，其主体参与的重要性也获得了不少理论或观点的支持。

有关学习的实验表明，学习不同于强制性练习，仅凭激活而缺乏学习主体的主动参与是无法真正增加突触的。若学生不能亲自“参与”事物发现的活动，则无法促进信息的组织而使记忆效果获得增强（施良方、崔允漷，1999）。建构主义认为，意义应由学习者主动建构，而非被被动传递或强加给他们。参与理论的支持者们认为，学习过程是以社会文化为中介的，具有主动性。基于能力本位的学习研究者们也一直把胜任力的培养视作教育的目标。

因此，担责条件的创设与否是影响英语学习成败的重要因素之一。如 Ellis（1994）所总结的，成功的语言学习不仅包含主动的学习参与，也包含对学习过程的自我意识和灵活使用策略的能力。优秀的语言学习者是学习主体，不过度依赖教师；他们会采取有意识的决策，选择自己偏好的学习风格，自我管控学习过程；他们还会有目的地根据任务采用恰当的学习策略。学习自主对于学生来说颇为重要，当他们被赋予自主学习的机会时，学习兴趣随之生成。让学生参与决策过程，有助于提升他们的学习动机，从而增加语言产出（Bachman，1964）。

5.2.8 反馈

Cambourne 在他的学习条件框架里采用了“回应”一词，以尝试规避“反馈”一词中所暗含的行为主义色彩，主张反馈给予者不应带有先定的目的。然而，就外语学习而言，课堂是学生获得学习反馈的主要场域，教师、语言能力较高的学习同伴或学生本人一般需要在有限的时间内，有意识地就学生的语言学习进行尝试，给出带有某种具体目的的回应，以此提供有效反馈。因此，本书仍然选择采用“反馈”一词来概括两方面内容，一是在课堂互动过程中，教师或同伴针对意义交流和语言结构给出显性或隐性的回应，二是学生自己对意义交流进行反思和语言修正。

具体来讲，“反馈”学习条件具有两方面含义：一是，在课堂互动情境中，教师或学习同伴就学生的语言学习尝试，提供具体有效的、不具威胁性的反馈，告知他们如此的语言使用是否是可被接受的、是否符合语言规范、是否需要必要的修改；二是，在教师的有效引导之下，学习者适时反思自己的语言学习尝试行为，有效监控自我理解，正确判断是否需要根据已有的知识，进行知识的补给或类比以促进理解，或及时进行语言修正。

作为一般术语，反馈通常被用于概括听者所提供的信息，这些信息与内容的接收和理解相关（Ellis，1994）。它有认知和情感之分，前者是关于实际的理解；后者是互动过程中，对话者给予彼此的激励性支持（Vigil & Oller，1976）。但是，本书提出的反馈条件仅仅涉及与语言信息理解相关的反馈层面，包含语言修正。显性的语言反馈包含直接纠错和元语言的解释等，隐性的语言反馈包含澄清请求、重述等。反馈形式可包含口头和书面两种；反馈信息不仅可以是对正确语言使用的肯定，也可以是对语言错误的修正。

在课堂学习情境内，教师或同伴在给出反馈之前，通常会先根据外语学习的目标、学习任务的要求和学生的实际语言能力，设置一系列的标准，再在较短时间内决定以何种方式对学生的语言尝试给出何种程度的肯定或做出怎样的评估，并向学生示范需要知道或使用的内容。无疑，对语言错误的纠正有益于语言习得，但它也具有危险性（Krashen，1982），可能引发学生的负面情感反应（Ellis，1994）。

因此，教师如何提供反馈信息显得颇为关键。Ellis（1994）总结了两个途径：纠正语言错误的方式应与学生的中介语发展水平相符；且相较由他人修复的方式来说，自我修复的方式更能促进习得，更不易使负面的情感反应产生。这与一些研究者（如 Smith et al.，2016； Butler & Winne，1995）的观点相符。他们认为，反馈不仅涉及信息的单向传递，也涉及学生的内部反馈，他们的自我调节和自我效能具有积极的作用。文秋芳（2010）也指出，通过细心观察，教师应随时对学生的典型错误保持敏感度；当准确及时地感知到错误时，他们能够向学生提供纠正性反馈，以此促进学生的外语学习。

而且，有效反馈应该是即时的，这有利于学生根据反馈信息立刻改正，更自信地迈步向前。互动中的反馈恰恰具备这一特性，它利于思想的碰撞，能够使反馈信息更具有针对性，且被赋予丰富的个体意义，最终促成有效的学习。一方面，从反馈内涵来看，反馈是一个共同构建的生成，教师、学生、同伴和材料在其中相互作用，学生有机会在反馈对话中发挥积极作用，他们的积极参与和对反馈的主动接受与教师所提供的反馈一样对学习至关重要（Handley et al.，2011；Winstone et al.，2017）。另一方面，从互动内涵来看，互动本身是基本的大脑学习方式，大脑的发展成熟离不开大脑与环境、他人的交互作用。互动为学生提供来自环境、教师和学生的反馈，使学生获得更多思考问题的角度，以深化理解（李金钊，2013）。

总体来说，外语学习过程中，反馈之于学生中介语发展的重要性凸显。它能指导学生准确地修改语言形式，特别是，修正性反馈不仅是消除语言固化的有效方法之一和调节互动有效性变量之一（Mackey & Goo，2007），还能帮助学习者“注意”语言形式（Long，2007；Gass，1997；Schmidt，1990），它（无论显性或隐性）对二语习得都具有积极促进作用（Han，2002；Ellis et al.，2006；Bitchener，2008；Sheen，2007）。

并且，由于中学生正处于青少年发展阶段，他们的大脑会不断生成新的神经元和突触联结。此时，反馈起着不可忽视的作用，它恰能帮助中学生们判断出哪些神经元应被激活、如何调整输入信息、哪一种联结可获得正确的反应；反馈的增加有助于对神经元树突数目进行调整（李金钊，2013）。向学生提供积极的反馈是教育过程中的必要投资。通过教师反馈，学生能感知到自己给出的答案是否获得承认，或能主动意识到自己所取得的进步，不确定性因此被消减，他们体内的多巴胺释放增多，促成愉快情绪的产生，进而帮助他们保持内在动力，直至最终完成下一个挑战（索萨，2013）。反馈的提供方式也会影响学生的语言学习效果，它帮助学生确认或不断调整已接收的信息，他们的大脑会因被不断接收到的信息刺激而旺盛起来，最终促进学习行为的改善。

5.2.9 学习投入

“学习投入”学习条件并不只针对学生而提出，它包括学生个体、教师个体，以及学生群体（英语课堂内的生态主体）的学习投入；强调学生和教师在情感、认知和行为三个层面的参与程度。

学生投入既包含学生的行为表现，也包含他们的心理投入（孔企平，2000）。这种投入不等同于动机，它并非一种心理状态，而是与教育情境紧密相关的活动或经验；动机未必一定引发投入的产生；二者的指向不同，投入指向过去或现在的经验，而非未来（Newmann，1992）。

在中学课堂内，英语作为外语的学习受学习投入程度的影响，它的最终发生需要这一充分的学习条件。学习投入程度如何不仅影响语言输入、示例条件的具体实践（如Cambourne的学习条件框架所示），也影响着其他六个条件在课堂教学中的实现；反过来，这些条件的实现情况如何又会影响投入的程度。

为了增强学生的课堂学习投入程度，教师应给予学生正面的示范以让他们感知到自己的教学热情，给予学生足够的学习主动权以使其“相信自己是正在接收的示例的行为者或拥有者”（Cambourne，1995：187），帮助并引导学生设置出合适的学习目标以使之与自己的语言水平和现有的学习需求相匹配。教师应设计竞争性学习任务，给予学生一定的压力，培养其快速应对困境的能力，以此增加其认知投入的可能性；向学生提供贴近其个人生活体验并指向其今后的生活实际的示例；提供情感支架，增加与学生之间的良性情感互动，并讲授有效的语言学习策略，使他们能在遇到学习困难或外界干扰时持续保持投入有活力的学习行为；引导学生注意“学习榜样”（可由教师或学习同伴充当）在学习过程中的促进作用，使他们能够通过自己观察到的替代性经验获得足够的学习驱动力。

此外，学习投入条件的有效创设也需要学生的能量投入，他们的情感状态将影响其学习投入状态。学生的积极情绪状态（如“快乐”“感兴趣”“自信”“兴奋”）会激发学习专注度，激励他们坚持工作，使其保持积极的学习态度，自己主动进行学习调节。然而，他们在学习过程中经历的消极情绪状态（如“无聊”“悲伤”“沮丧”“愤怒”）会使其因自我保护而无法投入到学习中去而回避任务（Park，2014）。因此，学生需要在教师的积极指引下主动建构积极情感，遵守规范，并采取有效策略，使消极情感实现正向转化；学生应依据学习活动特点和目标，选择适当层次的学习策略来激活相应的思维活动，尽可能主动更多地参与课堂学习活动。

学生投入的程度会在一定程度上受到教师投入程度的影响，而教师的投入程度因学生投入程度的变化而变化，二者相互影响。作为课堂生态主体，教师和学生在教与学的过程中实现了角色的重新定位：教师被视作专家型学习者，通过自身积极的学习态度和有活力的学习行为给作为新手型学习者的学生提供恰当的示范、指引和支架来促进他们的英语学习；教师制造指向“学习者共同体”的学习氛围，帮助学生在这一合作式学习环境内收获安全感，让他们最终能够更加专注于学习任务。

“学习是在认知、情绪和生理层面进行多层次信息交流的过程”（经济合作与发展组织，2010：60），这三个层面相互影响，学习者主动性在学习过程中起着关键作用。对语言学习的积极投入是优秀语言学习者的特征之一。优秀语言学习者倾向于把教师视作信息提供者，具有自我管理学习的能力，既认真倾听、主动预演，也主动进行语言产出（Ellis，1994）。当学生投入到学习中时，大脑许多区域同时被激活。当大脑的不同部分在学习过程中被激活时，情感、学习、记忆呈现紧密相连的状态（Jensen，1998）：积极情感驱动注意力的产生，从而促进学习和记忆的发生。可以说，高效的学习与个体某一行为的投入程度息息相关（经济合作与发展组织，2010）。

学习投入的程度由激励过程直接决定。这种激励既可源自内部因素（包含学习者的需求、意愿等），也可能由外部因素（主要指外部环境因素）引起（经济合作与发展组织，2010）。

此外，学生的投入程度与学习任务的认知难度也有着较大的相关性。设置任务可以使学生的投入程度加深，学生大脑中围绕树突的轴突部分的髓鞘会增厚，髓鞘也随之生长（Sylwester，1997）。髓鞘越厚，学习的涵括性越广，回想信息时记忆的回应时间越短。而且，通过设计竞争性学习任务，教师提供了刺激以引起冲突，使不同神经网络在冲突情境中“相互竞争，争夺对意识资源和反应输出的控制”（Posner，2007；转引自经济合作与发展组织，2010：62），由此形成的执行注意网络会调控其他神经网络的活动；而施加一定的压力能引出一些有利于学习和记忆的应激反应（如注意力集中），促使学生更为投入。

但是，应激反应分为有利应激和不良应激。一旦任务和目标的设置超过学生所能承受的最低压力水平，学生的生理或心理将受到负面的影响；他们在学习过程中进行各种语言尝试时，对可能发生的结果产生畏惧心理会直接阻碍学习投入的发生（Cambourne，1995）。

高水平的皮质醇由长期压力所致，它会缩小海马体，损伤记忆系统。当身体置于这种充溢着压力的情境并对此情境有所预期时，生理过程的变化会随之产生（Lupien，1998；转引自李金钊，2013）；充满威胁和压力的学习环境会使学生无法感受到教师的关爱，影响其思维的活跃度并降低自我控制感，从而使得他们不能积极主动地投入到学习过程中去；此外，威胁可让学生感到无助，以致大脑功能降低（downshifting），使其无法“提取已知的信息，辨别环境中的细节与线索的能力下降，创造性、开放性思维与质疑能力降低”（钟启泉，2009：75）。威胁是影响深层意义生成的重要因素之一。“人们受到威胁时，大脑的功能降低，激活原始的、不灵活的行为模式”（钟启泉，2009：60）。情绪的过多或缺乏“都不利于理智思维、推理能力和理性的形成”（钟启泉，2009：69）。

处于青少年期中期（13~19 岁）的中学生们有着高动力和低控制的特征，即认知能力发展相当成熟但情绪方面却不成熟（经济合作与发展组织，2010）。教师应对学生的情绪反应保持敏感性，积极引导他们将消极情感向积极方向转变，为学生的态度形成做出良好的示范，使他们持续反思自己的情感变化并学会适时调控情绪，推动学生内在动机，最终为学生的语言学习提供心理动力。“当一个人为了自己而学习、内心渴望理解知识时，学习就会变得更加轻松”（经济合作与发展组织，2010：19）。

5.3　多维度英语课堂学习条件概览

通过考量中国英语学习情境特点和目前中学英语课堂所存在的生态失衡现象，依据 Cambourne（1988，1995）的学习条件框架和关于英语课堂学习条件的研究发现，本书指出，理想的中学英语课堂需要具有语言输入、示例、讲授、语言尝试、语言实践、期待、担责、反馈、学习投入这九个学习条件（表5-1），方能更好地促进语言学习。图5-4展示了这些学习条件之间的关联性，呈现了学习条件这一生态因子与英语课堂生态系统之间的作用关系。根据 5.2 节的学习条件内涵阐释，表 5-1 概括列出了九个学习条件的具体含义。

表 5-1　多维度英语课堂学习条件一览表

学习条件	核心要点
语言输入	注重实现课堂话语的输入功能
	提供丰富多元的与授课主题或学习任务相关的沉浸材料
	以多样的形式呈现沉浸材料
	引导学生选择或创造利于英语学习的沉浸材料
	提供可增加语言输入的程度的机会
	有效引导学生注意沉浸材料中的关键信息

续表

学习条件	核心要点
示例	提供丰富多样的、具有相关性的示例
	提供有效示例，为活动的顺利开展搭架子
	以多种方式重复示例
	鼓励学生参与到示例过程中去
讲授	向学生讲解知识、阐明语言规则或活动程序
	注重引导学生主动注意、理解、模仿或分析、思考并解决问题
	避免采用简单机械的讲授方式
语言尝试	鼓励学生大胆使用目的语
	针对语言尝试给予适当的期待、监督和反馈
	把错误视作英语学习过程中必不可少的一部分
	引导学生克服对错误产生的畏惧感
语言实践	创设与学生个体生活经验相关的或指向未来生活实际的语言实践情境
	提供充足的利于师生或生生互动的语言实践机会
	提供自我反思和知识内化的空间
	提供多样的、真实的语言实践任务
	采用非简单机械化的语言模仿形式
期待	肯定学生的课堂生态主体地位
	充分了解并相信学生的学习能力
	向学生传递课堂学习任务的正向价值
	根据学生的个体特征和具体学习表现设置或调整期待值
	帮助学生构建起积极的自我暗示
	引导学生正确认知自己的课堂角色和英语学习能力等
担责	有效引导学生自主进行学习决策
	给予足够的学习参与机会
	鼓励学生向自己或学习同伴寻求帮助以解决问题
	创设了解和交流学习策略的空间
	提供丰富的利于自主学习的资源
反馈	能创设以意义为中心的课堂学习氛围，并给予互动反馈
	提供不具有威胁性的反馈
	鼓励并给予学生自我评价的机会
	鼓励同伴间相互提供反馈
	给予学生基于教师反馈进行语言修正的机会
学习投入	给予学生正面的示范
	设置具有相关性和竞争性的学习任务
	引导学生维护或建构积极情感
	与学生保持良性的情感互动

上述九个学习条件被视作英语课堂的生态因子，它们的理想呈现之于英语学习有着重要的作用，与表 5-1 所示的微观含义的实现与否相关联。本书虽然沿用了 Cambourne 框架内的多个学习条件指称，但它们的含义却不尽相同，如期待、担责、学习投入等条件不仅强调学生的责任担当和行为展现，也指明教师的相应行为；且为了体现中国学生的英语学习特征，沉浸、尝试、使用、投入条件被更名，语言输入、语言尝试和语言实践被视为外语学习从输入到输出过程中的关键因素，突显出这些条件在中国的中学课堂教学情境中的特定含义。另外，Cambourne（1995）的框架未明确标示出投入对期望、担责、使用、尝试、回应条件的影响关系，仅指出投入与沉浸、示例条件在课堂教学实践中的共生关系，和它与其他五个学习条件对投入程度的影响。本书基于有关学习投入的研究发现，把学习投入理解为认知、行为和情感三个层面的投入，指出学习投入与其他八个条件之间的作用关系，认为它在较大程度上可影响其他所有学习条件的课堂实现，而这些条件的实现情况如何又会影响投入的程度。

尤为重要的是，结合我国关于英语课堂学习条件的研究发现，本书强调教师作为课堂生态主体的主导作用，不主张全盘否定传统教学行为的课堂实践效用，不仅新增了讲授学习条件，也肯定了语言输出过程中语言模仿学习方式的促学效用，以此突显中国基础教育阶段英语课堂教学情境特点和教学对象的身心发展特点。

第6章 中学英语实际课堂学习条件考察

21 世纪的各国积极探讨人才培养模式、课程教学和评价方式等，以适应新时代对教育和人才培养的需求和挑战。为了进一步推进教育改革，中国的新课改着力强调“以学生发展为本”的课程体系的构建，教育专家与一线教师一心践行新理念，已取得了令人瞩目的成绩和各界的广泛认可，三维英语课程目标的提出给我国英语教育带来了可喜的生态发展态势，但如前所述，生态失衡的现象仍然存在。在英语课堂教学实践中，教师的关注点主要是语言知识和语言技能，“应试”教学的现象仍然普遍存在，教学的模式化问题凸显且难以解决，新理念与实践的匹配还需有效方式和方法的推动（梅德明、王蔷，2018），而外语学习条件的课堂创设恰恰可以为有效教学的实现提供另一种视角和选择。

如第 5 章所述，在中学英语课堂情境内，语言输入、语言尝试、语言实践可以说是外语学习从输入到输出的过程的不可或缺的关键因素。语言输入条件的有效呈现能增大学生的语言接触量，提高学生语言接触的程度和频率，是语言课堂学习的基础所在。语言的发展离不开一系列的持续的语言尝试和实践，学生需经历“假设的提出—验证/修正”的过程，充足的语言尝试机会的给予能有效防止语言石化。教师在课堂内需充分发挥主导者和协助者的角色，不抢占学生的课堂生态主体地位，既关注师生、生生之间的有效的良性互动，重视学生的先有知识和已有经历，也积极促使他们结合新旧知识使用目的语完成任务，尽可能多地给予学生参与学习过程的机会；教师应赋予学生自我决策的权利，并为他们创设自我反思的机会，主动引导其克服畏惧求助的情绪。特别注意，学习投入这个条件和其他八个条件之间的作用各不相同。学习投入包括认知、行为和情感三个层面的投入，在较大程度上可影响其他所有学习条件的课堂实现，而这些条件的实现情况如何又会影响投入的程度。

为了真正有效地创设外语学习条件，本书剖析了中国的中学英语课堂的教学实情，竭力了解这些实际课堂是否具备第 5 章所论述的九个学习条件。通过转写、编码与分析多个优质课课堂教学视频，笔者考察这些学习条件是否存在于实际课堂之内，讨论各个条件的课堂呈现频率，并结合分析式备忘录节选和典型的教学片段详细解析各学习条件在课堂内的具体呈现情况，并比较了实际课堂内的学习条件与 Cambourne 所提出的学习条件、理想课堂内的学习条件，讨论二者之间的差异。

6.1　实际课堂内学习条件的呈现情况

笔者先对 31 个视频转录文本进行了初级编码，最终得出 2142 个编码；再采用集中编码的方法，把具有相似或相同主题内容的编码统归入 26 个次范畴；随后，依照 5.2 小节所论述的学习条件含义，采用轴心式编码的方法，反复阅读、比较这些次范畴之间的异同，依据主题把相关联的次范畴集合起来，归纳学习条件概念范畴，并给予相应的名称标示。

其中，24 个次范畴（共 2112 个编码）能够被清晰地归入 9 个学习条件范畴之内（即语言输入、示例、讲授、语言尝试、语言实践、期待、担责、反馈、学习投入），另外 2 个次范畴（共 30 个编码）的主题主要涉及文本理解任务中的教师督查行为：一是教师检查理解性任务的完成情况，确保学生对文本信息理解正确；二是教师让学生口述已完成的答题结果和选择考量，以供教师、同伴和学生自己对此进行评断、讨论、反思。这两种教学行为相互对应而生成，与语言输入材料的加工有一些关联。然而，依据 5.2.1 所论述的语言输入条件含义来看，它们与这一条件之间的关联性并不显著，故未被归入语言输入范畴。它们不仅与另外 8 个学习条件之间不相关，所涵括的编码数量也少，仅占 1.4%，内容单薄，故笔者虽将其归入一个单独的其他范畴，却未给予明确的指称。尽管如此，9 个编码范畴的确定仍能说明，理想课堂具有的 9 个学习条件均存在于中学英语实际课堂之内。

图 6-1 和图 6-2 展示了 31 个英语课堂中的 9 个学习条件的编码数分布情况，在 2142 个编码中，讲授条件的呈现情况突出，编码数值高达 412，占编码总数的 19.23%。除此之外，语言输入、反馈、担责、语言实践四个学习条件的编码数值（分别为 327、261、231 和 221）也均高于平均值（214.2），分别占编码总数的 15.27%、12.18%、10.78% 和 10.32%；而示例、语言尝试、学习投入、期待四个条件的编码数（分别为 203、186、156、115）依次占编码总数的 9.48%、8.68%、7.28% 和 5.37%。

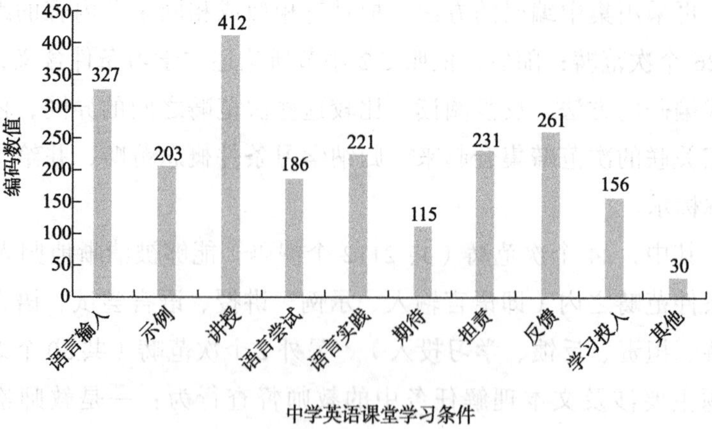

图 6-1　学习条件的编码数分布图（1）

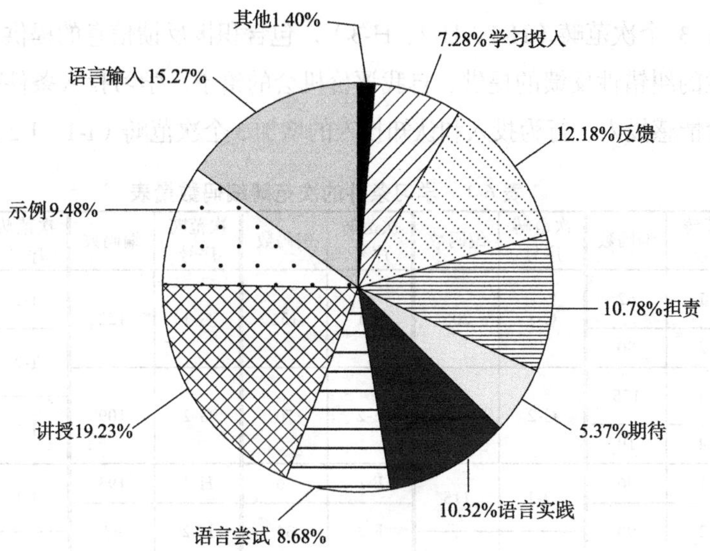

图 6-2　学习条件的编码数所占比例分布图（2）

表 6-1 显示了 10 个范畴的次范畴编码数量。具体地讲，语言输入条件范畴包含 4 个次范畴（A-1、A-2、A-3、A-4），即丰富多元的语言材料的输入、对输入内容的注意力引导、语言输入程度的增加、语言输入呈现方式的变换。示例条件范畴包含 3 个次范畴（B-1、B-2、B-3），即多功能示例的提供、示例的重复、示例过程中学生的参与。讲授条件范畴虽仅含有 2 个次范畴（C-1 和 C-2），即多功能的讲授的提供和多样的讲授方式的采用，但它们在实际课堂内的呈现情况突出。语言尝试条件范畴纳入了 2 个次范畴（D-1、D-2），分别为充足的目的语尝试活动的创设、对目的语尝试的鼓励。语言实践条件范畴内的编码同样被归为 2 个次范畴（E-1、E-2），一是具有真实性、互动性、相关性和递进性的语言实践活动的提供，另一是对目的语使用的鼓励。除了其他范畴之外，期待条件范畴内的编码总数最少（N=115），但仍可按主题内容被分为 3 个次范畴（F-1、F-2、F-3），即积极的自我暗示的建立、合适的学习期待的设置、学习内容的正向价值的传达。担责条件范畴有 2 个次范畴（G-1、G-2），即对学生的课堂主体责任的肯定、对自主或求助行为的鼓励。反馈条件范

畴有 3 个次范畴（H-1、H-2、H-3），包含积极反馈信息的提供、不具威胁性的纠错性反馈的提供、自我评价机会的给予。学习投入条件范畴主要包含情感投入、行为投入和认知投入的增加 3 个次范畴（I-1、I-2、I-3）。

表 6-1　学习条件的次范畴编码数量表

次范畴序号	编码数	次范畴序号	编码数	次范畴序号	编码数	次范畴序号	编码数	次范畴序号	编码数
A-1	62	C-1	205	E-1	151	G-1	122	I-1	65
A-2	80							I-2	71
A-3	175	C-2	207	E-2	70	G-2	109	I-3	20
A-4	10								
B-1	96	D-1	115	F-1	56	H-1	195	J-1	18
B-2	90			F-2	34	H-2	43		
B-3	17	D-2	71	F-3	25	H-3	23	J-2	12

注：A 为语言输入条件范畴；B 为示例条件范畴；C 为讲授条件范畴；D 为语言尝试条件范畴；E 为语言实践条件范畴；F 为期待条件范畴；G 为担责条件范畴；H 为反馈条件范畴；I 为学习投入条件范畴；J 为其他范畴。

由表 6-1 可见，除了其他次范畴（J-1 和 J-2）之外，9 个学习条件共有 24 个次范畴，编码总数为 2112 个，平均值是 88，其中，10 个次范畴的编码数均高出平均值，从高至低依次为 207（C-2）、205（C-1）、195（H-1）、175（A-3）、151（E-1）、122（G-1）、115（D-1）、109（G-2）、96（B-1）、90（B-2）。总体来看，9 个学习条件之中，讲授条件的课堂呈现频率最高，2 个次范畴（C-1 和 C-2）的编码数（$N>200$）都远高于平均值，充分说明教师的主导者角色仍然普遍存在于中国的中学英语课堂之内，主要体现在教师对语言点的讲解、关键内容的指引与补充、活动规则的说明几个方面。虽然如此，教师也会在互动过程中提供并重复展示大量示例，不仅让学生参与到充足的语言尝试和语言实践的活动中去，获得积极的反馈信息和深度解析语言输入材料的机会，也使他们的课堂主体地位获得认可，赋予他们自主权利、发出求助行为和参与的机会。接下来，笔者将依次对各学习条件在实际课堂内的呈现情况进行具体的分析说明，尝试探讨它们的实际呈现效果。

6.1.1 语言输入条件的课堂呈现

语言输入条件范畴内的编码数量共 327 个，仅次于讲授条件的编码数，占编码总数的 15.27%，包含 4 个次范畴，11 个子码。无论从教师课堂话语的有效使用、语言输入的丰富度，抑或输入材料的加深程度来看，语言输入的质和量都是英语课堂教学的重要关注点。具体的编码数量见表 6-2。

表 6-2 语言输入条件的编码数分布表

<table>
<tr><th>子码</th><th>编码数</th><th>次范畴</th><th>编码数</th><th>条件范畴</th><th>编码数</th></tr>
<tr><td>输入阅读文本</td><td>26</td><td rowspan="4">输入丰富多元的语言材料</td><td rowspan="4">62</td><td rowspan="11">语言输入（A）</td><td rowspan="11">327</td></tr>
<tr><td>输入对话录音</td><td>12</td></tr>
<tr><td>输入视频</td><td>12</td></tr>
<tr><td>输入与主题相关的语言信息</td><td>12</td></tr>
<tr><td>引导注意力：变换话语方式</td><td>19</td><td rowspan="4">引导注意语言输入的关键内容</td><td rowspan="4">80</td></tr>
<tr><td>引导注意力：使用 PPT 和板书</td><td>23</td></tr>
<tr><td>引导注意力：采用朗读方式</td><td>34</td></tr>
<tr><td>引导注意力：使用思维导图</td><td>4</td></tr>
<tr><td>设置连续的理解任务</td><td>165</td><td rowspan="2">加深语言输入的加工程度</td><td rowspan="2">175</td></tr>
<tr><td>采用朗读方式反复接触输入</td><td>10</td></tr>
<tr><td>变换文本的呈现形式</td><td>10</td><td>变换语言输入的呈现形式</td><td>10</td></tr>
</table>

31 个实际课堂内，第三个次范畴（A-3，即加深语言输入的加工程度）的课堂表现突出，它的编码数为 175，主要源自第一个子码（即设置连续的理解任务），占语言输入条件范畴编码总数的 53.52%，这说明教师们普遍关注沉浸时间对学生语言习得的正面影响，他们创设出一系列具有连续性的阅读或听力文本的理解任务（通常为览读、细读任务）或依照文本结构设置不同的理解任务或通过连续提问让学生查找多个关键的文本信息，抑或将学生分组让他们完成不同的输入理解任务，引导学生深入理解文本的细节内容和主题意义

并了解作者的写作意图或结构安排。有时，初次接触语言材料之后，教师会试图让学生以朗读的方式反复感知语言形式和主题内容（N=10）。当学生通过发音器官口头陈述文本中的书面语言信息时，显性和隐性语言知识之间能够实现转化，学生的语感由此获得提高。最终，伴随语言沉浸程度的加深，学生拥有充足的语言接触时间和深层加工空间来持续有意识地接触语言输入材料，充分感受整体语言的魅力，并深刻感知材料本身所蕴含的深层价值。

第二个次范畴（A-2，即引导注意语言输入的关键内容）的编码数共 80 个，在语言输入条件编码总数中的占比为 24.46%，充分说明这一子条件在英语课堂教学过程中也颇受重视。Schmidt（1990，2001）曾说，语言输入转化为有效吸收的充分必要条件是学习者的注意。在课堂内，教师会有意识地以直接或间接的方式引导学生注意文本材料中的关键信息（如新词、标题、主题、话语内容、语言知识、策略知识），推动他们对输入内容进行有效的组织加工。

例如，朗读方式被频繁采用（N=34）。教师让学生朗读输入材料中的关键词句、信息要素或由教师提供的文本主题意义、语言例句等，促使学生通过朗读行为把注意力快速准确地集中到重要信息之上。同时，教师也普遍使用 PPT 和板书引导学生的课堂注意力（N=23）。随着现代教育科学技术的发展，PPT 的课堂使用可弥补传统板书方式自身的缺陷。PPT 展示视频、图片、表格或有颜色的标注等，给予学生视觉刺激，直接激发他们的学习兴趣；通过与板书结合，PPT 能够更大程度地调节学生的注意力，使他们注意并吸收大量语言输入中的一部分语言信息。此外，教师们还时常变换自己的课堂话语方式来引导注意力（N=19），如延长读音、进行话语的略微停顿、加重语气、放慢语速、提高音量等。有时，他们还会根据学生的回应不断调整提问，以思维导图的方式（N=4）归纳重要信息，有效引导学生注意并内化关键信息。但是，这种方式的出现次数最少，说明教师们习惯于选择更为直接的方式，给予视觉刺激并快速引导学生的注意力；“思维导图在中国持续得到肯定，但是在常态教学中却应用很少”，它对于关键信息的加工、思维方式的改进，乃至学生自主学习能力发展的积极作用仍未得到充分认识（师海红，2010：73）。

相较而言，第一个次范畴（A-1，输入丰富多元的语言材料）的编码数较少，仅有 62 个，即便如此，它仍然占语言输入条件编码总数的 18.96%，这说明语言输入的丰富性对于外语学习的积极作用受到了普遍认可。在中国的语言学习环境内，学习者较少有机会能通过交往来习得作为外语的英语，“在课堂上为了真正的交际目的使用的第二语言越多（如用于教课、组织教学、谈天），学习者接触到的可听懂的语言输入种类也就越多。接触真正语言越多，学习收益越大”（刘润清，1993：44）。

为此，教师们普遍重视英语课堂内语言沉浸氛围的创设，竭力提供丰富的语言课堂学习材料，增大输入材料与学生的学习风格和个体生活经历、授课主题、学习任务之间的相关性。由表 6-2 可见，这些课堂所提供的语言输入材料多为阅读文本（主要是教材中的阅读文章），这与英语课堂教学案例集所收集的课型相关：17 个阅读课、2 个综合课、2 个导入课均有阅读文本的输入，2 个对话课、6 个听说课堂也提供了一些文本以供阅读。

当教材文本所提供的信息量有限时，教师会适时增补其他与授课主题或学习任务紧密相关的文本材料、视频材料、音频材料，或语言信息（如词汇、英语歌曲等）等来扩展内容。例如，考虑到教材仅提供了有关西方节日的有限图片或语言信息，T18 以阅读测试的活动形式提供了几个美国节日的具体信息，以卡片的形式示范补充了一些重要的国内外节日的信息，通过图片和视频的方式展示了自己所喜爱的节日的狂欢景象，还通过示范某次节日海报介绍了与狂欢节相关的具体事宜。

当教材文本的信息量充足时，有些教师会深挖文本，以多样化的形式呈现文本，以此提升语言输入的课堂实效。他们或扩展教材内容，或改动文本材料的原有结构，抑或把文本材料的部分内容用音频的形式呈现出来。如 T1 在阅读文本的右边增加“Notes”，提供关键词（如

who、when、where、why 等），通过改变传统的呈现方式从视觉上刺激学生，帮助他们更为快速地查找到关键信息，积极内化邀请信的结构特征，促进他们的认知加工，并培养其记阅读笔记的良好习惯，使其能更为有效地开展文本学习并完成写作任务。然而，虽然这一方式对语言输入过程有着积极促进作用，但被纳入这一次范畴的编码的数量显示为最少（N=10），仅占语言输入条件的编码总数的 3.06%，说明它在课堂中被使用的频率并不高。

根据语言输入条件的编码数分布情况，虽然"设置连续的理解任务"这一子码的高频数可能与笔者的编码方式（编码教师的每一个课堂教学行为）相关，但结合课堂观察记录发现，这一教学关注点的受重视程度相当高，在 31 个课堂中均有体现。

当无法最大限度地扩展语言输入内容的广度时，教师们通常会考虑课堂时限和学生的语言能力水平，选择去深度挖掘输入材料的内容和组织结构特点，通过提供充足的沉浸时间和反复接触输入材料的机会或有效引导学生注意力，增多学生在整个文本阅读过程中的语言接触。

相较而言，材料的多样态在课堂内的呈现频率很低，教师们多依赖教材所提供的固有文本形式，较为忽视多样的呈现形式对于感官刺激和活动体验的促进作用。同时，他们几乎未给予学生自己去选择或创造学习所需的与阅读文章相关的文本材料的机会，课堂内的输入材料多数来自教材，补充的语言材料也几乎都由教师选择、确定。

此外，在开放式编码过程中，研究者主要对视频转录文本中显现的教师的行为表现（未包含教师的课堂话语使用）进行标号并编码，以致教师话语的输入功能在编码分布表里未获得展现。实际上，教师的课堂话语也是语言输入的重要来源之一。一般来说，教师可直接或间接地以话语的方式向学生提供语言输入（康艳、程晓堂，2011）。

在 31 个优质课堂内，几乎整堂课的课堂用语都为目的语；作为优秀教师，教师们的发音清晰、语言使用简练准确，能为学生创设出良好的目的语环境。例如，他们会直接采用独白的形式向学生展示与学习主题内容相关的知识。片段 1 中，教师 T17[①]尝试在学生完成此篇文章的阅读学习之后引导他们深入思考博物馆的文化价值所在，最后采用了独白的形式给学生提供语言输入，促使他们能够在内容沉浸中不仅扩充词汇、句型知识，同时拓展历史文化知识等。

片段 1：

152.　S30: They often want them to start going as children and continue to go as adults.

153.　T:　Eh. They want the children to continue to go to museums as adults, right? And if they go to museums, what can they do? What can they get? (.) What can they get from the museums?

154.　S30: Urh.

155.　T:　Sit down please, have a fay urh think about it ↓ . Urh as we all know, we can have great fun in the museums, right? But apart from having fun, do you think we can also learn a lot of things in the museums. So here (<I have a sentence to share with you>). 'Museums are an important means of cultural exchange, enrichment of cultures and development of mutual understanding, cooperation and peace among peoples.' So here museum can actually give us (<a lot about our human society and our history>), ok? So actually we really need to go to museums very often.

教师也会通过重复或重述学生的话语把学生在课堂中所产出的话语

① 为了便于分析，笔者对调研材料中的教师和学生进行了编号，但本书的片段和附录中的教师统一用"T"表示。

转化为一部分语言输入。从片段 2 可看到，教师（T）引导学生产出了“details”这一重要的语言信息之后，又以加重语气、话语的停顿的方式重复了此词三次，意在促进学生对关键词汇的正确理解，为接下来的细节信息查找活动做好铺垫。

片段 2：

64. T: So: you’ve mentioned all the ways here in the article. But NOW if we want to read more information about the three ways, can we find more? Can we? NO, there is something missing. So what’s missing?

65. S19: Details.

66. T: [Details (!). Do you think so? We don’t have (.) details. So what:: (<can be the possible details in these paragraphs?>) Now I would like you: to (<join in your groups to guess>). You can choose any incomplete paragraph and try to guess: (<what can be put back>) in the pla the right places, ok? Just choose (.) any incomplete paragraph. Now ↑ just go ahead.

由上可见，327 个编码被纳入语言输入范畴，在 2142 个编码中占比达到 15.27%，语言输入的质和量俨然是中学英语课堂教学的重要关注点，这主要体现在语言输入的丰富度、输入材料的加深程度、教师课堂话语的有效使用等方面。无论语言输入被视作外部因素还是激活学习者内在机制的手段，抑或外部环境和学习者内在机制之间互动的产物，它对于课堂情境内的外语的关键作用都是不可取代的。然而，语言输入量的不足一直是课堂输入的主要弱项，增大语言接触的广度和深度对有效的英语课堂教学非常重要，语言输入材料的供给和深度加工是语言课堂学习的基础。

6.1.2　示例条件的课堂呈现

示例条件范畴内的编码数量为 203，占编码总数的 9.48%，包含 3 个次范畴，7 个子码，表明示例行为在课堂内的出现频率较高，教师们相当重视示例在基础英语课堂学习过程中的积极作用。具体的编码数量可见表 6-3。

表 6-3　示例条件的编码数分布表

子码	编码数	次范畴	编码数	条件范畴	编码数
示范词汇知识	63	提供多功能的示例	96	示例 (B)	203
示范活动所需的信息	33				
设置重复示例的活动	90	重复示例	90		
让学生参与示例：行为	2	让学生参与示例过程	17		
让学生参与示例：对话	9				
让学生参与示例：朗读	3				
让学生参与示例：活动完成途径	3				

由表 6-3 可见，第一个和第二个次范畴的编码数相差不大（分别为 96、90），共占示例条件范畴的编码总数（203）的 91.63%。这说明，一方面，教师们常采用多种方式（如教师领读、磁带跟读、举例等），向学生提供内容广泛的示例。另一方面，为了使示例的效果获得更大程度的提升，教师们也注重对示例的重复。

在课堂内，示例的内容多样，不仅包含词汇读音、句型结构、语言使用情境，也包含学习策略知识、文本内容的组织方法、活动的解决途径等；示例有着多元的使用功能，既提示内容，也为活动的顺利完成提供必要的语言准备和思维导向。

例如，由片段 3 看到，T17 要求学生跳出作者思维的限制，思考其他可能提升博物馆吸引力的途径。小组讨论活动开始前，为了拓展学生的思维并帮助他们有效组织语言，她先给学生直接展示了一段有条理的段落作为示例，以此清晰阐释何谓“有条理（即organized）”，巧妙地再次突出呈现了整堂课所强调的关键策略（关键句+细节），为随后的段落写作任务做好铺垫。

片段 3：

159. T: Of course not. Actually, it's (.2) International Museum Day. So on this day, the museum really need your help and your suggestions to help them become more attractive. If you have any more better ways to help them be more attractive, you can write it here and send it to the website. (<I myself>) just wrote one. I want to share it with you here. Let's read it. 'Another interesting way is to organize Summer Day Camps. During the camping week, children of 6-12 years old play roles of scientists and researchers to explore the mystery of history.' Now, do you think my suggestion is written in a very <u>organized</u> way. Do you think so?

160. SS: Yes.

161. T: Yes: (!). Why? What do you think I write sentences this? I give a (.2) louder? TOPIC sentence at the beginning. And then what did I write next?

162. SS: Details.

163. T: (<Details>). Then my suggestions is really organized. Do you think so?(!) Why don't you have a try? So here I really hope you can join in the groups and try to discuss new creative ways to help the museum attract more children and students. And also maybe you can work out some ways to help people urh help museums

to attract people with similar problems like you. And then present your ideas to the class in an organized way. How to be organized? First, give a (.) topic sentence; and then (.) details. Ok, now, go ahead. You will have about two minutes, ok? Try to be as creative as you can. (.3) [Of course, you can take down some notes on the worksheets.

同时，机械的重复强化训练的课堂使用比例并不高；相反，教师们倾向于设计一系列具有递进性的课堂活动，让学生反复接收、理解示例信息，从而做出正确的语言尝试并积极内化新学的知识、技能或策略。示例过程呈现出关联性和逻辑性，给学生预留出参与空间，激发他们的参与积极性，促使他们在情境中实际运用语言示例，直至最终掌握。

例如，在课堂阅读测试活动过程中，T18 先提供了四个相关段落作为示例，引导学生了解如何依据英语的思维组织方式描述节日；随后，她采用图片、视频等直观的方式向学生介绍三个节日（包括狂欢节）的特征和活动，以此提供内容和语言示范，帮助提升后面将要进行的节日海报主题设想活动的有效性；接着，她以某届狂欢节海报为例，进一步向学生展示狂欢节信息（此教学模块的主题），详细说明海报主题和标志的设计方法。这些示例紧密相连，最后环节的示例强化了学生对节日描述的内容架构（包含名称、日期、主题、活动安排等）的理解与记忆，是之前的示例内容的重现与延展。教师通过持续示例，持续为学生搭建支架，逐步帮助他们最终顺利完成学习任务。

相较而言，第三个次范畴仅占条件范畴的编码总数的 8.37%，表明它在中学英语课堂内的出现频率不高，学生主要以对话的形式参与示例过程。现今，随着有关学生主体地位的认识发生了转变，示例已不再被片面地认为是教师的责任。教师若能鼓励学生参与到语言示例的展示过程中去或引导他们参与内容架构示例的示范过程，可以帮助学生提升学习参与意识，激发他们的参与兴趣，最终最大化示例的课堂实践效果。

例如，在阅读教学过程中，T1 在阅读中阶段设计了扫读和略读活动，帮助学生了解派对的准备内容，以此让他们明白邀请信应具备的要点。但是，为了使学生能更加有效地完成阅读后的派对设计活动，T1 先与几位学生进行了小组讨论前的对话，通过依次询问他们“What kind of party would you like to have?”“Where would you love to have a party?”“When would you love to have a party?”“Who would you like to invite to the party?”，与他们一起向其他学生示范应从哪些方面着手设计派对，鼓励并引导部分学生参与了示例展示过程。

综合来看，教师的示例行为在受观察课堂内频繁发生，示例条件的实践效果较好，学生普遍能够主动积极地回应示例内容。他们愉悦的面部表情和肢体行为、准确的语言产出，都能够为示例的教学支架作用提供佐证。

示例条件在整个学习过程中显现出重要的教学支架作用，被视作语言课堂学习的重要条件（Cambourne，1988）。对于仍处于身心发展阶段的中学生来说，它是不可或缺的协助力量，能够让学生在缺乏足够语言能力的情况下获得语言、内容、思维的支撑，以此确保语言课堂活动的成效提升。

其中，“教师领读，学生跟读”是最为常见的示范方式（N=58），教师经常选择这种方式向学生示例新学的或关键的词汇、句型结构。有时，教师也会以举例、实物展示或肢体行为的方式，示范词汇的含义或使用（N=5），或常通过提供关键句型、视频、图片、样例等向学生示范如何顺利完成活动（N=33）。他们普遍注重示例的相关性，在意它们是否与教学目标、学习任务和学生的个体生活经验相关联；教师也重视示例之间的连贯性和递进性（N=90），尽力让学生能够不断接收、理解示例信息，并大胆进行语言尝试。

当教师抛出示例过程的参与机会时，学生若能捕捉住并积极参与其中，课堂教学氛围会被迅速激活，学生的成就感和自信心倍增，推动他们更多地投入到学习过程中去（如 T6）。虽然这种主动的学习行为的产生与学生的语言能力水平、公开课的性质有着较大的关联，但它仍有助于说明示例的共同参与对于学生的兴趣的推动作用。

然而，普遍来看，31 个课堂给予学生的参与示例机会仍显不足。学生虽能正确理解教师的示例信息并较为主动地回应教师的示例，但由于一些因素的约束（如课堂时间、课堂教学活动设计、示例性质、教师的协助力度的不足等），学生参与示例过程的时间和程度难免受到影响。下面的备忘录节选可提供相关实例。

> 面对“极其快速地核查学生的小组讨论结果”这一编码，我不确定是否该把它放置到“语言使用”“反馈”，抑或“示例”范畴中去，只好返回转录文本，查找此编码出现的原始位置，重新观看相对应的教学视频，思考相关的即时事件的前因后果。最终，我发现，与这个编码相对应的教学片段发生在课堂教学结束前的最后一个教学活动中。T17 要求学生们以小组合作的形式讨论可改进博物馆管理的创新途径，并让他们依据阅读文本和教师已提供的段落组织方式示例组织语言，最后口头表述出来。教师原本计划把学生的语言产出作为之后的书面表述任务的示例，但由于下课铃已响起，她不得不在有限的时间内，极快速地核查学生的讨论结果，导致她无法及时针对学生在此次示例过程中所产出的语言使用或行为表现提供更为准确、恰当的反馈。因此，通过“示例”这一关键信息，我觉察到我应把这个让我困惑的编码置入与“鼓励学生参与示例”相关的编码群，纳入“示例”范畴之中。
>
> （备忘录—C17—20150115）

由上可见，受有限的课堂教学时间和教师的教学安排的影响，学生参与示例过程的时间和程度可能受限，这不仅会阻碍预期示例效果的实现，也弱化了示例的价值，进而影响英语课堂教学效果的有效提升。

6.1.3 讲授条件的课堂呈现

讲授条件范畴的编码数为 412，占编码总数的 19.23%，显示这一学习条件的课堂呈现频率最高，课堂教学过程中教师的引导和协助作用有着显著的表现，他们采用多种方式讲解语言点、归纳或补充关键信息、说明活动要求等。具体的编码数量可见表 6-4。

表 6-4 讲授条件的编码数分布表

子码	编码数	次范畴	编码数	条件范畴	编码数
讲解语言点	117	实现讲授的不同功能	205	讲授（C）	412
阐明活动规则	34				
说明解决问题的途径	19				
介绍与教学主题相关的信息	10				
总结文本、活动，或学生回答中的重要信息	25				
使用母语或目的语直接解释说明语言信息	111	采用多样的讲授方式	207		
朗读词汇	23				
使用近义词或反义词释义	17				
通过例句或情境说明用法	20				
通过图片或视频展示含义	13				
通过提问引导了解规则	17				
通过造句活动指导使用	6				

由表 6-4 可知，讲授条件包含 2 个次范畴，12 个子码；且这 2 个次范畴的编码数几近相同（分别为 205 和 207），表明大部分受观察的教师会采用多样的讲授方式，向学生讲解语言规则、活动要求、问题解决的途径、背景知识、关键内容等。

就第一个次范畴的编码分布情况来看，教师的讲授行为多发生在语言点的讲解环节（N=117），这一高频数表明教师们相当重视聚焦于语言的教学，充分肯定它对外语学习者语言能力的促进作用。其中，81 个编码（占比 69.23%）显示教师多采用非说教式的讲授方式，讲解语音、词汇的含义或使用情境、句型结构或使用规则。可见，在中国的中学英语课堂内，语法、词汇教学未被边缘化。语法在调节语言的使用和语言的学习两方面时扮演着重要的角色，意义的顺畅交流离不开牢固的语法基础。词汇习得是“一个终身的认知过程”（戴曼纯，2000：138）；词汇与语法相互依存，二者与口语语篇的语音体系一起被看作通过文本创造意义和商讨积极交流的资源；这些外语学习资源不仅需要被学生主动学习，也需要被教师讲授，使那些参与课堂教学的学生获得较高的语法能力（Ellis，2006）。

此外，教师的讲授行为还发生在活动规则、关键内容、问题解决的方法、背景知识的说明之上，编码数依次为 34、25、19、10。这表明，教师普遍能使用精准的动词和简练的话语结构，向学生清晰阐明课堂活动的程序安排、使用的材料、角色分配等具体内容，使学生能在有限的课堂时空内有效地达成活动目标；他们也及时归纳教学内容或学生回答中的关键内容，引导学生快速注意到重要信息；直接传授语言学习策略知识、关键信息或思路，协助学生解决问题并有效完成任务；有时还会阐述与教学主题相关的文化背景知识，以此拓展学生的视野和思维。

在课堂内，教师的讲授方式多样化（见表 6-4），未拘泥于简单机械的反复操练或单向的信息灌输。他们或采用目的语阐释、翻译造句等传统方式进行讲授，或提供例句和语言使用情境。其中，最常被采用的讲授方式为外显的解释方式（N=111），这与讲授内容和外语课堂学习的特点有着很大的关联。在外语课堂中，适用于内隐式语言学习的条件并不充足，外显式学习活动的创设之于英语词汇的习得有着积极的促进作用，可帮助学生清晰理解语言知识的确切意义，提高语言产出能力，提升学习成效。教师在讲解词汇含义、语言规则、活动要求、解决办法、背景信息和关键内容时，充分发挥主导作用，使用准确简洁的目的语（有时母语）进行清晰的说明。

同时，教师们也意识到外显式和内隐式方法之间的互补关系。当直接使用目的语或母语阐释词汇含义时，他们通常会提供图片和视频，或配有肢体语言，帮助学生对词汇含义形成具象的感知，或通过朗读的方式让学生熟识词汇并理解含义，抑或通过解析构词法帮助学生内化词汇。例如，T2 时常使用转述的方式，直接向学生提供新学词汇的意义。在文本阅读过程中，当学生接触到“travel light”“travel agent”等关键新词时，她选择浅显易懂的词汇来转述词汇含义。有时，她也会通过举例让学生自己去发现新词（如“exchange money”“stranger”）的含义和使用情境。T18 则针对学生回答中的关键词“harmony”，先重复朗读了一遍，再使用近义词组“family reunion”和“family gathering”转述“harmony”的含义，以此促进学生对该词的记忆与理解（见片段 4）。

片段 4：

176. S28: I'm going to talk about the Spring Festival.

177. T: The Spring festival(^). I'm waiting for you for a long time. The spring festival, right? Can you tell me the time?

178. S28: It is (.) on the first lunar month January.

179. T: January 1st. The lunar calendar. Right?

180. S28: And the theme is talking about the harmony.

181. T: Harmony. Eh. FAMILY. Har (:) Har (:) Har (.) Harmony and family re (.) reunion. Right? Family gathering. And activity. What will we do?

然而，当阐释句型结构和语言使用规则时，教师们较少让学生简单机械地进行朗读或阐述，反而更多采用相关情境创设、语言示例提供、提问等方式，引导学生主动归纳语言的使用规则，或通过直接对话的方式向学生示范语言的正确使用。例如，T13 欲讲授将来时的使用规则，她先以己为例提供了大量的例句，展示这一时态的情境使用，引导学生通过实例感知、归纳出具体用法；再让学生使用相关关键句型来阐述自己的未来设想；之后，她设计了一系列同伴对话活动或小组讨论活动，帮助学生在大量接近真实的情境中使用关键句型，以加强语言内化的效果。

总体来看，讲授条件在中学英语课堂内有着显著的表现，教师们重视课堂话语的有效性，普遍能清晰阐述活动要求，总结教学内容中的关键信息，采用独白的方式向学生输入相关背景知识。他们通过外显或内隐的方式讲授语言知识，能够帮助学生有意识地注意语言形式，使语言输入转化为有效吸收（Mackey，2006）。

除了一节语法课（如 T3 的条件句讲解），受观察教师们通常不会专门围绕单个语法结构展开整堂课的教学，他们更倾向于在以意义交流为主的课堂情境中提供语言示例、开展师生互动活动、创设语言使用情境；他们让学生主动归纳语言规则，或在互动过程中给予学生修正性反馈，讲解其产出中的语言形式。即便有时教师会采用集中的方式设计语言教学内容，也较少简单地提供大量重复性语言操练练习。教师意识到，熟能生巧未必能使学习者成功习得特定的语言结构；即使是练习，也必须包括操练和任务，为学习者提供尽可能真实的可在交际情境中进行练习的机会（Ellis，2006）。

讲授条件并非语言学习的必要条件，它是外语课堂学习的重要影响因素，被视作影响中学英语课堂学习成效的重要因素之一，它的创设能充分突显出中学英语课堂情境中的外语学习的特点。在有限的课堂时空内，教师的讲授行为是否能被有效实现将影响学习效率的提升幅度，这与学生的语言学习动机有着很大的关联。学生的主要学习内容是文学语言，“正式教授和有控制地练习第二语言的结构是必要的”（刘润清，1993：44）。讲授条件的有效创设能促成语言知识的传递、信息提供、行动协助等目标；在语言聚焦活动中，教师的讲授行为具有相当重要的支架作用，能够突破课堂时空的局限性，引导学生准确有效地掌握关键语言知识，促进他们的中介语发展。并且，讲授条件的课堂实现虽充分展现了教师的主导作用，却并不否定学生的课堂主体角色。教师们对非机械式讲授方式的偏好有助于增多学生的自我选择权利、学习投入程度。英语课堂若缺少学生的参与则极易沦为“一言堂”，这不仅影响语言知识内化的效果，也阻碍师生、生生之间的良性互动，导致外语课堂的教学效果无法被最优化，使得整个课堂丧失掉生命活力。

6.1.4 语言尝试条件的课堂呈现

语言尝试条件范畴内的编码数量为 186，占编码总数的 8.68%，包含 2 个次范畴，5 个子码。具体的编码数量可见表 6-5。

表 6-5 语言尝试条件的编码数分布表

子码	编码数	次范畴	编码数	条件范畴	编码数
提供语言尝试活动：创设师生互动活动	60	创设充足的目的语尝试活动	115	语言尝试(D)	186
提供语言尝试活动：创设生生互动活动	42				
提供语言尝试活动：开展跟读模仿	13				
鼓励语言尝试：变换话语方式或内容	57	鼓励大胆尝试目的语	71		
鼓励语言尝试：使用亲近的身体语言	14				

由表 6-5 可知，第一个次范畴的编码数为 115 个，占此学习条件的编码总数的 61.83%。这表明，教师们相当注重创设具有趣味性、相关性、导向性和递进性的师生或生生互动活动，提供语言模仿机会，诱导学生做出语言尝试的行为，使他们能够不断接近目的语。

在中学英语课堂内，最常见的语言尝试活动是师生之间的意义互动（*N*=60）。教师常采用提问（多为参考性提问）、头脑风暴等方式，让学生自由地使用目的语表达自己的想法。互动话题的内容多与学生的兴趣和个体经验、生活实际相关，这不仅能够提升他们的语言尝试意愿和语言储备量，降低他们的焦虑感，也使他们能够有话可说、有感可发。

例如，在导入环节，T17 采用提问的方式，尝试将学生自然带入教学主题中去。她创设了 5 个紧密相连的问题，分别是“What can you see in the museum?” “Have you ever been to a museum before?” “What museum have you been to before?" "Do you often go to museums?" "Why don't you go to museum often?" 。教师步步引领，帮助学生拓展思维，引导他们先表述出对博物馆的认知，再让他们回忆个人的博物馆经历，最后落脚至对博物馆自身吸引力的深度思考之上。层次递进的提问内容诱发学生的积极思考，给予了他们充足的目的语语言使用机会，鼓励他们充分表达个人看法。其中，三个提问皆是参考性问题。教师通过设置此类问题鼓励学生大胆尝试语言；回答问题时，学生也无须刻意追寻教师已预备好的标准答案，他们可依据自己的生活学习经验和先有知识畅所欲言，实现更为真实自然的师生或生生互动，并激发起学生的学习兴趣，增强他们的学习投入程度。同时，学生的回答内容本身也可被用作语言储备，帮助他们在随后的导入活动中较好地使用语言。

但是，考虑到参与学生（特别是初中生）的英语能力水平不高，教师们有时也会采用朗读的形式，让学生到文本情境中去感知、理解需学习的语言形式，之后准确地进行语言模仿（*N*=13）。

并且，如片段 5 所示，师生互动活动的关联性与语言尝试机会的多少之间呈现出正相关的关系。继上述导入活动之后，T17 让学生根据标题猜测文章内容。这一猜测活动与提问环节有着相关的主题，这使得学生能够自然地使用新学的关键词"exhibits"。

片段 5：

27. T: But before we read the article, can you try to guess about the title? What ↑ is this article mainly about? Just from the title, <u>a:ttracting</u> children to museums. What may: the article talk about? Any idea? Yes ↑ ? Liang Yu.

28. S8: Urh, I think this article may tell us some different and new creative ways to attract children to museums.

29. T: <u>Eh</u> ↓ . <u>New</u> and creative ways. Good answer. Any

other (.) opinions? Any other opinions? Good ↑ , Su Yi.

30. S9: Urh, I think it maybe introduce ourselves interesting exhibits.

31. T: Oh:, interesting ex ↑ hibits (!). Very good job. Use the new word. Good.

此外，生生互动活动也是较为常见的语言尝试活动。31 个中学英语课堂多以意义交流为中心，教师们注重生生之间的互动和意义协商，且课堂活动常以小组或同伴合作的形式开展，它们的课堂使用频率（*N*=42）较高，具有创造性、递进性和导向性。为了使更多的学生在有限的课堂时限内进行语言尝试，教师会先鼓励他们在情境中大胆使用已接收的语言形式，再由组内成员口头表述出讨论结果。教师或同伴适时地监督学生的语言产出，学生依据所获得的修正反馈及时调整中介语系统。

例如，在阅读后阶段，T17 欲推动学生尝试新学知识，有效实践目的语文本的段落组织方式（主题句+详例），她通过“加拿大人文博物馆”的网页（阅读文本中已提及）创设了一个具有真实性的语言使用情境，让学生以小组合作的形式给博物馆发邮件并提出改进建议。最终，学生基于小组讨论结果提出了一条“有条理的”可行建议，即“We can organize some interesting games to attract children and students. If you win the games, you can get the gifts.”。这是一次成功的语言尝试。学生基本能较好地掌握新学的段落组织方式，准确地组织并使用语言，这不仅培养了学生的创造性思维，也能帮助发展他们的英语语言素养。

另外，学生的语言尝试行为是否发生，不仅与尝试机会的给予与否相关联，也受教师的言语或非言语行为（如话语方式或内容的变换、身体语言）的影响。如表 6-5 所示，第二个次范畴的编码数是 71，充分表明教师会时常鼓励学生积极尝试目的语。

在课堂内，大部分受观察的教师通过变换课堂话语的内容和方式（*N*=57）为学生拨留出持续进行语言尝试的时间。当他们发现学生的初次语言尝试的准确度较低时，通常会及时细化问题或创设出具有递进性的问题，逐步引导学生产出正确的语言形式。笔者认为，这种方式的频繁采用与参与学生具有较高的语言能力相关，这些学生的语言尝试结果通常能够让人满意。而且，教师们会使用富有亲和力的手势或眼神向学生传达鼓励之意。例如，在小组讨论过程中，T18 时常主动走向活动小组，面带微笑地俯身与组员交流。亲近的肢体动作有利于良好的师生互动的实现，帮助减少学生在语言使用过程中的情感阻力，向他们传达出积极信息，鼓励更多的语言尝试。

需注意的是，在初次语言尝试过程中，学生做出的假设并非总是正确的；教师需要及时判断学生的假设是否正确，并向他们提供语言调整的机会方能促进其目的语的掌握。如下面的备忘录节选所示：

> 由学生公开的语言使用来看，他们在 T17 给予的第一次语言尝试机会（向博物馆提建议）中做出了正确的假设（目的语段落组织方式的正确使用）。这一活动的成效无疑与参与学生的语言能力高低紧密相连。当时，我在编码过程中就不禁思考：如果学生的假设不正确，教师应该怎么应对呢？我从 Cambourne（1989）的著作找到了可供选择的解决方案。他指出，当教师意识到学生做出了不正确的假设时，他们需让学生再次投入同一或类似的示例中去，促使他们对自己的假设进行调整，直至其完全掌握正确的语言知识。可以说，这一提出假设并验证的过程是语言习得必需的环节，能赋予语言输入以意义（Hedge，2000）。
>
> （备忘录—C17—20150116）

综合来看，语言尝试条件的课堂呈现情况较好。尽管被纳入这一条件的编码相对较少，但不难发现，教师积极通过活动设计、身体语言、鼓励式话语（包含提问方式），不断给学生提供机会，引导学生大胆地进行语言尝试。

由于笔者所观察的中学英语课堂多以意义交流为主，大部分教师会在互动过程中积极观察学生的学习表现、监督其语言尝试，却又不会打断学生的意义表达，也不会每逢错误便纠正学生的语言产出中的语言形式，这为学生营造出了一个相对宽松的语言学习氛围。即使学生的话语不连贯，总是磕磕巴巴，教师不会以简单粗暴的方式直接打断学生话语；反而，他们会主动延展师生互动话题，或细化问题，引导学生克服畏惧心理，使他们不惧怕语言学习过程中可能生成的错误，给予他们足够的勇气和语言尝试的机会。然而，也有一些教师对学生的产出错误视为不见，过于宽容的态度使学生错失掉基于错误的语言习得契机。相反，教师若能明确告知生生互动过程中所产生的语言错误之于英语能力提升的积极作用，就能够避免学生由于彼此间的语言水平差异而对生生互动产生的抵触情绪（董明，2004）。

6.1.5 语言实践条件的课堂呈现

语言实践条件范畴内的编码数量为 221，占编码总数的 10.32%，包含 2 个次范畴，7 个子码。具体的编码数量可见表 6-6。

表 6-6 语言实践条件的编码数分布表

子码	编码数	次范畴	编码数	条件范畴	编码数
提供具有创造性、相关性的语言实践活动：开展师生互动活动	27	提供充足的语言实践活动	151	语言实践(E)	221
提供具有趣味性、相关性的语言实践活动：开展生生互动活动	70				
提供语言实践活动：设计具有递进性的写作活动	22				
提供语言实践活动：设计朗读或半结构式句型结构的练习	32				
鼓励语言实践：采用非言语行为	24	鼓励实践目的语	70		
鼓励语言实践：采用言语行为	9				
鼓励语言使用：搭架子	37				

由表 6-6 可知，语言实践活动的设计与实践颇受英语教师的重视，

这一次范畴的编码数达到 151 个，占语言实践条件范畴编码总数的 68.33%。中学英语实际课堂内，教师们较为频繁使用的语言实践活动既包含师生或生生互动活动，也有递进式写作练习或语言模仿活动（以朗读、半结构式句型形式为主）。其中，生生活动的呈现频数最高（*N*=70），说明受观察教师普遍关注互动过程中的语言使用，他们竭力通过改进提问方式、创设意义情境的方式，为学生创造学习机会，鼓励他们积极参与各类互动式活动，以此增进生生互动。

并且，语言实践活动的情境设计活动多具有相关性和真实性，促使学生能够基于自己的个体生活经验和兴趣，结合新旧知识，创造性地使用目的语完成任务。同时，教师会充分考虑中学生的身心发展特点，赋予活动情境趣味性。他们常设计以语言形式为焦点的游戏、角色互换或视频找茬等活动，聚拢学生的注意力，激发他们的参与热情。师生互动过程中，一些教师还会有意识地设计具有递进性的提问内容，延展学生的回答内容，向他们提供更多的目的语实践机会。

如表 6-6 所示，教师所创设的语言实践活动并不局限于互动活动，也包括朗读、半结构式句型结构练习、具有递进性的写作练习，这类活动在初中英语课堂中尤为常见；它们的编码数共有 54 个，表明语言模仿类活动的呈现频率较高。一直以来，学界普遍认同语言模仿对外语习得的促进作用，它也是外语教师们的关注焦点之一。教师们时常选择集体朗读或跟读的方式，让学生模仿阅读或听力文本中的关键句、例句（含有重要句型结构）、学生回答中的重要词句等，引导他们快速聚焦注意力，去反复感知、理解、模仿语言的形式特点和含义的情境表达。

但是，面对那些有着较高语言能力的学生，教师若一味选择简单的语句朗读模仿或句型操练模仿活动，将无法真正满足学生的需求。由此，教师开始更多地审视语言实践活动与学生思维发展之间的关系。如片段 6 所示，T18 的活动设计给学生提供了较好的语言实践机会，不再要求他们简单地摘取并朗读原文中的语句，而是引导他们依据自己对文章内容的理解和已有的语言知识，重新自主组织语言并口头表述出来，使其在语言实践过程中获得分析层面的思维发展。

片段 6：

141. T: So why do we put paragraph three, and four and five together? Why? Yes ↑ , Shu Hang?

142. S29: Yes, after the sentence urh after the paragraph two the the author let ask the question ' If you were the director of a museum, what would you do to attract more children?'. So there are three ways to attract children. Urh, from from paragraph three to paragraph seven, we urh we know the first thing is to remember urh the children are active and learn to learn better by doing, not just by passive looking. And in the paragraph six, urh it says 'One other ways the museum tries to attract children is through a through a through a school group visit program'. And the paragraph seven 'A final way that the museum has of making a visit great experience experience for children is to serve the kind of food of a kind of food they like'.

143. T: Eh. Altogether three ways.

144. S29:Yeah.

145. T: And paragraph three four five just (<focus on>)?

146. S29:Urh urh urh and urh urh the paragraph four and paragraph five are belong to the paragraph three.

147. T: They all try to explain the first way, right?

148. S29: Yeah.

149. T: Good (!) answer. Excellent. Very logical and complete. Well done.

而且，当学生使用目的语进行口头表述时，话语重复或累赘用语等问题时有发生。尽管如此，教师不会选择去轻易打断学生的话语，反而耐心倾听，向学生传达出鼓励之意（见片段 6），教师时常通过言语或非言语行为鼓励学生自由大胆地进行语言表达（*N*=33）。当教师觉察到学生可能惧怕产出语言，或因词汇缺乏放弃表达时，他们会采用微笑、身体前倾等亲近的肢体语言以示鼓励；当学生产出正确的语言形式时，教师会及时鼓掌或适时提供积极反馈语，以此给予学生持续产出语言的勇气；当小组开展讨论时，教师的有效的活动组织技巧有助于建立起良好的师生交流关系，赋予学生更多的语言实践机会。尤其是，当教师意识到学生无法准确地产出语言或回应自己的提问时，他们倾向于向学生提供反思空间或关键线索，通过补充相关信息、提供关键词或句型结构、延展话题等方式，适当降低活动的难度，为语言使用搭架子（*N*=37），引导学生正确地产出语言，提升他们的语言实践的有效性。

综合语言尝试和语言实践条件的课堂呈现可得出，共 407 个编码与语言输出相关，其中，186 个编码属于语言尝试范畴，221 个编码属于语言实践范畴。这表明，教师们充分认可语言输出之于外语学生的中介语发展的作用。在中学英语课堂内，语言尝试和语言实践条件皆是重要的语言学习条件。

在外语课堂环境中，语言的发展固然需要语言输入，却也离不开充足的语言尝试和语言实践机会。受观察的课堂多以意义为中心，强调意义的交流和互动协商，教师们关注互动过程中的语言使用，这使得师生或生生互动活动被广泛采用。为了提高学生语言产出的数量和质量，教师不仅注重语言实践活动情境的创设，使之具有真实性和趣味性，也注重活动内容之间的递进关系。教师不仅提供必要的、有效的语言材料，以适当降低活动的难度，也能向学生提供语言知识内化的机会。他们不吝于给出积极反馈语，即便学生的话语中出现明显的语言错误，他们也几乎不直接纠错，多采用间接的形式（如重述或诱导）给予非威胁性的反馈语，引导学生去发现自己语言产出中的错误，既帮助提升他们的语言准确性，又增强他们使用语言的自信心。

若教师创设的活动情境不能给学生预留出充足的语言实践空间，将导致学生的语言产出受限。例如，T14 反复让学生两两使用已规定好的问答结构和内容进行对答（即“What do we need to do to help animals? We need to protect animals.”），强势地要求他们以这种生硬的、机械的重复方式来强化对关键词汇或句型的记忆。而 T8 为了帮助学生掌握“You should...”“You'd better...”“Why not...?”“Why don't you...?”等重点句型，创设了“问病症——提建议”的小组活动情境，学生仅被允许机械地使用目的语，依据教师提供的句型示例更替少量词汇即可完成对话。在整个课堂学习过程中，学生只被赋予了极为有限的自主选择权，活动最终沦为句型操练。

另外，若教师急于表现自己的教学“创新”，努力营造“热闹”的课堂教学氛围，未提供给学生足够的语言材料，仅仅只能帮助学生激活有限的背景知识和语言知识，即有词组或句型训练之嫌，即使产出目的语，也会影响目的语的产出质量，使得输出的内容贫瘠、形式刻板单一。可见，语言实践活动若流于形式，语言知识内化的效果将被减弱，理想的语言学习结果也终将难以达成。

6.1.6 期待条件的课堂呈现

期待条件范畴内的编码数量为 115，仅占编码总数的 5.37%；它包含 3 个次范畴，6 个子码。具体的编码数量可见表 6-7。

表 6-7 期待条件的编码数分布表

子码	编码数	次范畴	编码数	条件范畴	编码数
向学生传达期待参与之意	44	帮助建立积极的自我暗示	56	期待(F)	115
向学生传达期待合作之意	12				
直接说明教学主题内容	10	设置合适的学习期待	34		
基于能力设置或调整活动要求	24				
传达学习内容的正向价值：直接说明	10	向学生传达学习内容的正向价值	25		
传达学习内容的正向价值：间接引导	15				

如表6-7所示，相较三个次范畴的数值来看，第一个次范畴涵括56个编码，乃最高值，说明教师们普遍注重采用多样方式帮助学生建立积极的自我暗示，尽量避免给予他们消极暗示，竭力增强他们的学习自信，使其在学习过程中能够表露出不畏难和勇于挑战的学习态度。

在课堂内，教师们给予学生们满满的关爱，他们时常通过身体语言（如身体的前倾、专注且溢满热情的眼神、微笑等），向学生表达倾听的意愿；或轻抚学生肩膀，给予他们勇气，鼓励其主动参与到互动对答或小组活动中来，无声地传达自己的期待（如T1、T17、T18等）；或在上课之前直接告知学生自己的感受或想法，他们通过“I heard you are the best students in Nanjing.”或“I believe we can cooperate well in this period.”等话语向学生表达合作意愿或喜爱之情，表扬他们的学习能力，肯定其学习表现，促使他们形成积极的自我暗示，从而增强学习信心。且教师们多不会人为地、片面地划分学生的优劣等级，他们尊重每一个学生，给予每一个人同等的喜爱和信任感，鼓励学生参与教学过程，重视学生的课堂主体地位。例如，小组活动开始前，T1先帮助小组内各成员明确各自的责任分工，让每个人都有效地参与到各个合作活动的环节中来。这种“不让任何一个人落单”的做法充分展示出教师对学生的信任感，能够提升课堂教学活动的效率。

此外，从第二个次范畴的编码分布情况来看，教师们会根据学生的已有知识和语言能力水平设置适合的学习期待。他们通常选择两种途径：其一，在授课或具体教学活动开始之前，教师直接告知学生教学的主题或内容，使学生先清楚了解教师持有哪些学习期待，再相应地设置或调整自己的学习期待；其二，课堂教学过程中，教师积极观察学生的学习表现，根据学生的具体学习情况及时调整原有的期待值。

当接收到学生的不恰当回应时，教师会迅速调整原有期待（如片段6所示），引导他们回到原文中去检验，要求他们通过细读活动做出自我反馈；然后引导他们去注意主题句中的关键词，最终凭此完成任务。实际上，览读活动开始之前，T17已提前设置了学习期待，她要求学生依据文章主题句中的关键词“the first thing”“one other way”“a final way”快速区分出三条改进博物馆管理的途径。当学生查找到第一条途径之后，T17 原本期待他们能快速查找出第二条途径，但学生的初始答案仅是“no serious museum guards”（此要点被涵括于第一条途径内）。显然，学生并未依照教师原有的期待导向做出相应的反应。此时，T17 不急于否定答案，也未直接给出正确解答，反而，她及时调整原有期待，细化提问内容，逐步引领学生回归到自己的期待导向中去，使他们能够主动评估出自己的答案准确度（见附录 2）。首先，她询问学生“Where does it happen?”，期待学生能依此思路去思考“museum guards”在文中哪里被提及过。但由于问题内容本身具有模糊指向性，学生无法快速理解教师意图，学生仅回答出“There are young, happy university students to guide children and students”，这未能触及第二条途径内容，以致 T17 不得不调整提问内容，更为直接地询问他们“Is it something about the discovering center?”。如此，学生才清晰意识到，之前的两个答案仅与第一条途径相关。

第三个次范畴的编码数为 25，这表明部分教师会采用直接或间接的方式向学生传递学习内容的正向价值，使他们相信自己目前正在或即将学习的内容是有价值的，参与的学习活动能够帮助准确理解文章、习得语言知识和技能、提升策略使用能力或合作能力。例如，文本阅读开始之前，T1 先引导学生通过头脑风暴思考派对的文化内涵，让他们明白派对是“TIP”（各字母分别代表“together”“interesting”“people”），提前深层次地认识文本内容的正向价值。另一些教师则选择让学生归纳主题意义、移情、自我评价观点，诱导他们主动感知这些学习内容的积极价值所在。

统观 9 个学习条件，期待条件的编码值最小，表明它在 31 个中学英语课堂内的呈现频率最低。这一结果的产生可能与此学习条件的性质和本书研究方法相关联。期待条件主要涉及英语课堂生态主体的心理层面。然而，受观察课堂的特性所限，笔者仅能依据教学视频转录和编码对课堂教学过程进行分析，无法亲自与参与教学的教师和学生近距离接触，只能通过具象的师生课堂行为表现去感知他们的心理状态，这使得仅仅是有限的编码能够被纳入此条件范畴。

但是，低编码值并不一定说明期待条件的呈现情况不佳。笔者综合考量了其他学习条件的课堂实践情况，发现教师们相当重视向学生传达积极的学习期待，他们不忽视学生已有的个体体验、知识和能力水平，关注学习期待是否恰当，时常向学生宣扬或引导其反思教学内容的正向价值，积极帮助学生建构积极的自我暗示。

具体来讲，受观察教师始终对学生的学习能力抱有公平客观的态度，他们重视学生的生命活力，相信每一个学生的学习能力。他们会基于学生已有的知识和能力水平，为他们增补或修改输入材料的数量、呈现方式等；会提供各类有效示例为英语学习搭架子；会设置或调整语言尝试、使用活动的内容和要求，适时提供恰当的关键词句；当看到学生遇到困难时，他们不直接否定他们的学习尝试，而是适时给予适当的引导，逐步使他们在教师的期待导向下做出相应的反应，始终让他们相信自己是“好”的学习者，帮助其积极自我暗示的形成，提升其课堂参与度。

尽管如此，笔者基于转录文本和课堂观察反思发现，教师若不能正确认知学生已有的知识和能力水平，将无法设置出恰当的学习期待值，最终难以创设出适合学生认知难度的活动。这不仅显示出教师对学生学习能力缺乏信任或过度信任，还可能引发学生的自我怀疑或否定，阻碍语言习得。

以 T2 的课堂教学为例，她所设置的学习期待与学生的语言能力之间的契合度欠缺。这些学生的语言水平普遍较高，能与教师进行顺畅的意义交流，能较好地完成教师提供的各种学习任务。他们的能力允许教师设置更高层次的期待值，允许他们输入更为丰富的与主题相关的信息，并创设更具挑战性的学习任务。然而，T2 过于固守阅读文本，没有基于文本内容拓展相关信息。她所设计的两个阅读活动中的内容都仅停留在对文本的表层理解之上，只要求学生归纳段落大意和查找细节信息，没有给学生创设深层理解文本、使用更多阅读策略的机会。

6.1.7 担责条件的课堂呈现

担责条件范畴内的编码数量为 231，占编码总数的 10.78%，包含 2 个次范畴，6 个子码。具体的编码数量可见表 6-8。

由表 6-8 可见，担责条件的编码数值略高于平均值（214.2），2 个次范畴的编码数量相差不大，有着相近的课堂呈现频率。

表 6-8 担责条件的编码数分布表

子码	编码数	次范畴	编码数	条件范畴	编码数
提供交流语言学习策略的空间	32	肯定学生的课堂生态主体责任	122	担责（G）	231
引导学生自主解决问题	35				
给予自我选择的权利	41				
让更多学生参与活动	14				
鼓励学生自助	12	鼓励自助或求助	109		
鼓励向教师求助	97				

第二个次范畴的编码数高达 109 个，表明教师注重鼓励学生向自己、同伴或教师发出求助行为，竭力采用直接或间接的途径增大求助行为发生的可能性。除了采用直接的言语鼓励，他们更加偏爱选择间接的途径，积极为学生创设出有利于发出求助行为的课堂空间，使学生能够在互动中自然地做出求助或互助行为。当学生默读文本或参与互动活动时，教师四处走动，仔细观察学生的学习表现，适时提供协助，给予学生充足的思考空间和自我决策的机会。他们不会替代学生成为活动决策者，反而适时提供一些内容提示，引导学生的思维方向，鼓励他们独立思考；也不急于给学生提供答案，反而鼓励学生向同伴发出求助行为，或主动展示亲近的身体语言，向学生发出友好信息，同时给予他们一定的协助。

如片段 7 所示，当学生不知如何着手设计海报图样时，教师并不急于直接给出答案，她首先鼓励学生寻求其他组的同伴帮助。

片段 7：

298. T: % You don't know how to draw a picture?%

299. S35:% Yeah. But we have we got an idea.%

300. T: % So if you got an idea, you can go to other groups for help.%

301. S35: (hah) 尴尬地笑

302. T: % You see, let's have a try. Time, Theme, right? Activities? Logo, right? You have these elements. %

随后，教师主动询问设计时需注意的关键点（如“time”“theme”“activities”“logo”），引导学生独立思考设计思路，以此提供充足的讨论空间，推动他们主动使用目的语。

此类搭架子行为属于第一个次范畴。编码数共有 122 个，其中，前三个子码（即 G-1-1、G-1-2、G-1-3）分别涵括 32、35、41 个编码，这彰显出教师对学生的课堂生态主体地位的充分认可，他们重新认识了师生之间的交互作用，尤为重视学生的能动性。

课堂教学过程中，教师们积极赋予学生一定的自主选择权，让他们主动承担起学习责任，积极与学习同伴一起协商问题解决的途径；一些教师还会根据学生的进展情况调整整个互动活动的节奏。如 T9 设计了护鸟卡片的制作活动，要求学生描绘出自己欲提供帮助的某一种鸟的信息（包含名称、外貌特征等），并阐明拯救的原因。这一活动既向学生提供了一定的权利，使他们可自主选择卡片内容和语言使用，也指向实际问题的解决（即如何拯救野生鸟类），激发学生的参与兴趣，同时促使他们主动承担起任务完成所需的责任。

除了上述自主权的赋予之外，教师还会竭力引导学生克服求助恐惧，自主思考并解决问题。他们通常采用的方式包含思考时间或关键信息的提供、提问、重述和解惑（主要是学生的学习困难或情感疑惑）等。教师重视学生在小组互动活动中的角色分工和责任分配，设计有利于生生交流的活动（如信息差活动），给予组内成员不同的学习任务，或组织小组间对话与交流，尽力使更多乃至每一个学生都有事可做。

另为了培养学生的学习能力，教师也尝试给学生创设一定的了解和交流学习策略的机会，着力提升他们的学习策略选择和使用意识。以T17的阅读课堂为例，她先给学生提供了一篇含有不完整语言信息的阅读文本，要求学生在信息缺失的情况下，通过主题句查找去概括文章大意，以期培养学生的关键阅读策略的使用意识。之后，她又有效组织了一系列活动，帮助学生在阅读过程中掌握更多的阅读策略。

总体来看，在实际课堂内，担责条件颇受中学英语教师的重视，并且获得了较好的实现。学生的课堂生态主体地位凸显；教师更多地赋权给学生，尽量向他们提供承担学习责任的机会，让他们积极开展小组或同伴活动，鼓励更多的学生参与其中，给予其自主选择的权利；教师注重引导学生了解并有效地使用语言学习策略，以此提升学生的自主学习能力；教师积极创设有利于学生向自己或学习同伴发出求助行为的空间，不替代学生解决问题。

尽管如此，仍需注意，部分课堂内担责条件的实现效果较为有限。例如，一些互动活动未给学生预留出足够的自主决策空间，表面上好像是以学生为中心，整个活动过程却在教师的完全控制之下，教师“包揽”了一切，他不仅制定学生的学习行为要求，也提供活动情境和内容的设计，致使学生的参与空间受限，他们只需简单地重复朗读出教师提供的对话范本或在教师指定的语境和语言示例中完成任务。这种为学生过度担责的做法剥夺了学生的自主权，阻碍他们独立地或同伴合作式地进行学习决策。除此之外，学生求助行为的发生概率有时会被人为降低。如T2给学生留出的同伴互动时间仅不足1分钟，十分有限的讨论预备时间限制了同伴求助行为发生的概率；且她在这个时间段内仅与1位同学交谈，无暇顾及更多的学生，师生间的距离被拉开，同样降低了求助于教师的行为发生概率。

6.1.8　反馈条件的课堂呈现

反馈条件范畴内的编码数量为 261，占编码总数的 12.18%，表明反馈行为在实际课堂内有着较高的出现频率。具体的编码数量可见表 6-9。

表 6-9　反馈条件的编码数分布表

<table>
<tr><th>子码</th><th>编码数</th><th>次范畴</th><th>编码数</th><th>条件范畴</th><th>编码数</th></tr>
<tr><td>直接提供积极反馈语</td><td>153</td><td rowspan="2">提供积极的反馈信息</td><td rowspan="2">195</td><td rowspan="5">反馈（H）</td><td rowspan="5">261</td></tr>
<tr><td>重述学生回答中的关键内容</td><td>42</td></tr>
<tr><td>提供修正反馈：以直接的方式</td><td>9</td><td rowspan="2">提供不具威胁性的修正性反馈</td><td rowspan="2">43</td></tr>
<tr><td>提供修正反馈：以间接的方式</td><td>34</td></tr>
<tr><td>提供同伴反馈的机会</td><td>23</td><td>给予自我评价的机会</td><td>23</td></tr>
</table>

反馈条件范畴包含 3 个次范畴，5 个子码；其中，第一个次范畴的编码数最多（N=195），说明教师们普遍重视师生之间、生生之间的互动。受观察课堂的教学以意义交流为主，教师面对学生在交流过程中产出的正确语言形式，既不吝于及时直接地提供积极反馈语（如“Good”“Excellent”“Right”“Well done”等），也会针对学生的语言使用给出具体的反馈信息，并辅以鼓掌、礼物赠予等形式来增强反馈效果。

相较而言，修正性反馈在课堂内出现的频率偏少，这与实际的语言产出错误数量相关。在受观察课堂内，无论是教师的教学能力还是学生的语言能力都处于一个较高的水平，学生的语言产出仅存在少量的错误。教师极少持指责的态度，他们不喜选择直接纠错的形式向学生提供修正性反馈语，反而多采用间接的形式给出非威胁性的反馈语，逐步诱导学生主动思考自己的语言使用与标准目的语之间的差异，推动他们自发生成语言修正，主动调整大脑中已有的语言知识，最终提高内化和记忆效果。

具体来讲，31 个中学英语课堂内，学生的话语产出错误类型主要包含三类，即语音、词汇、语法错误。通常情况下，教师会基于不同的错误类型和使用情境，在师生互动过程中采用直接纠错、重述、诱导等方式给出反馈。

例如，针对学生的语法错误，T18 明确告知学生正确的语言使用规则“We should make out the ‘the’ here.”，直接指出他们的语言使用错误，使其明白“National Day”之前不应使用定冠词；或者教师直接提供目的语词汇（即“Jesus Christ”），让学生意识到自己的不恰当词汇选择（即“耶稣”）。

有时，教师也会重复读出词汇的正确读音，让学生比较两种读法的区别，找到自己的元音读音错误或重音摆放错误（如 T18 对“National”“Badmington”的读音处理）。或者，教师重复学生的部分话语，修正其产出的语言错误，再重新编排话语，使之最后能够更符合目的语规则要求。例如，当发现学生的语言输出为“Sports are everything”时，T18 注意到谓语使用不当的问题，随即将“are”修正为“is”，根据“sports”的词汇特征和句法规则重新组织话语，调整原句并口述“Sports is everything”。这种内隐式的反馈类型是重述，常被使用在以意义为中心的英语课堂内。语言教师以此反馈形式赋予学生说话权，督促他们对自己的语言错误进行反思，并引导他们产出更多的可理解性输出（赵晨，2004）。

另外，教师还采用诱导的反馈形式为学生提供更为得体的语言使用。例如，当学生使用“It sounds great”回复邀请信时，T1 刻意停顿并提高音量（说道“It sounds LIKE:?”），提醒学生修正语言形式，诱导他们发现问题，向他们传达出期待，让学生自主进行语言修正，最终顺利产出得体的、符合英文习惯的语言使用（即“It sounds like a blast.”）。

除了教师反馈之外，部分受观察教师会主动给予学生自我评价的机会。小组合作活动开展过程中，教师鼓励、引导学生相互协助，把他们置于“多言堂”的格局内，让他们针对会话中的语言形式相互提供反馈。例如，T9 在护鸟卡片制作任务的成果交流阶段，让学生与学习同伴交换卡片，查找可能存在的语言错误。这无疑使学生获得了同伴间互助的机会，及时获得同伴反馈。由于学生对此类反馈的心理接受度颇高，他们的课堂参与度也随之提升，学生彼此不断尝试使用新学的语言知识，从而获得知识的内化。

或者，教师会使用“Do you agree with him?”“Do you think so?”等询问学生的自我评价意见（如 T17）；当学生的回答与预期的答案不符时，她先邀请其他学生给出另一个答案，再引导学生比较两个答案并做出选择。同时，教师会搭配使用话语停顿、肢体语言（如身体前倾、眼睛略睁大）向学生传达出鼓励之意，引导学生进行自我评价。

然而，有时“Do you think so?”等话语无法真正实现自我评价的提示语功能。受到语言能力、课堂时限、焦虑等因素的限制，教师易做出不恰当的课堂实践。如片段 2 所示，当学生 19 回答出答案“details”时，T17 使用了“Do you think so?”（见第 66 行）来提示学生给出自己的评价意见，但是，询问之前，她已使用欣喜的语气重复了学生的回答，向学生明显暗示出赞同之意；询问之后，她又未做任何停顿，直接跳至下一个教学步骤。如此做法有把自己的想法强加于他人之嫌，未留给学生充足的自我评价的时间和空间。

总体来看，反馈条件的课堂提供率较高，它对学生的语言发展有着重要的指导作用，是外语课堂学习的重要条件。教师的反馈能够引导学生对自己的语言产出做出正确的判断，特别是修正性反馈有助于消除语言固化，引导学生注意语言形式并准确地修正语言。

由课堂观察可知，31 个中学英语课堂几乎都以意义交流为中心，直接纠错的发生概率低，教师们倾向于采用间接纠错的方式提供反馈语。诚然，如此宽容的教学处理方式可避免学生因过多的纠错行为而陷于自卫状态中，使他们不再把注意力过多地放在语言形式上（Krashen，1982），这可以帮助他们克服因错误而生成的畏惧心理，避免扰乱他们的思维。但是，直接纠错这一反馈类型的积极作用也不应被忽视。它的恰当使用更易让学生快速明晰地了解自己的产出错误，并准确地输出语言。而且，间接型反馈信息若不能被学习者辨别出来并理解，反馈也难以在学习过程中发挥效用（Pinker，1989）；特别是，针对复杂的语法结构来说，因自身的不清晰指向这一特性，学生较难依据重述内容快速意识到自己的话语中是否存在语言错误或发现教师的修正反馈语与自己的语言产出之间存在哪些具体差异，这导致学生无法迅速产出正确的形式。

并且，反馈的实效效用还受到课堂内桌椅的不同摆放方式的影响。由下面的备忘录节选可以发现，桌椅摆放方式影响师生之间的互动，从而影响反馈语的提供。

> 观看完所有教学视频后，我发现桌椅的摆放方式也会对反馈信息的给予带来影响。但由于这属于课堂的物理环境因素，不是显性的教师行为表现，我无法在转录文本中找到对应的教学片段进行编码。
>
> T18 的课堂内，桌椅摆放为“方阵形”，学生两两并排，两排座位紧邻，4 个学生的座位自然呈现出组群状态。因此，学生在小组活动中能自发代入小组成员的角色，使用目的语进行意义交流；一旦发现学习同伴的产出错误，就快速地提供反馈。通常，传统课堂内桌椅的摆放方式为“秧田式”。这种方式使课堂空间形态呈现割裂状态，人为地把教师和学生分割在不同的微空间内，影响了师生之间的交流，也使学生之间的交流被限于小范围之内，即前后或左右。我记得在 T2 的课堂中，阅读后阶段的情境对话活动虽以小组的形式开展，但因讨论准备时间较短、生生之间的交流时间不足、座位安排受限，多数学生依循就近原则寻找离自己最近的同桌进行讨论，仅有少数

学生会和前排或后排的学生互动，如此同伴之间可能获得的反馈机会减少。

（备忘录—C18—20150118）

上述说明，T18 的“方阵形”桌椅摆放方式能提供更为动态的课堂物理环境，在一定程度上弱化“一言堂”的格局，促进学生之间的互动，使他们彼此近距离地快速交流想法。然而，此单一的座位安排方式并非适用于每一个课堂任务。一般来讲，“能够最小化目光接触的社会离心式安排更适合个人的学习，而圆形的或社会向心式安排更适合小组讨论”（Sommer，1967：502）。

6.1.9　学习投入条件的课堂呈现

学习投入条件范畴内的编码数量为 156，占编码总数的 7.28%。具体的编码数量可见表 6-10。

表 6-10　学习投入条件的编码数分布表

子码	编码数	次范畴	编码数	条件范畴	编码数
降低活动的认知难度	27	增加认知投入	65	学习投入（I）	156
提供教学辅助材料：激发兴趣	38				
提升活动的趣味性和竞争性	49	增加行为投入	71		
创设轻松的课堂学习氛围	22				
拉近情感距离	20	增加情感投入	20		

实际课堂内，学习投入条件的课堂呈现主要体现在三个层面，即认知、行为和情感。由表6-10可见，教师的关注点更多地集中在如何增加认知和行为两个层面的投入（编码数分别是 65 和 71），相关课堂教学行为的发生频率也较高。

学生的认知投入程度既受学习任务的认知难度的影响，也与学习兴趣相关。从第一个次范畴的编码分布可见，为了减少学生的认知负荷，教师频繁使用视频、图片、录音等教学辅助材料，刺激学生的多个感官，快速激起他们的学习兴趣（*N*=38）；也尽力根据学生的语言能力适当降低活动的认知难度，以期能减少学生的抑制性焦虑生成的可能性（*N*=27）。例如，他们会选择分段播放视频或对话录音，帮助学生更好地集中注意力，接收并理解语言信息；会为学生的语言使用活动提供必要的示例，帮助学生归纳语言规则并有效进行语言模仿；也会提前告知任务完成所需的学习策略，引导学生使用学习策略；且他们通常会提供任务完成所需的关键词汇、句型结构、思维导向等，在这些支架的指引下，学生能够充分发挥学习潜能并完成学习任务，不会在活动（特别是那些超出学生已有知识和语言水平的活动）开始之前产生过多的自我焦虑。

为了增加学生的行为投入程度，教师倾向于选择具有趣味性和竞争性的活动（如信息沟通活动、组间竞赛、游戏等），以此激发学生的学习兴趣，促使更多的学生主动参与到学习过程中来，自然地使用目的语与学习同伴进行意义交流（*N*=49）。活动结束时，部分教师会提供礼物以示奖励，或及时肯定他们的活动表现。同时，教师们还会采用多样的方式减少课堂环境的压力（*N*=22）。一方面，他们通过播放音乐或歌曲为学生创设轻松的课堂环境。如教学导入阶段，T1 播放与聚会主题相关的快节奏音乐，带领学生共同舞蹈。活动初始阶段，学生或僵硬地完成舞蹈动作，或站在原地尴尬注视教师和领舞的同学。然而，当学生愈发沉浸在音乐中时，愈发全情投入地扭动身体，教学气氛快速活跃起来（由学生的肢体动作可见）。这一热身活动激发了学生的主题学习兴趣，让他们感知到派对的积极意义并对之产生积极的情感，激起他们了解派对知识的欲望。另一方面，教师通过言语的鼓励和肢体行为去活跃课堂氛围，如 T18 不时使用动作示范语言表达的含义。当学生提及“dance happily”，她立刻神情喜悦地左右摇摆身体，鼓励学生加入舞蹈示范，随着愈发轻松的课堂学习氛围的创建，学生的语言表达意愿愈发强烈，他们的活动参与度也随之提高。或者，教师们会鼓励学生主动突破与同伴之间的物理空间局限，缩近互动距离，如 T18 说道“You two can stand up and share your poster with each other."。当学生挣脱开座位限制时，他们能够更加顺畅、快速地使用目的语进行协商。

此外，教师也重视情感层面的投入（如第三个次范畴的编码数所示）。20 个编码皆与如何拉近师生之间的情感距离有关，这说明教师们注重自己与学生之间的情感交流，他们或直接向学生表明自己对其的喜爱之情，或通过温柔的语气、亲近的肢体动作（如靠近学生、轻抚肩膀、身体前倾）、热情满溢且专注的眼神、亲和称呼的使用、沟通邮箱的提供等，拉近与学生之间的情感距离。

从三个次范畴的编码数来看，情感投入范畴的编码数最少，但这并不表明中学英语教师不重视学生的情感状态。相反地，其他 8 个条件的课堂呈现情况足以说明受观察教师对学生情感建构与维护的重视，他们普遍都能与学生之间保持良性的情感互动，竭力实现各维度条件在课堂内的成功创设，以此促使学生增加语言学习的情感投入。

在生态课堂空间内，学生是富有生命活力的生命个体，他们的情感波动对语言学习的影响作用不容忽视。教师们增加活动与个体生活经验、学习兴趣之间的相关性，让学生意识到教学活动之于自己的价值。活动过程中，教师既给予学生一定的挑战，依据他们的认知水平、已有知识和语言能力水平，适当地增加一定的认知难度，又适时提供言语或非言语的支持和协助，避免他们因过多的挫败感而减少认知投入，甚至消极地参与学习过程。教师赋予学生自主选择权，多采用竞赛或游戏的形式，快速激发中学生的学习兴趣，使用鼓励性语句肯定学生的正确语言使用和积极行为表现，并附带欣喜的语气和温暖的笑容，让学生真切感知到教师对自己的学习能力的认同，从而调整自己的情感状态，规避掉消极情感的干扰，积极地去回应教师。在小组讨论过程中，教师密切关注每一组学生的学习表现和互动情况，积极询问每组的讨论进展并适时与学生交流想法，或诱导学生更深入地思考问题。如此良性的师生互动不仅能帮助学生有效完成任务，更能促进学生情感投入的增加；而充足的利于生生互动的时间和空间也能让学生意识到自己的课堂主体角色并主动增加情感投入。

综上所述，虽然被纳入学习投入条件范畴的编码的数量未超过平均值，但它在中学英语课堂内的受重视程度仍然颇高，这与教师个人的优秀专业素质和教学理念、学生良好的英语语言水平、观摩课堂的开放性质有着很大的关联。不仅如此，它作为一种与教育情境紧密相关的活动或体验，也在很大程度上受其他 8 个条件的实现程度的影响，三个层面的学习投入与其他 8 个维度的学习条件交互作用，是中学生态英语课堂内语言学习的充分条件。

由图 6-1 可见，八个学习条件的课堂呈现情况普遍较好（除了期待条件之外），这无疑能增加学习投入生成的可能性。某一个学习条件的课堂创设效果不佳会影响某一个层面甚至多个层面的学习投入程度。例如，为了帮助学生掌握条件句的正确使用，T5 要求学生仅选择关键动词的正确形式，填充非完整的条件句，再齐声朗读出已完成的完整语句。这个活动是一种机械重复的句型训练，其目标的达成无须学生进行过多的认知加工，没有给学生提供冒险的机会，大大降低了学生的学习投入程度。这点可从学生那缺乏兴致的行为表现和面部表情看出来。

并且，投入条件与其他条件之间呈现出双向的能量传递，即其他条件在课堂实践中的实现程度越高，投入条件的创设愈发有效。当投入程度增多时，它会作用于其他各条件；接收到来自投入条件的放射能量之后，其他各条件又会再次向投入条件传递出自己的影响作用，进一步推动投入发生的可能性。

以 T18 的课堂为例，她主动与学生进行课前交流，尝试拉近与他们之间的距离；导入阶段，她运用多媒体向学生提供与节日相关的图片或歌曲，给予他们多感官刺激，快速激发其对教学内容主题的兴趣，促使他们积极投入情感，带入学习热情；随后，T18 通过阅读测试活动，向学生展示具有一定认知难度的阅读段落（文本本身的语言难度和核心词的缺失所致），组织预测活动，向学生提出增加行为投入的要求。由此，整个导入环节提升了学生在情感、认知和行为三个层面的投入程度。这一效果的达成自然离不开其他条件的有效实现，如多元化语言沉浸材料（如图片、用于测试的阅读文本等）的提供、学习主题的深层文化价值的传达、一定的自主决策权的下放等；同时，这些条件的实践效果也会伴随投入程度的加深获得增强。随后，为了维持学生的投入状态，T18 设计了半结构式节日描述活动（基于卡片所提供的部分信息进行口头描述），这在一定程度上帮助创设了担责、示例、期望、反馈等学习条件，使得学生能获得足够的协助以顺利完成活动要求，帮助他们提高了投入程度。结合教学视频的观察记录可发现，在以海报设计为主题的小组活动过程中，从小组讨论到成果展示阶段，学生全程表现出浓厚的学习热情，充分配合教师的活动指令，积极参与协商讨论，与教师和同伴保持良好互动，并积极使用目的语，充分发挥创造性思维，踊跃回答教师的提问或积极展示活动成果（即个性化海报）。最终，学生课堂投入程度的提高影响了其他条件，优化了它们的实践效果，不仅使示例的支架作用达成（表现为教学活动的顺利完成和知识技能的掌握或合作能力的提升等），也强化了对学生的学习期待，提升其自主学习能力（表现为一定的自主决策权的拥有、社交策略的有效应用等）和目的语使用能力（表现为大胆的语言尝试、有效的语言产出等）。

6.2　中学实际和理想课堂学习条件之间的差异探讨

基于 9 个学习条件的课堂呈现情况分析，笔者拟讨论它们与 Cambourne 所提出的学习条件之间的不同之处，进一步探析实际和理想课堂的英语学习条件之间的差异，以期为之后的学习条件框架建构提供依据与启示。

6.2.1　中学实际课堂与 Cambourne 框架的学习条件比较

基于上述编码分析结果可得出，中学英语实际课堂的学习条件与

Cambourne 所提出的学习条件之间有着以下几个方面的差异。

（1）Cambourne 提出的 8 个学习条件均存在于实际课堂之内，不仅如此，讲授条件的课堂呈现率也颇高。外语教师的讲授行为主要发生在语言知识点的讲解环节，讲授方式多为非机械式。

Cambourne 通过观察长时间身处丰富语言环境的母语学习者（即儿童）的母语学习过程，建构了学习条件理论框架。框架的最终适用对象是英语作为母语的中等水平学习者。相较中国中学阶段的英语学习者而言，他们的英语水平明显较高，能够接触到本族语对话者，拥有足够多的语言接触和语言使用机会。这一框架多被应用于阅读课堂，强调文本信息的整体感知。为此，教师的主导作用并不突显，未被单独提出来加以强调。

然而，受外语学习情境的影响，中国英语学习者的语言学习在较大程度上需要教师搭建支架，帮助自己顺利完成学习任务，成功穿越最近发展区，进而使得自己的语言知识和能力获得提升。而且，中学生正处于青春期，他们的小脑、前额叶皮层仍处于发展变化阶段，其认知功能（包含语言功能）、高级认知功能、情绪调控能力等仍有待提升（经济合作与发展组织，2010）。通常，他们的语言学习需要他人的指导，教师的引导和协助在中介语发展过程中有着不容小觑的积极作用，支架的提供显得尤为重要。

再者，Cambourne 的学习条件框架内容的生成源自自然环境下的观察数据，它主要被使用于母语课堂。与这种宽松自然的语言学习情境或受到严格调控的实验情境相比，实际的外语课堂情境有着固定且有限的时间分割和物理空间，它的特定结构约束着师生的互动话语内容和形式、教与学的行为选择、学习参与程度（Meyer & Turner，2002）。这种时空局限性对母语学习的约束并不明显，但它对外语学习的影响却不容忽视。课堂是外语学习发生的主要场所，学生多仅能从此情境中获得有限的语言接触、尝试和使用的机会。教师若能适时地使用目的语为学生讲授关键语言知识、内容信息、活动程序等，提供恰当的支架，可有效地提升课堂内语言学习的效果，推动学生在限定的时间内更为勇敢地尝试、使用语言，更为投入地参与活动并迅速准确地习得语言。

（2）语言输入条件不等同于 Cambourne 的沉浸条件，尽管外语教师尽可能多地提供丰富的语言输入材料，竭力通过课堂活动的设计、教师话语等帮助学生增加语言接触的深度，仍然难以真正创建起语言沉浸的氛围。

Cambourne 的语言学习条件研究的初衷之一是为提高课堂内英语作为母语的读写学习效果。在这种英语作为母语的课堂教学情境中，课堂内外的语言输入都非常丰富。课堂内，大量的可促进学生投入的、适用于读写教学的多元类型文本被输入，创建起语言沉浸的氛围。而在中国的外语课堂学习情境中，语言输入途径相当有限，大部分的英语语言输入主要通过课堂教学来实现，有限的课堂时空限制了沉浸氛围的创建，教师仅可能根据具体的教学情境特点和学生的实际语言水平，尽可能多地提供合适的语言输入，最终创建出“接近沉浸”的英语学习环境。

（3）反馈条件比 Cambourne 框架里的回应条件更具目的性。无论是积极的反馈信息，还是修正性反馈，它们都指向学生的行为反思和语言修正；为了减少学生的语言产出焦虑感，教师尽量避免给出具有威胁性的反馈。

通过“回应”条件，Cambourne 指出反馈过程应避免行为主义倾向，认为反馈给予者应给予自然的反馈信息，不应持有先定的目的。然而，中国的中学英语课堂学习缺乏充足的语境，学生的语言能力水平欠佳，语言的流利性和准确性需要受到教学参与者的同等重视；在有限的课堂时间内，教师、语言能力较高的学习同伴或学生本人一般需要基于语言学习尝试，有意识地给出带有某种具体目的的回应，提供有效反馈，促使学生修正语言或反思学习行为。这种具有针对性的反馈信息能够更大程度地提升学生的语言错误意识，进而推动他们的语言发展。

（4）在实际课堂内，示例条件虽有着较高的课堂呈现率，却不再被视作必要条件，教师的教学并不以示例为焦点，他们提供的示例内容更为具体，多是词汇或句型结构的相关知识的示范；示例既被用于内容提示，也能为活动的进一步开展提供语言准备或思维导向，起着重要的教学支架作用。而 Cambourne 所提出的示例条件着重强调学生对示例的观察行为和能力；示例的内容必须为完整的语言信息，主要包含各类文本的示例。他认为，大量的文本示例与语言沉浸共同作用，向阅读教学课堂提供有力支撑，构成了学习内容的基础，这使得示例成为语言学习的必要条件之一。示例的提供不仅引导学生进行自主决策，也影响他们的学习参与程度。

（5）Cambourne 把投入条件视作充分条件，强调一系列的投入行为，包含学生的注意力和参与行为。它与沉浸、示例条件相互影响，与期待、担责、使用、尝试、回应五个条件之间具有单向的影响关系，即这五个条件的理想呈现能增加投入的可能性。然而，在实际课堂内，投入与其他各条件之间呈现出双向的能量传递，投入条件的有效呈现影响其他条件的实现程度，其他条件的呈现状态又会影响投入的程度。

Cambourne 所提出的投入条件着重强调行为层面的投入，而在实际课堂内，被纳入投入条件范畴的编码呈现出三个层面：认知、行为、情感。学生的行为表现和心理投入都被涵括其中。此条件内涵的扩大增加了其本身的能量辐射范围，特别是心理层面的投入对其他各条件有着不可小觑的影响作用，不仅影响对语言输入材料的深度加工和对学生的学习期待的强化，也影响学生的自主决策权和目的语的尝试与使用。鉴于此，如何激发学生的学习兴趣与投入显得尤为重要。

课堂学习环境若能导出具有多样化刺激的学习模式，学生的学习投入可能由此增加（经济合作与发展组织，2010）。教师通过搭建轻松、愉快的课堂气氛、创设可激发兴趣的活动情境，能够使课堂主体在参与教学活动的过程中增加能量投入，最终赋予课堂活力。“任务开展阶段，学生的认知资源会被消耗，此时，教师把一些诱发兴趣的因素引进教学，既可帮助补充资源，也更易使学生以全新的热情再次投入任务”（Ely et al.，2013：14）。尤其是，当授课对象为初中生时，三个层面学习投入的激活的重要性凸显。初中生“活泼好动，善于模仿，争强好胜，反应快，记忆力强，形象思维占优势”，但“不能完全控制自己的情感，注意力不易集中，自制能力和持久性差”，因此，他们“对于听故事、听消息、猜谜等有着特殊的兴趣，很乐于参与这类活动”（孟繁文，1994：44-45）。课堂趣味的增加无疑能提升学生的兴趣，而学习过程中产生的兴趣又能帮助“管控任务投入所需的资源”（Thoman et al.，2011：1），它为学生的各层面的学习投入提供推动力，向其学习参与行为注入能量，从而作用于教师的能量投入，最终影响其他学习条件的课堂实践效果。

6.2.2　中学实际和理想课堂的学习条件比较

结合第 4 章和 5.1 节可以发现，理想的英语课堂应具有的 9 个主要学习条件（包含语言输入、示例、讲授、语言尝试、语言使用、期待、担责、反馈、学习投入）在实际课堂情境中均获得了呈现，且呈现的效果普遍较好。并且，受中国外语学习情境的影响，这些学习条件的呈现在三个方面有着突出的表现。它们聚焦于语言、教师和学生的行为层面，既凸显语言知识掌握的重要性，也强调教师行为的引导支撑作用，同时重视学生主体的认知和情感发展，关注他们的互动回应。以下小节将具体说明这些不同之处，并探析原因。

1. 教师讲授的引导作用

依据节 5.2，教师的讲授行为对于外语课堂学习的效用已被不少国内研究者认可。他们认为，讲授若能摒弃绝对的控制性和简单机械化，它能在外语课堂学习过程中发挥出引导作用。由此，讲授条件被纳入理想的中学英语课堂学习条件列表，以此彰显它对外语学习的重要性。而在实际课堂情境中，讲授条件也的的确确存在，甚至，它的提供频率显示为最高，教师的主导作用表现明显。

回顾 Cambourne 的学习条件框架可发现，他的理论构想充分展现出全语言教育的理论倾向；该理论以学习为中心，侧重于学生的主动参与，认为教师的责任主要是学习情境的创设、学习策略和资源的提供，强调学习内容与环境的完整性与有意义性。Cambourne 竭力保留英语作为母语的阅读课堂的教学内容和环境的整体性，相较师生互动而言，他更为关注同伴互动，鼓励学生大胆冒险，对语言错误持宽容态度；他重视学生的个体性，关注学习过程中他们的能力发展，不要求统一的、正确的学习结果（Weaver，1990）。由此，教师讲授被视作学习条件而被列入框架之内。

然而，对于中国的中学英语课堂学习来说，适当有效的教师引导至关重要，它对于英语语言发展有着不容忽视的积极作用。近年，中学英语教师的教学多以学生为中心，注重发展学生的自主学习能力；教师角色发生转变，由独裁者转化为学生学习的协助者或引导者。学生中心论盛行，学生的主动参与和意义建构备受推崇，教师的教学目标不再局限于帮助学生记忆与掌握知识，而是培养学生的主题理解能力、语篇分析能力和独立解决问题的能力，这致使教师的主体地位一时呈现出被完全取替之势，讲授行为被等同于知识的强行灌输，它的教学指引作用也曾一度被漠视。实际上，如 31 个课堂教学视频所示，英语教师“闻道在先”“术业专攻”，教师既是知识的传授者，也是助学者，他们的讲授能提升学生的学习效果（隋铭才，2001）。

在中国的外语课堂内，语言的结构和交际使用同是教学关注点，即使教师的教学设计以意义交流为中心，聚焦于语言的课堂活动也不应被忽视；仅“偏重知识，死抠语法”或“轻视知识，贬低讲授”都是两个极端的变换，“貌似时髦，实则肤浅，并不利于英语学习效率的全面提高”（胡春洞，1996）。从课堂教学视频来看，教师的讲授行为多发生在语言聚焦活动场景之中。他们使用目的语向学生传递语言、策略、文化等知识，或讲解语言规则、说明活动程序。他们的讲授方式多样化，包含目的语阐释、举例、图片或视频观察、朗读等。特别当针对关键或复杂的句型结构时，教师多采用具有互动性和情境性的讲授方式，引导学生参与到语言形式和规则的归纳、语言的情境使用、知识的内化中去，使他们能提升语言意识，有效实现语言的模仿，提高语言使用能力，最终快速准确地掌握目的语知识，协助他们完善中介语系统，实现语言的习得。这些行为的突出课堂表现为讲授条件的存在提供了有力支持，使中学英语课堂学习条件理论设想获得了实证。

讲授行为“是课堂教学中最古老、应用最多的一种教学行为，然而对它的批评也最多”（施良方、崔允漷，1999：178）。不少国内外学者或英语教师常把它与传统的说教式教学方法画上等号，声讨它的低效，认为它把教与学分割开来；基于讲授的学习仅是回想那些被定义为事实的知识，学生仅需在限定时间之内把接收到的材料转回给老师（Ardalan，2008）。但是，实际上，自古希腊开始，讲授已成为任一教育项目的主要成分，它是教育过程中的一个组成部分；有效的讲授能帮助激发学生的学习兴奋度，鼓励他们建立并维护积极的师生关系（Swafford & Swafford，2005）；它能超越课堂的局限性，在有限时间内呈现大量知识。

结合 5.2.3 节可知，要真正实现讲授的学习引导作用，教师和研究者需明确以下三点：①它主张正视语言基础知识的学习，避免一味强调语言使用对于英语学习的重要性。语言基础知识包含语音、词汇和语法，与语言使用相互关联，即语言的使用以词汇或语法的掌握为基础，而知识的完全掌握需要语言使用情境的创设（隋铭才，2001）；外语教学若重视一面而忽视另一面，语言习得的效果会受到负面影响（胡文仲，1989）。②它虽重视教师的主导作用，却不主张偏结果轻过程；虽鼓励学生的参与，却不主张偏过程轻结果。任一面都不应被偏废，教学的优化既离不开手段和过程，也需要结果和成绩。讲授方式既需有结果指向性，也需具备互动性。③它不主张完全赋权给学生，这不适用于中国常见的班级规模、授课对象的语言水平和生理发展特征。在语言活动的参与过程中，若要学生承担起教师和学生的双重责任，学生所需付出的时间和精力都极有可能超过课堂时空的限定范围。有些情况下，教师讲授反而能带来更加便利、妥帖的教与学的效果（隋铭才，2001）。

此外，讲授低效或失效之错不在于行为本身，而在于行为实施者（Kyle，1972）。教师应按照如下方式恰当地运用而非完全放弃讲授行为：①在过短的时间内，讲授的知识不宜过多，避免超过学生的信息加工限度；②讲授的时间不宜过长，以免超过学生的有意注意的时限；③讲授的内容需要有组织性和逻辑性，可赋予它意义；④讲授需与学生的已有知识相关联，避免机械学习的产生；⑤讲授需激发学生的心理倾向，使他们能对知识进行有意义的理解。综合来讲，教师讲授的知识量和时间需适度，内容需具有组织性、逻辑性与关联性，既联结学生的已有知识，也使新旧知识之间产生联系，避免采用机械的方式，激发学生心理层面的投入，积极推动有意义的学习（施良方、崔允漷，1999：179）。

2. 语言模仿的联结作用

本书基于国内外外语教学研究的发现，把语言模仿纳入语言尝试和语言实践条件的理论论述之中（见节 5.2.4 和节 5.2.5），强调它在整个外语使用过程中占据重要位置，鼓励学生大胆模仿他人语言。这与 Cambourne 的学习条件框架不同，它以生态心理学为主要的理论基础，与全语言教育理念相呼应；其中的语言实践条件更多强调真实语境的创设，鼓励互动的语言使用，以此突出学生的学习参与和语言学习的整体性。

虽然语言学界对语言模仿的促学作用的认识仍然反复多变（王初明，2014），它对于外语学习的重要性却不容小觑。“学外语是学习别人的语言去交流，不可能自己创造另一种说法，发明另一种写法。否则，说出来的使人无法理解，写出来的使人无法识读，个中缘由不言而喻”（王初明，2014：44）。

早期，中国不少专家学者相当重视朗读这一模仿形式的益处，如朱光潜的“熟读课文”的要求、许国璋对名篇朗读和即时读即时背的关注等；竭力鼓励通过朗读培养学生的英语语感（胡春洞，1996）。随后，语言模仿方式更是成为最为常见的课堂教学形式。但是，由于教师更多选择机械、重复的模仿形式，且外语学习者的需求已发生改变，他们被认为已经具备“较成熟的思想和思维方式，不缺表达的内容，缺的是帮助表达内容的语言；教学的主要任务是帮助学生掌握另一套语言系统，学用新的语言表达已有思想”（王初明，2014：47），这导致语言模仿时常被指责是中国外语教学的诟病之一。

近年，基于使用的语言理论在二语习得研究领域快速引起学者们的关注，它认为，语言习得是一种以样例为基础的分散学习，学习内容是成千上万的结构和偏重于频率的抽象化规则（它们内含于这些结构之中）（Ellis，2002；Eskildsen，2012）。而习得的决定因素是频率，它对语言的变化有着重要的作用（Ellis，2002）。语言模仿已不再被赋予浓厚的行为主义色彩，它的促学作用逐渐被正视，不再被仅仅视作表层的重复，而是被看作对英语发展的内部规律的深层探索（胡春洞，1996）。

由编码分析结果可见，在中学英语实际课堂内，语言模仿表现为一种重要的外语学习方式，它的使用频率较高，主要呈现出四种形式，包括跟读模仿、句型操练模仿、情境对话模仿、基于文本的写作模仿。除了跟读模仿和句型操练模仿之外，大部分的模仿活动都具有情境性和互动性，如半结构式情境对话、具有真实情境的交际任务。它们展示出联结作用，帮助连接语言输出与语言理解，串联认知、接受、改造、变化这一环环相扣的过程，把表层的语言形式与深层的语言发展规律结合起来。

语言模仿“在表面上重复、校正的同时，在深层上不断捕捉英国和美国人使用英语的感觉，以及英语发展的内部规律”；充足的语言输入提供了丰富的语境，使学生能接收到足够的语言信息和模式，在此情况之下，他们可尝试表达，进行语言模仿，接受由他人提供的反馈；由接受到改造，直至改变（胡春洞，1996：80）。实际上，由模仿到创造本是中国语境下的英语学习规律之一（胡春洞，1996）。语言模仿若能在互动中进行，并与内容创造相结合，可强化“语言输出与语言理解的结合，增大语言学过能用的几率”（王初明，2014：42）。

以 T1 的阅读后活动设计为例，为了让学生学会如何书写英文的邀请信并进行得体的回复，教师采取了先“说”后“写”的方式。前一个活动要求学生以小组的形式，协商设计出拟举行的派对内容；后一个活动要求各组根据已达成的讨论结果，结合在文本阅读活动中已接收的有效信息和语言知识，书写一封有关派对邀请的电子邮件。由此，学生先以自己的个体生活经验和兴趣为基础设定派对类型和活动安排，再基于已接收的语言模式在同伴互动中进行语言模仿，在新的情境中尝试使用邀请信文体所需的语言，学生最后创造出派对策划方案和邀请信内容。如此设计不仅有助于提升学生语言产出的准确性，增强语言内化的效果，也能提升他们的创造意识。

相反，陷入机械化状态的语言模仿会阻碍学生参与热情，限制语言产出，难以实现促学作用。如 T10 播放了一段有关动物保护的宣传视频，期待学生能够边看边跟读模仿视频中的关键词汇和句型，以此获得语言和内容的准备，最终有效地使用语言并顺利完成小组讨论活动。然而，该视频的话语语速较快（未配有英文字幕），语言使用明显超过学生已有知识与能力的限度。尽管 T10 采取了片段式播放形式来尝试降低难度，但单调重复的语言模仿形式仍然使学生难以准确地理解语言知识，导致讨论活动的有效性欠佳，学生较少把之前模仿的关键语句运用到自己的对话中去。

3. 搭架子的桥梁作用

对比第 4 章的理论论述和第 5 章的编码分析结果，可以发现，教师的“搭架子”①（scaffolding）行为内含于 9 个学习条件的创设过程之中，能为学生的认知、情感、行为能力供给桥梁和动力。但这一认知仅内隐于理想的中学英语学习条件理论构想中，并未获得清晰明确的说明；反而，它在实际课堂内有着明显的呈现。教师倾向于搭建多样的支架来引导学生亲身体验，帮助他们解决困难并获取语言知识与技能；伴随学生能力的增加，教师逐步减少支架的提供。

具体来看，由教师实施的搭架子行为主要包含活动责任的分担、活动语言学习目标的持续强化、认知结构的促成、活动参与热情的激发、奖惩制度的设置；它们与 van de Pol 等（2010）所总结的 6 个搭架子目标导向相符，分别是目标维持（direction maintenance）、认知结构化（cognitive structuring）、自由度的减少（reduction of the degrees of freedom）、激发兴趣（recruitment）、偶发性管理（contingency management）、控制消极情绪（frustration control）。最终搭建好的支架能给学生的认知活动、元认知活动和情感发展带来极大的影响（van de Pol et al.，2010）。接着，笔者将结合课堂实例说明这几种搭架子行为。

（1）为了帮助学生顺利达成活动目标，教师根据自己对学生的现有语言能力水平的了解，预先设想他们是否能独立完成语言学习活动；当意识到学生需要他人帮助时，教师不替代学生完成任务，反而选择先把部分活动责任转移到自己身上，示例问题解决方法或简化活动要求，降低活动认知难度，促进学生的编码和记忆，试图“把自己的心智容量（mental capacities）转借给他们”（van de Pol et al.，2010：275），随后再把责任慢慢转移到学生身上。在过程中，学生不会原封不动或盲目地全盘接收教师提供的支架，反之，他们主动提取支架中的精华加以内化（Stone，1998），直至他们能够凭借自身能力解决问题，支架才被撤离。

① “搭架子”一词源自文秋芳（2010）的译法。

例如，T16 在剧本编写任务开始之前，先选择阅读文本中的第一部分进行改写，提供剧本内容和语言使用形式的示例，再准备相应的自制短剧，让学生了解应该如何根据不同的剧本角色运用恰当的语音语调和肢体语言去完成表演任务。这为之后的剧本改写/表演活动搭建了支架，示范了如何设计与应用语言、内容和表演方法等，使得学生的活动责任要求在一定程度上实现了简化。T19 采用提示的方式，向学生介绍完成阅读任务所需的阅读策略知识（如主题句查找策略），便于他们在策略指引下独立完成阅读任务。T20 则把正误判断题作为备选，简化内容理解任务的要求，指引学生的思维发散路径，帮助他们快速弄清作者态度。此外，教师们还普遍注重课堂指令语的指向作用，他们善于采用话语停顿或语速变换等方式，使用准确有效的指令语传达活动要求，引导学生主动听讲并有选择地注意到关键内容，让他们清楚明白自己的行动目标和应承担的活动责任，这在一定程度上简化、明确了活动过程。

（2）为了帮助学生持续强化语言学习目标，教师通过设计相似活动情境、提供关键词等方式，创建出语言焦点的自主使用空间，使课堂学习活动具有语言学习目标导向性；或通过多元互动情境设计，持续强化需要了解或掌握的语言知识，向学生提供支架。

例如，阅读文本中的重点用语“Sounds like a blast”被 T1 特意提及了 6 次。文本阅读之前，她已在师生互动过程中创设出适合此习语的对话情境，让学生真实感知它的含义。文本阅读之后，她又将它自然带入学生的邀请信回复之中，帮助他们增强词汇记忆并内化语言使用知识。另一些教师还会在任务开始前直接要求或提示学生去关注语言焦点（如 T6），促使他们有意识地使用它们，最终掌握语言知识。

由上可知，教师若仅让学生精细加工学习中的例子，学生所获知识常会受到情境的制约，无法被应用至对新材料的成功解析（布兰福斯特等，2013）。反而，多元的情境能帮助学生主动感知并提取解决问题的原理，促进情境间迁移的发生，便于他们灵活地把知识应用到新的情境，并解决新的问题，使学生成功学会关键语言点的应用。

（3）为了促成学生的认知结构的形成，教师搭建支架，采用思维导图、内容预测活动、关键要素提示和提问等方式，减少学生的认知负荷，让他们快速厘清拟待解决问题的基本特征，提高其推理和解决问题的能力；或帮助他们对信息进行有意义的组织和分类，促成神经网络图示化，使大脑对新异刺激做出正确评估和反应，找到可关联新异信息与已有图式、信息类别、先有经验的线索，从而结合新异信息来实现现有图式的扩展（索萨，2013）。这种支架能够极大地促进学生元认知能力发展，帮助他们对自己的潜在学习能力形成认知与期待。

例如，文本阅读开始前，T20 开展了预测活动，让学生根据标题预测文本内容及结构安排，去初步感知文本的框架；细节查找活动开始之初，她先提供了两个关键词（错误、体验），帮助学生快速整理文本的段落内容架构；再引导学生分组归纳文本中的 5 个关键要点，进一步厘清文本脉络，把复杂信息分解为易处理的部分，引导学生进行信息组块。T21 采用表格的形式，展示出文本中主要人物的关键信息，使学生能以这种非言语的、视觉的、形象化的方法快速地组织文本内容和结构安排，准确有序地打包相关信息，有针对性地查找到缺失的文本内容，最终完成内容理解任务。T18 则采用头脑风暴的方式，让学生根据已查找到的阅读文本中的关键词，说出节日描述需要哪些内容要素（包含名称、日期、历史、活动、食物、服装、宗教）；随即，她以导图的形式，将这些要素关联并板书出来。通过清晰、有条理的提示，她帮助学生厘清了关键内容，为之后的语言使用活动（节日描述）提供了思维导向，帮助学生整理思路并使用目的语进行有效输出。

（4）为了维持学生对活动的关注，激发他们参与活动的热情，教师也会根据学生的回应搭建适当的支架。他可能变化教学呈现（如提供视频），先通过感官刺激引起学生的好奇心并激起其活动参与的动机，再创设问题解决的情境，赋予学生探究问题的空间，使他保持学习的欲望，并因目标的达成对学习产生满足感（德里斯科尔，2008）。

例如，T21 在阅读后的讨论活动前，先播放了一段文本提及的主要人物的视频，以视觉刺激的方式具象地激发学生参与讨论活动的兴趣，引导他们去主动发现、思考并讨论他们的成功之道与启示。T23 选择了一段纪录片片段进行播放，直接引发学生对世界环境保护问题（与教学主题直接相关）的思考与担忧，诱导他们参与之后的环境保护报告制作活动。教师们还常采用小组合作的组织方式，增加每一个学生的活动参与程度，让他们公开展示活动成果，以此激发他们参与后续相关活动的兴趣（如 T18 的狂欢节海报制作任务）。

（5）教师（尤其是初中教师）倾向于采用奖惩的方式，表明自己对学生的活动成果的评判；通过积极的反馈式话语或实物奖品（如礼物、笑脸贴纸等）直接明了地给予学生情感支持，推动学生改进学习表现，持续维护他们的学习参与信心。中学生处于青春期，他们的右脑腹侧纹状体正在发生改变，这可使他们更倾向于高危险、高奖励的行为（经济合作与发展组织，2010）。教师在权限范围内给予学生奖励刺激，能够激发他们在活动中做出符合自己期待的行为表现，在不伤害其内部动机的情况下，以此方式帮助学生完成难度大的任务（李金钊，2013）。这种经历具有情感支架的作用，能增加学生的多巴胺的释放，刺激积极情感的生成，增强他们的注意力、记忆力和学习动机（Storm & Tecott，2005），并帮助他们保持内在动力，使其能坚持完成下一个挑战（索萨，2013）。

可以看到，在外语课堂教学情境中，教师所搭建的支架有助于在认知、元认知、情感等层面发展学生解决问题的能力。支架的桥梁作用凸显，主要表现在两个方面：一是客观条件和学生发现之间的桥梁，另一个是师生间关联作用的桥梁。

通过搭架子，教师“在客观条件和学生发现之间搭建桥梁，对学生的发现予以认可、评价，给学生以信心、鼓励”（闫素萍，2013：83）；在教师创设的支持空间内，学生发现问题、建立与验证假设，直至确定好解决途径。这增强了语言课堂的生态因子（包含语言、教师、学生）之间的互动，展现出因子之间的信息流动和能量转化的

“不平衡—平衡”的循环圈（杜亚丽，2011）。

通过搭架子，教师为自己和学生之间的关联作用搭建桥梁。教师的搭架子与学生的回应交互作用着，充分展示出教学参与者在课堂时空内的生命力，揭示了交互过程中师生因能量流动而形成的相互关联、相互作用的方式。搭架子的过程呈现出循环状；教师和学生相互依赖，彼此交换思想、知识、智慧和情感，在持续循环中获得提高。

教师的搭架子行为是否有效，需要与学生的身心发展规律与水平相契合，需要以学生的学习目的、先有经验、知识和语言能力水平、学习期待和态度为基础。教师唯有适时搭建适合的支架，做出符合学生需要的教学决策，中学英语课堂生态系统才不会出现生态失衡，各生态因素（包含教师、学生、英语语言及其所处的课堂生态环境）方能相互依存、相互制约、彼此促进。

第 7 章　中学英语课堂学习条件框架建构

本书的第 5 章从理论层面出发梳理了中学英语课堂应具有哪些促进语言学习的学习条件。第 6 章从实践层面出发了解了中国的中学英语实际课堂具有哪些促进语言学习的学习条件，并进一步比较了实际和理想课堂的学习条件之间的不同之处与存在缘由。在此基础上，笔者将对这些学习条件的课堂实践进行上位的概括与论述，继而反思理想的中学英语课堂学习条件构想，最终确定学习条件框架的内容。

7.1　课堂生态情境内主体与环境的关联作用

课堂是由课堂内的有机体和课堂环境构成的整体系统；环境与有机体之间存在着交互的影响作用。近年来，国内外课堂生态研究关注点也主要聚焦于教师的行为生态、学习者的生态特点和行为生态、教学、课堂环境四个方面（孙芙蓉，2013），这使得教师和学生的课堂行为表现、其表现与课堂环境之间的关联性愈发受到重视。研究者若过于侧重强调“课堂环境对师生及其活动的单向度影响”，则无法完整透视课堂生态的真实状态（李森等，2011：3）。

在英语课堂生态系统内，主体（教师和学生）之间、主体与课堂环境之间是否能够实现良性关联和有效互动，不仅关系着课堂的生态是否平衡，也关系着学习条件这一生态因子的实践是否有效，进而影响英语学习的成效。为此，笔者从教师和学生课堂行为之间、它们与课堂生态环境之间的关联作用入手，竭力完整审视整个课堂情境，进一步揭示良性课堂生态与学习条件的理想呈现之间的相关性，并为之后的框架搭建提供依据、供给养分。

7.1.1　师生课堂行为之间的关联作用

由上一章的编码分析结果可见，9 个学习条件都有着不错的课堂呈现效果，那些指向学习条件创设的教学行为有着较高的课堂实践程度。受观察教师为学生架构起支撑英语学习的课堂空间，在多个维度的学习条件的创设过程中，提供不同层面的教学支架，推动学生的英语学习。这种积极主动的教学行为能够激发合力，既使教师有机会主动提供一系列语言学习机会，也使学生在教师的有效协助之下，积极投入到相关活动中去。最终，师生的参与积极性均被激发出来，彼此之间的有效互动途径增多，这无疑增进了教师与学生行为之间的关联，促进了学生的学习成效；反之，教师若仅为学生布置封闭式课堂作业，导致互动缺失，则会限制学生的主动学习空间，使他们难以从中收获可喜的学习成果（Brophy & Good，1986），这点可从学生的课堂行为表现中获得佐证。

在笔者所观察的 31 个英语课堂中，学生的学习参与程度颇高，他们的参与行为表现为言语回应和非言语行为回应两大类（见表 7-1）。其中，言语回应的发生频率最高（编码数为 3287 个），且多为学术性言语回应，即学生的课堂话语多指向教学内容学习，不仅大部分课堂回答的内容与教学内容相关，朗读、讨论和评价等教学活动也都围绕教学任务展开。当学生把充足的时间投放到学术性回应的产出时，教学实践会更加有效，最终促进学生的学习（Bulgren & Carta，1992）。

表 7-1　学生课堂行为表现一览表

言语回应	回答教师的提问	回答：与主题相关	950
		回答：阅读策略的使用	138
		回答：写作策略的使用	26
		回答：与文本内容理解相关	429
		回答：澄清确认	251

续表

言语回应	回答教师的提问	回答：与任务相关	321
	朗读	个人朗读	37
		全班朗读	310
	分组讨论	学生间的讨论	289
		师生间的讨论	157
	分享讨论结果	单独分享	249
		合作分享	52
	学习评价	自我评价	27
		同伴评价	51
非言语行为回应	举手		300
	观看视频		59
	鼓掌		97
	注视教师		450
	注视同伴		240
	写作		104
	思考/沉默		330
	默读		153

由表 7-1 可见，学生的言语回应主要产生于师生问答的情境之中。为了引入主题、增进文本理解、推进任务参与，教师惯于使用一系列问题，使之具有相关性或递进性，诱发学生产出学术话语，逐步引导他们快速进入课堂学习的主题或深层感知文本。此外，学生的言语回应也产生于分组讨论的过程之中。教师乐于采用这种活动形式，鼓励学生积极使用目的语完成教学任务，不仅给予生生对话的机会，也提供师生交流的可能性，还能创造分享空间，让学生单独或合作地公开展示讨论结果。同时，它们也产生于朗读过程中。中学英语教师（特别是初中英语教师）惯于采用朗读形式，让学生有机会感知并模仿英语语音、拼写形式或使用语境。

学生的非言语行为回应则几乎全部指向任务完成。在 31 个课堂内，几乎所有学生都全程聚精会神地注视着教师；与同伴讨论时，他们会专心地注视同伴，积极参与互动过程。举手行为频繁发生，说明多数学生主动地参与教师提供的学习机会，愿意把自己的理解或想法告知教师或同伴，以便完成任务。当看到同伴无法回答问题时，他们会自发给予他们沉默的空间；当被给予默读机会时，他们会专注参与，亲自与文本进行互动，主动去认知文本中重要的主题内容和语言信息。

此外，学生的学习参与程度受到多个因素的影响，不仅包含多种教学任务的使用（如课堂讨论、多媒体的辅助等）、教师的互动指导和关注，也与竞争性回应的低频率相关（Wallace et al.，2002）。

竞争性回应主要有几种表现，如具有侵略性的行为、无故的打断、不恰当的说话、四处的张望、不妥协、自我刺激、自责等（Greenwood et al.，1994）。从教学视频可以发现，学生几乎未展现出竞争性回应（除了少许的张望、自责行为之外）。互动过程中，大多数学生全程聚精会神地注视着教师，积极参与教师设计的各个教学活动。当自己遭遇问题或困难时，他们更倾向于静静思考，不会四处张望或以言语/非言语的行为干扰课堂；当同伴遇到困难时，他们不会采用具有侵略性的行为（如打断或嘲笑）来企图刺激或挫败同伴。相反地，他们鼓掌给予肯定或为其留出思考时间或及时提供帮助。这些都在一定程度上说明了课堂内课堂管理的有效性。教师们并未把心神耗在课堂秩序管理之上，反而把大量课堂时间拨留给教学任务管理、互动等方面，创建起了有利于英语学习条件创设的课堂教学氛围。在这过程中，竞争性回应的出现频率越低，课堂管理越有可能取得成效，进而使得学生更加投入到学习过程中去，最终提高学习成效（Wallace et al.，2002；Greenwood，1991），从而促进英语语言的发生。

上述学生的课堂行为表现清楚反映出他们的高参与度。结合第 5 章的分析结果，笔者发现，师生均主动投入了英语课堂学习的过程，为课堂情境内语言学习条件的成功创设输入了不小的能量。并且，师生的行为之间呈现出双向的影响关系，有着高适合度；主体作用的充分发挥开辟了二者间能量流动的路径。

具体来讲，理想的课堂情境内，教师和学生的活动若能在目的、内容、方式、态度四个层面达到越高的适合度（孙芙蓉，2013），一方的活动就越能给另一方的活动提供推力，越能使彼此之间能量流动的路径通畅，实现足够的能量流动，为课堂生态系统的良好运行提供保证，从而积极影响学习条件这一生态因子的课堂实践，助力系统内的英语学习过程，提高英语课堂学习的有效性（见图 7-1）。

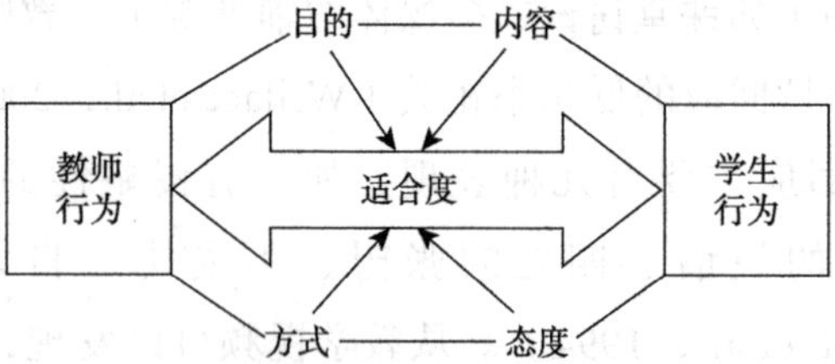

图 7-1　理想英语课堂的师生课堂行为关联

从目的层面来看，教师和学生各自所持的教学目标—学习目标、帮助需要—求助动机的导向需保持一致。不仅教师需注重培养学生的合作意识和能力，他们的帮助行为也需有度，不可替代学生的自助或互助；而学生本人需正视互动机会，不可把求助行为的目的设定为捷径索求。从内容层面来看，教师的课堂教学内容和学生的课堂学习内容需符合彼此的需要，这与教学内容的理解和内化程度相关。师生应清晰认识并判断任务类型和难度；当学生提出求助内容时，教师或同伴需给出恰当的帮助内容。从方式层面来看，教师的教学方式与学生的学习方式越能符合彼此的需要，就越能以自身的活动促进对方的活动，提升活动的有效性。生态课堂空间内，教师的教学方式、活动形式的选择和调整需符合学生的学习方式需求。为了促成能量输入量的增加，师生需尽量避免采用直接式的帮助/求助方式。从态度层面来看，开展课堂教与学活动时，教师和学生所持态度是否相适合，会直接影响他们的课堂行为表现。这里教师的教学态度主要包含教师对英语教学职业、语言产出错误和学生的态度。教师对待教学这门职业本身是否严谨认真会直接影响学生的学习态度，教师是否能公正客观地看待学生的学习能力会影响学生的自我认知，教师是否能敏感感知学生的情绪反应会影响学生的情感走向。教师对学习方式的态度不仅影响师生/生生间的互动关系，他们是否正视同伴求助—帮助对于英语课堂学习的积极作用也会影响学生对同伴帮助的态度。

7.1.2 环境因素与主体行为之间的关联作用

课堂生态系统内，环境因素不仅包含教室的物理环境因子（如教室的颜色、光线、照明、噪音、温度等），社会性环境因子（如教室布置、座位编排、班级规模等）（范国睿，2000），也包含教学空间、教学材料等因素（Wallace et al.，2002）；环境因素可影响课堂教学活动、师生交往、学生的学业或情感发展，能帮助教学研究者和实践者了解课堂环境特征，使他们对特定课堂行为（包含学习条件的创设行为）的发生形成正确合理的预判，最终提供利于教学改进的信息。

如 31 个英语优质课教学视频所示，由于这些课堂生成于教学观摩研讨会场景之中，它们的物理环境是同一个非常规的教室环境，教室被置于主办方提供的运动会场之内，此物理空间看似宽阔，却也有限；授课设施、师生都处于会场的中心区域，评审专家身处教室后方，教学同行则散坐在四周，这无形中在授课现场竖起了一道双层屏障。并且，教室的颜色、光线、照明、温度和噪音也被研讨会组织单位控制到均衡一致的状态。为此，笔者结合课堂观察记录表的内容和转录文本，仅着重细分了 31 个课堂中具有差异性的特征，如座位编排、教学空间、班级规模和教学材料（见表 7-2），尝试捕捉课堂情境的全景，了解环境因素与主体行为之间的互动。

表 7-2　31 个中学英语课堂的生态情境状态

座位编排	数量	教学空间	学生行为编码数量	班级规模	数量	教学材料	数量
秧田式	15	全班	1866	32 人	8	教材	31
模块式	12	小组	836	28 人	2	学习手册	31
		一对一	1535	40 人	6	纸和笔	31
会议式	4	个人	783	30 人	6	多媒体	31
				36 人	9	辅助材料	44

受观察的英语课堂生态情境中，有机体（教师和学生）的密度和分布主要表现在座位编排和教学空间两个方面。作为课堂生态环境的重要组成部分，不同的座位编排方式会对学生的学习态度、行为和课堂交往等产生影响。最为普遍采用的座位编排方式是行列式，它虽有利于教师掌控课堂，却不利于学生之间开展有效互动（顾芳，2016）。由表 7-2 可见，51.6%的教师选择以 4 人或 5 人一组的形式分割教室的物理空间，把教室座位编排为模块式或会议式。模块式编排是以小组为模块，学生按分组情况择位入座（如图 7-2），被 12 个受观察教师采用，学生课堂行为发生次数最多，编码数量用 2371 个，占比 47.23%；会议式编排是把桌椅摆放为马蹄状，学生坐于教室两边，进行面对面的交流（如图 7-3），仅被 4 个受观察教师采用，因此学生课堂行为的发生次数相对较少，编码数量为 783 个，占比 15.60%。这两种座位编排方式虽把课堂空间切割成不同的格局，但它们彰显出开放性，便于教师讲授具有开放性的教学内容；它们以小组为单位组合模块，利于师生互动和小组活动的开展，能够使更多学生（而非仅仅是前排或那些正对教师而坐的学生）被置于教师关注范围之内，避免学生的注意力分散，更大程度地激发他们的学习动机（Levine et al.，1980）。并且，教师虽仍然主控着教学，却不再表现为高高在上的绝对权威，他们可以在课堂内灵活移动，更加近距离地与更多的学生进行眼神或言语的交流，同时学生之间的邻近指数（proximity index）增加（Knowles，1979），由此拉近了师生、生生之间的空间距离，提升学生的学习参与感，进而提高师生之间的互动意愿

和课堂行为配合程度。

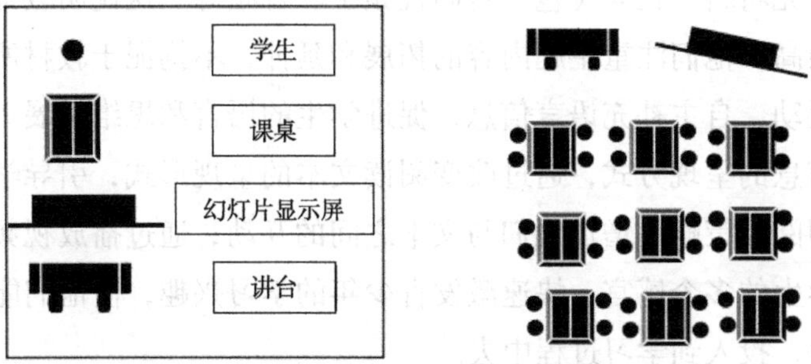

图 7-2　T16 的模块式座位编排

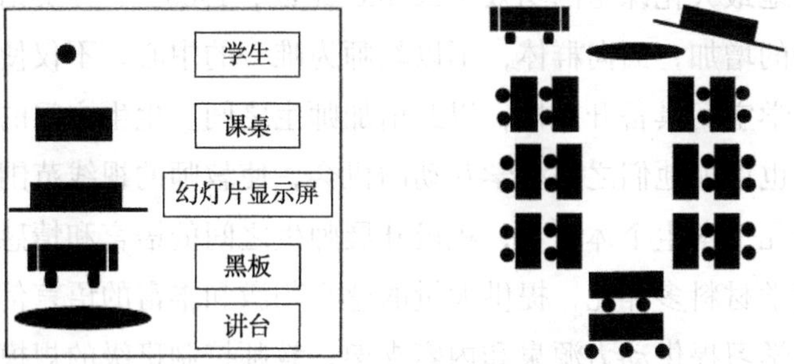

图 7-3　T18 的会议式座位编排

另外，教师也开展多元的互动式教学活动，把课堂的社会空间分割成不同格局，如全班、小组、一对一或个人。其中，全班、小组和一对一的格局最常出现，表明教师的关注范围扩大，他们颇为关注学生群体，善于采用分组的形式，增加师生或生生互动的可能性，提升彼此之间的亲近程度，竭力关注到更多的学生，激发学生的参与积极性。

就班级规模而言，参与这些课堂教学的学生数量平均为 33 人。教师无须进行大班授课，这利于他们在有限的课堂时空内组织合作式教学活动，提升合作的有效性，并合理调控教学节奏。

课堂内出现的教学材料多样，不仅包含统一分配的教材和学习手册，也包含多个辅助文本或非文本材料；既有纸和笔，也有多媒体。并且，辅助材料的出现频率高，形式多样，如已改变呈现形式的阅读文本、补充材料、视频（包含自制视频）、音频等。这说明教师的教学主动性颇高，他们注重主题内容的拓展和延伸，不拘泥于教材所提供的内容和活动，自主补充语言信息，促进学生的语言和思维拓展。他们喜好变换信息的呈现方式，通过改变阅读文本的呈现形式，引导学生自主地去使用阅读策略，增加他们与文本之间的互动；通过播放视频或音频，刺激学生的多个感官，快速激发青少年的学习兴趣，使他们能持续集中注意力，投入到学习过程中去。

由以上四个方面可发现，为了增多师生课堂行为投入，教师需学会尽可能地最大化课堂的功效（Levine et al.，1980），使英语课堂情境指向互动的增加，面向群体，不以教师为唯一的中心，不仅使座位编排方式和教学空间具备开放性，以此增加师生之间、生生之间的物理空间接近度，也增加他们之间教学互动的机会，使教师的视线范围不再停留在特定的几个学生个体身上，积极开展师生之间的语言和情感交流。教师需使教学材料多样化，提供大量的感官刺激和丰富的语言信息，为学生的语言学习提供动力源泉和内容支架；教师控制班级的规模，以方便组织教学，使学生能有效参与合作式学习活动（图 7-4）。

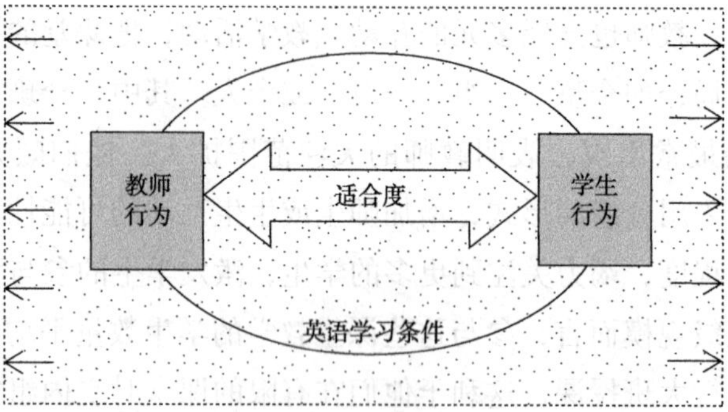

图 7-4　指向英语学习条件创设的课堂生态情境

9 个学习条件的创设无疑有利于上述课堂情境的生成，使之更加具有互动性、开放性和整体性；同样，它们的有效实践既离不开课堂主体的主动投入，也离不开环境支持。在学习条件创设过程中，教师、学生和环境需被视作一个整体。他们共同作用，创建起有利于学习条件实现的课堂氛围（图 7-4 中以小黑点表示），增加师生的行为参与度，促进并维系二者之间良好的、具有高适合度的交互关系。学习条件可谓英语课堂生态的重要生态因子，它的实现程度如何关系着教师和学生的能量输入大小和流动状态，从而关系着课堂生态系统结构是否完整、功能能否实现，最终影响系统的恢复能力（图 7-4 中以箭头表示）；反过来，整个课堂生态系统是否具备恢复力①，也影响着学习条件的课堂实践效果，进而影响英语学习的效果。

7.2 中学英语课堂学习条件框架

基于学习条件差异比较（见 6.2 节）和课堂主体与环境的交互作用探讨（见 7.1 节），本书提出了一个中学英语课堂学习条件框架并阐述内容，说明各学习条件之间的交互作用特点。

7.2.1 框架内容说明

通过比较理想和实际的中学英语课堂所具有的条件，可以发现，语言输入、示例、讲授、语言尝试、语言实践、期待、担责、反馈、学习投入这 9 个学习条件均存在。其中，讲授条件虽不是必要条件，却是英语课堂教学的重要影响因素，它的引导作用突出。语言尝试、语言实践条件是决定课堂中的外语学习发生的关键因素，是语言输出过程中必不

① 恢复力指课堂生态系统在受到外界胁迫时尽可能维持其结构和功能的能力。这种恢复力既可表示为能力，也可表示为过程。就能力而言，课堂生态系统的恢复力包含结构恢复力和功能恢复力；就过程而言，可通过处于同一个连续体两端的保护性因素和危险性因素的抗衡来了解课堂生态系统的恢复状态，这意味着，当活力和组织结构处于好的状态时，课堂生态系统则可促进教师和学生在教与学过程中的能量输入和保持良好的师生之间的交互关系，反之则会将整个课堂生态系统置于危险境地，无法获得结构的完整和功能的实现（孙芙蓉，2013）。

可少的两个环节；尤其是，语言模仿类活动不应被一味排斥，它们的恰当使用能提升外语学习的效果。鉴于外语教学的情境和对象的特征，教师和学生虽同为英语课堂的生态主体，教师的主导作用不容小觑，他们的搭架子行为不仅不会压制学生的参与，反而会有效增加他们的学习体验，提升他们的学习能力。

由此，本书提出一个适用于我国中学英语课堂情境的学习条件框架，包括了上述九个学习条件，这九个学习条件在中学英语课堂内共同作用以促进语言的学习（见图 7-5）。

其中，语言尝试条件和语言实践条件的区分意在强调二者对于课堂情境内英语语言习得的关键性，它们不仅鼓励学生在未全面掌握语言知识的情况下大胆尝试使用目的语，也鼓励他们持续将目的语运用于实践，既重视意义交流的重要性，也不忽视语言模仿的促学作用。另外，通过对中国中学英语课堂的情境特征和授课对象特点的充分考量，笔者在框架中专门提出了讲授条件，旨在强调教师的讲授行为对于中学课堂情境中的英语学习的重要性，避免教师一味重视学生的语言产出而忽视语言规则或策略知识讲解等的储备作用。

综合来看，语言输入、语言尝试、语言实践、讲授、期待、担责、反馈、学习投入都是影响英语课堂学习的重要条件，学习投入与其他八个学习条件之间呈现出相互影响的交互关系（图 7-5 中以双向箭头表示）。学习投入包含三个层面的投入，它的课堂实践效果受教师的教学态度、目标和方法的影响。教师欲增加学生的学习投入，需要依循以下五个原则，即教师应表现出积极的教学态度，向学生提供丰富的语言示例，给予学生足够的自主权和充足的互动机会，并对学生进行正向的情感引导。

中学英语课堂学习条件框架的创建灵感主要源于 Cambourne 的具有生态性的学习条件框架（见节 5.1.1），纳入了多个维度（认知、社会、情感）的学习条件。由于外语学习的发生主要受课堂教学的影响，涉及认知、社会、情感多个维度，不仅受学习者特征、语言背景的影响，还与社会情境、教育对策紧密相连。九个学习条件的提出

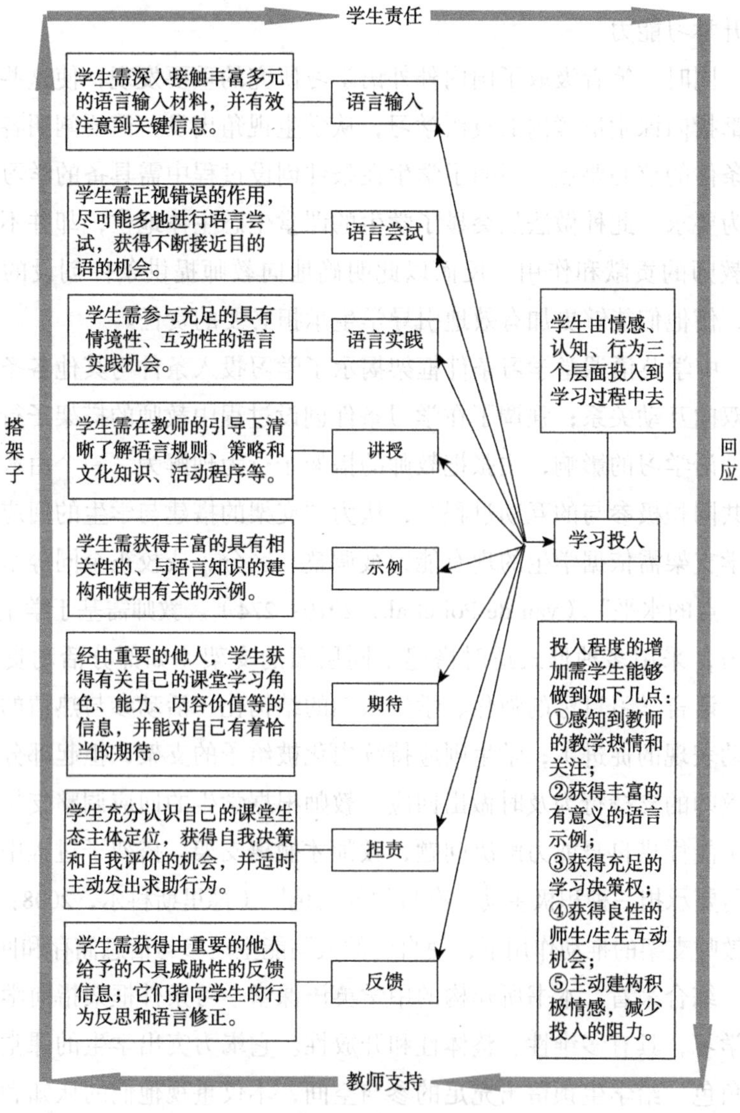

图 7-5　中学英语课堂学习条件框架

符合语言学习（特别是外语学习）的多维和复杂特征。在英语课堂情境内，这些学习条件的共同作用可促进学生的语言学习，不仅有利于他们语言知识和技能的发展，也可促使他们提高学习兴趣、改进学习态度、提升学习能力。

同时，笔者汲取了国内外外语学习研究的重要发现，使这些学习条件都指向课堂情境内的英语学习，从学生视角出发，简要阐明各英语学习条件的核心要点，指明了学生在条件创设过程中需具备的学习态度和行为要求。此种做法虽突显了学生的课堂生态主体地位，却并不意在削弱教师的贡献和作用，反而以此明确地向教师提供条件创设的指引方向，使他们能够更加有效地引导学生承担必要的责任。

中学英语课堂学习条件框架揭示了学习投入条件与其他各条件之间的双向互动关系；强调了在学习条件创设过程中教师的搭架子行为对学生外语学习的影响，主张把教师的搭架子行为理解为“一个由教师和学生共同积极参与的互动过程”，认为“支架的搭建与学生的回应相关，教学支架需依据学生的现有能力被调整、区分，或校正至同等水平或稍高一点的水平”（van de Pol et al.，2010：274）。教师需基于学生的现有能力，采用多种形式适时搭建不同层面的支架（如部分活动责任的分担、语言学习目标的强化、学生认知的结构化、活动参与热情的激发、活动表现的促进）；学生则应持续内化被给予的支架，担起部分责任，对教师的支持行为及时做出回应；教师根据学生的回应调整支架；直至学生能凭借自身能力解决问题，教师才撤离支架。搭架子过程中，学生“需要承担一种积极主动、有目的的角色”（德里斯科尔，2008：90），在教师支架的推动作用下，使自己的大脑能主动参与信息储存和回忆。

综合来看，本书所建构的中学英语课堂学习条件框架指向学生的外语学习，具有多维性、整体性和开放性。它竭力突出学生的课堂生态主体角色，给学生预留出充足的参与空间，不仅重视他们的认知和行为投入，也重视他们的积极心理与情感的发展，鼓励他们自主决策、大胆做出语言尝试行为和求助行为。同样，它也不忽视教师的课堂生态主体角色，突出教师行为表现的重要性。它强调，在学习条件创设过程中，教师需要适时搭建恰当的支架，示范解决问题的方法，抑或向学生提供可被用于自主学习的资源选择，帮助、支持学生进行自我调节（Turner &

Meyer，2010），从而顺利达成任务目标。在学习条件的创设过程中，通过教师的适当引导和协助，学生的责任与教师的支持相互作用，学生的课堂回应与教师的支架的搭建相关联。学习条件的创设突显出学生的主动性和教师的主导性，充分展示出师生在课堂时空内的生命力，并帮助维系了师生之间的交互作用，揭示出交互过程中师生因能量流动而形成的相互关联、相互作用的方式，这使得教师、学生、语言、环境在英语课堂生态系统内产生关联，和谐共存。由 6.1 节可知，框架内九个学习条件涉及多个维度（包含认知、社会、情感维度），是重要的课堂生态因子，不仅是影响语言学习发生的重要因素，也是影响良性课堂生态形成的因素。这些条件在课堂内是否能被理想地呈现出来，既与各自的微观含义的实现与否相关，也与良性课堂生态的构建与否息息相关，受到课堂主体（教师和学生）之间、主体与课堂环境之间的关联作用的影响。最终，它们的理想课堂呈现能够促成课堂生态的良性状态的形成，进而更好地促进语言学习。框架具有整体性，展现出教师、学生、语言、环境在英语课堂生态系统内的关联性；在整个学习条件课堂创设过程中，教师积极搭建支架，增加师生之间的互动性与依赖感，使学生的责任与教师的支持相互作用，让学生的主动性和教师的主导性并存，这有助于增加师生的能量输入，确保彼此之间因相互作用而形成的能量流动，推动英语课堂生态系统朝向良性的路径发展。

7.2.2　学习条件之间的交互作用特点

在中学英语课堂学习条件框架内，九个条件之间为非线性的交互关系，具有非等级性、开放性特点。

1）非等级式交互作用

非等级式特点表明这些学习条件要素构成的关系网络不以其中某一个要素为中心；每一个要素的平等性受到重视，并无优劣之别；它们彼此之间存在一定的联系，各个学习条件若能在英语课堂内获得最大程度的实现并与另外八个条件共同作用，就能获得最优化的课堂教学效果，从而促成良性的课堂生态，更大程度地促进英语学习。

“语言输入”这一必要条件在课堂内颇受重视，教师尽可能地提供多元类型、内容和呈现形式的学习材料，帮助学生增大目的语接触量并内化已学的语言知识和技能。语言输入材料内容需要具有丰富性，它影响语言或内容示例的数量或质量、语言尝试行为发生的可能性、语言产出质量，也可能影响学生的学习投入程度，如若不足会使得学生无法主动积极地在饱和的语言沉浸状态中汲取养分。语言输入材料的内容既需要激发学生的学习兴趣，也需适合他们的英语语言综合能力水平，不可过度超越其认知能力和心理承受范围。若教师对学生的语言能力认识不清，对文本内容的挖掘不够深入，他将无法为学生设置出合适的学习期待值，无法给予其足够的自主学习空间，使学生在课堂教与学过程中的责任付出受到约束，这些终将影响学生的语言产出质量。

同样，“语言尝试”和“语言实践”条件在语言习得过程中也有着至关重要的作用。是否给予了学生语言尝试机会？是否创设了有意义的语言使用情境？这些都是教师需充分考虑的关键问题。它们不仅会影响学生对语言沉浸材料中关键内容的内化、对示例信息的回应；也会阻碍反馈类型的选择、支架作用的实现、学生的积极情感的建构以及自我决策权利的使用。

然而，教师若仅给学习者提供大量在课堂环境中使用目的语的机会，不关注学生产出中的语言准确性，仍会导致学习者的目的语语法方面出现问题（Swain，1985）。此时，“反馈”条件创设的重要性凸显出来。教师需要“根据学生水平使用不同的修正模式，最大限度地给予学生产生修正后的可理解输出的机会”（赵晨，2004：409），使他们自动化已有的语言知识（Swain，1985），并注意到中介语结构与目的语结构之间的差异（Gass，1997），以此促进语言学习。当教师反馈的信息充足且与学习者的先有知识相关联，有着明确的目标且附有清晰的解释和连贯性（张雪梅、戴炜栋，2001）时，学生将能够辨别并理解反馈，对自己的学习过程进行监控，判断是否需根据已有知识进行知识的补给或类比以促进理解，或决定是否需及时进行语言修正。

就中国英语课堂学习情境而言，“讲授”条件对外语学习的积极作用是不容忽视的。教师清楚地讲解或说明语言规则、活动程序，能够帮助学生在有限的课堂时空内快速准确地掌握语言知识、问题的解决办法等。讲授过程中，教师虽展现出明显的主导作用，却并不抑制学生的学习主动性，也不剥夺学生应承担的学习责任；他们会拨留出学生的参与空间，尽力避免以强行灌输的方式传递知识；他们注重引导学生内化语言输入中的关键内容，为其语言使用做好铺垫，以此引导学生针对自己的语言产做作出恰当反馈。

在外语课堂教学情境中，“示例”条件的内容和形式呈现出多样性。示例的整体性、多维性、相关性影响学生对语言沉浸材料的加工程度；有意义的示例本身具有支架效用，可以促进学生的语言输出，使其在示例信息指引之下内化关键信息。教师需要选择恰当的示例进行课堂展示，否则将影响学生的学习兴趣和积极自我暗示的形成，甚或阻碍他们的自我学习能力提升。

此外，“期待”条件强调教师不吝于对学生的学习能力给予充分的信任度，这种教师“期待”很大一部分源于对学生个性和能力的主观认知；教师的期待与学生已有的知识和语言能力水平不相符将直接影响教学活动的难度设置、学生的自主选择机会、反馈类型的选择等。教师仍期待能使学生相信沉浸或示例投入的价值所在或相信自己所参与的语言使用机会是有意义的、值得的；它诱发行为的发生，影响学生自我期待的形成，使其能依此导向做出相应的反应；同时，教师的期待又会因学生的反应获得强化，当学生感受到被激化的教师期待时会充分发挥潜能并做出相应的反应，最终师生之间将如此相互作用并循环下去（汪波、王爱玲，1999）。

“担责”条件重视自我选择权和担责机会的给予，它充分肯定学生在课堂教与学过程中的主体地位，也对教师和学生的角色定位提出了新的要求。学生不再是情感和思维缺失的牵线木偶，而是被给予了自主决策权、学习参与机会和互动协商空间的课堂生态主体地位；教师也不再是无视学生能力和需求的课堂独裁者，而是自主空间的共同创建者。教师不单方面决定学习内容的排序，让学生自己决定何时应该内化语言沉浸材料、示例甚至是学习任务中的哪一部分内容。课堂内自主学习空间的创建是否成功将影响学生的学习参与程度及师生、生生之间的互动。

尤为重要的是，外语课堂学习不可缺失“学习投入”条件。即使教师给学生提供了高密度的语言沉浸材料，提供了大量的有意义的示例，赋予学生自主选择的权利，给予学生积极的期待与充足的语言使用机会和反馈建议，若学生处于不投入状态，则无法注意到语言沉浸中的关键内容或示例信息，从而影响其他条件的课堂实施效果。反过来，其他学习条件在实践中的实现程度如何，也会影响学生在认知、行为、情感三个维度的投入程度。当教师期待与学生的能力与知识不相符时，活动难度的不恰当会导致学生的认知投入减少；当教师给予学生的自主选择权不充足时，学生的自主学习行为受限，自然也会导致行为投入的减少；当教师过多采用替代性的帮助行为和求助要求时，学生不仅会产生挫败感，也可能因此减少自己的学习投入。

可以发现，各学习条件并非孤立的存在。尽管外语课堂内语言学习的发生离不开语言输入、语言尝试和语言使用这三个必要条件的创设，但其他六个学习条件的运用不仅会增大实现必要条件的可能性，它们与必要条件之间的共同作用也将推进外语课堂教学效果的提升，促成良性课堂生态的生成。

2）开放式交互作用

九个学习条件之间的开放式交互作用主要表现为学习条件的课堂实施比重分布的动态性。

学习条件的有效创设受实践教师、学生与其所处的课堂情境交互作用的影响，这就要求各学习条件的实施比重分布合理且具有动态性。当教师在课堂中实践各学习条件时，需注意它们在教与学过程中的使用比重并非总是保持不变，教师可根据教学对象的实际语言水平、具体的教学情境特点、教学目标和教学内容，对这些要素在教学中可能被实践的比例进行调整，促使学生的语言学习效果最优化，最大化地提升英语课堂教学的效果。

例如，中学低年级的学生喜爱具有竞争性和趣味性的活动，他们注意力的持续时间不长，英语语言水平偏低；而中学高年级的学生不仅语言、认知、判断能力较高，也面对考试压力。因此，在中学低年级课堂内，教师可缩短讲授时间，尽可能地增加学生参与的机会，要尤为注重其学习兴趣和信心的培养。而在中学高年级课堂内，讲授条件的实践比重则相对较大，教师更为注重学生对语言规则和技能的系统掌握。

再以 T1 的课堂教学设计和实施为例，学习条件课堂实践比重图（见图 7-6）清晰展示了她对九个学习条件的比重分配；其中，竖向中轴呈现出此堂课所强调的三个条件，自上而下分别为担责、示例、学习投入。

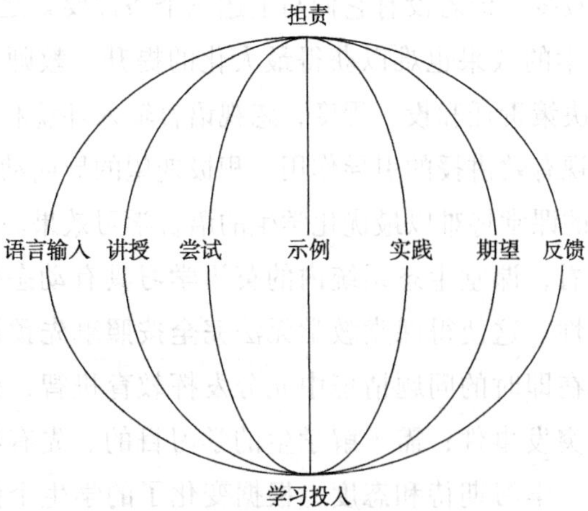

图 7-6　学习条件课堂实践比重

资料来源：改自语言学习规划图（Cambourne，1988：83）

受教学中心任务、学生已有知识和能力水平、课堂观摩性质等因素的影响，整堂课着重强调英语课堂学习的“担责”维度，以期发展具有较好语言综合能力的学生的自主学习能力，给予了学生不少自主选择权（包含内容、语言使用、组内成员的角色定位选择等），创建起了解和交流阅读策略的空间，帮助学生习得有效的阅读策略和写作技能，以顺利达成教学任务要求（即能以电子邮件的形式完成派对邀请信的写作，并对之做出恰当的回复）。为此，T1 适时给予协助，提供重复示例的机会，并鼓励学生参与示例，帮助学生完成对讨论内容、语言选择等的决策，促使他们在教师的指导下准确地使用语言。同时，为了避免学生因过多的挫败感而减少认知投入，甚至消极地参与学习过程，T1 尤为注重学生在认知、行为、情感三个维度的投入。由图 7-6 可见，竖向轴的最下方为“学习投入”。这一条件对于她的课堂教学具有重要作用，它渗透于整个教学过程，指引并影响教师的所有行为活动和师生与生生互动。

横向轴平面所列出的学习条件要素也同样重要。虽然它们的课堂实施比重相对较少，但若没有它们与上述三个条件要素之间的相互作用，英语课堂教学的效果也难以获得最大化的提升。教师若仅关注示例效用、学生的决策责任和投入程度，忽视语言输入环境和语言使用情境的重要性，轻视有效讲授的引导作用、积极期望的导向动力和反馈的反思引导，他们的课堂将难以最优化学生的语言学习效果。

总体来看，课堂生态系统内的英语学习具有动态生成性，追寻一种动态平衡性。这使得课堂教学无法完全按照事先预设的那样开展下去，教师需在即时的问题情境中充分发挥教育机智，处理互动过程中发生的教学突发事件；需了解学生的学习目的、先有经验和知识、语言能力水平、学习期待和态度，根据变化了的学生个体特征和需求及情境特点，选择适合的教学资源，做出符合学生需要的条件创设决策，促进语言学习的同时推进良性课堂生态的生成，以避免系统生态失衡的产生。

7.3　英语课堂学习条件研究启示

本书研究通过理论论证和实例分析，探讨了理想的中学英语课堂具有哪些促进语言学习的学习条件，建构了中学英语课堂学习条件框架，并对各学习条件的交互关系进行了进一步的阐释和说明，这对英语教师、承担基础英语教育的学校、英语教师教育者有着重要的启示。

对英语教师来说，中学英语课堂学习条件框架内的九个学习条件不仅为教师的课堂活动内容和行为表现指出了目标朝向，也有助于学生在教师的主导作用之下清晰认识自己的角色责任。当语言输入、示例、语言尝试、语言实践、期待、担责、反馈、学习投入这九个学习条件在课堂内被理想地呈现出来时，英语学习的效果能够获得提升。为此，教师需要重视对语言输入材料的类型、内容、呈现形式的多元选择，关注课堂话语的输入功能的实现，合理设置语言沉浸时间和程度，积极引导对关键信息的注意；注重示例的重复性、多样化和递进性，恰当设计学生在示例过程中的参与机会，在实践场域中为他们拨留出充足的参与空间，确保良好示例效果的产生；适时向学生有效讲解语言规则、策略和文化知识、活动程序等，避免机械化讲授方式，鼓励学生参与讲授过程；创设意义情境，提供具有互动性的语言尝试机会，鼓励学生大胆尝试并实践语言，引导他们积极正视自己的产出错误，并由这些错误诱导出可贵的语言学习机会；不仅重视学生语言产出的量，也注重语言产出内容是否丰富，既为学生预留出充足的创造性地实践目的语的空间，也注重产出前的语言储备，竭力关联起新旧知识；创设主动参与的空间，关注学生的情感波动，并竭力维护积极情感的形成；基于对学生的学习能力的充分了解和信任，设置与学生的语言能力水平、认知程度相匹配的学习期待值，引导学生建构积极的自我暗示，重视学习任务的正向价值的传递；给予学生自主选择权和真实的自主决策机会，避免过多控制学生的语言使用行为、活动情境和内容，鼓励学生自发发出求助行为，提供自我评价的机会；虽强调反馈的互动性、非威胁性，却不全盘否定直接纠错的反馈类型对于语言产出的准备性提升的促进作用，并使课堂物理环境设置多样化，为学生拨留出可基于教师反馈进行语言修正的空间，鼓励学生向自己或同伴提供反馈信息。同时，教师能够通过学习条件框架整体地审视英语课堂教与学的情况，更具有针对性地引导学生参与到课堂学习过程中去，激发学生更多层面的投入，使师生之间的关系呈现出良性状态，让教师的主导与学生的主动和谐地融合起来。

对承担基础英语教育的学校方来说，领导需了解影响课堂教学活动和师生、生生关系的多层级因子，知道它们可能作用的范围和程度；这些因子的单独作用、因子间的交互作用会给课堂生态系统带来外界压迫。当课堂生态系统受到外界胁迫时，若仅有很弱的维持能力，将呈现出脆弱的不良形态，难以恢复到先前的良好状态。因此，学校方应给教师采取的调控行为提供必要的物质、技术或情感支持，促进系统恢复力的形成。具体地讲，为了有利于语言学习的学习条件的有效创设，甚至良性的课堂生态的生成，学校方应准确及时地了解英语课堂中已存在的生态发展和非生态问题，关注课堂教与学活动的主体（即教师和学生）的生命活力，鼓励师生彼此之间良性关联方式的建立，不掩盖或扼杀师生的个性特点，引领师生及时更新自己的英语教学和学习理念，指引教师不盲目追求理想的教学模式或教学方法，推动教师延展用于学习条件创设的时间和空间。对于教师的具有生态取向的教学改进行为，校方应给予足够宽容的态度和多维的支持力度。在这种氛围的推动之下，教师们能够增加专业投入，增进深层交流，更加主动地以结对或小组的形式，协商出最适用于自己的教学情境的学习条件优化途径。

对英语教师教育者来说，他们需要及时帮助教师全面理解抽象的英语教育教学理念，引导他们去进行自我反思、发现自己课堂的生态现状，带动他们去关注自己和学生在课堂教与学过程中的行为表现，鼓励他们与学生一起积极进行学习条件的创设尝试，促进理念与实践的更好结合。教师教育课程可以把学习条件的创设设置为导向，而非以教学方法的实践效果验证、语言或教学知识的灌输为目的；建议教师教育课程尽可能多地提供与学习条件创设相关的教学实例，由此引导学生去近距离思考如何从学习条件视角出发提高教学效果；建议教师教育课程设专题深入探讨如何根据自己的课堂情境特点、学生特征、教学内容和目标有效创设出各学习条件，如何使师生各自所开展的活动之间达成理想的适合度，让参与课程的教师们能从中获得重要的实践启示，在今后的课堂中敏感意识到可能出现的相关现象或问题。此外，在教师教育课程中还可引导教师依循这些学习条件，对自己的课堂教学持续进行多维反思，尝试通过自己和学生的表层行为表现、情感表达和师生关系呈现去倾听、观察、分析行为背后的原因和彼此的真实心声，让教师最终养成立体审视课堂的习惯。

对指向语言学习投入的英语课堂学习条件的研究发现可以帮助深层探知外语学习内涵，促使教师在日常教学实践中更加有效地创设和使用学习条件，增强师生的行为意识，最大限度地激发师生的课堂投入，为师生课堂行为表现提供明晰导向，促进语言学习。中国的外语教育研究者需要关注英语课堂学习条件研究的发展动态，充分考虑本土课堂教学情境特色，开展具有创新性的理论和实证研究，尽可能地去挖掘可促进外语学习发生的英语学习条件研究主题，思考并进一步探究研究方法与主题的契合程度。

参考文献

奥德姆. 1981. 生态学基础. 孙儒泳，钱国桢，林浩然等译. 北京：人民教育出版社.

本刊记者. 2004. 为“生命·实践教育学派”的创建而努力——叶澜教授访谈录. 教育研究，（2）：33-37.

布兰思福特，布朗，科金. 2013. 人是如何学习的：大脑、心理、经验及学校. 程可拉，孙亚玲，王旭卿译. 上海：华东师范大学出版社.

布卢姆，阿尔珀，布洛克. 1986. 布卢姆掌握学习论文集. 王钢等译. 福州：福建教育出版社.

布鲁纳. 1982. 教育过程. 邵瑞珍译. 北京：文化教育出版社.

常海潮. 2011. 教学法“死亡”了吗？——论外语教学中教师中心角色的回归. 外语界，（3）：36-43.

陈春燕. 2011. 论大学英语课堂生态的建构. 语文学刊，（1）：126-127.

陈达，王随红，付明霞. 2010. 新课标下中学英语课堂互动现状调查与分析. 长江师范学院学报，（6）：36-42.

陈国华. 2010. 重新认识英语和英语教育的地位. 外语教学与研究，（4）：291-293.

陈琦，刘瑞德. 2007. 当代教育心理学. 北京：北京师范大学出版社.

陈向明. 2000. 质的研究方法与社会科学研究. 北京：教育科学出版社.

陈雨濛. 2019. 新课改前后小学语文教师讲授行为的比较研究. 东北师范大学硕士学位论文.

程晓堂. 2014. 第二语言教学研究中的前沿问题. 北京：北京师范大学出版社.

丛立新. 2008. 讲授法的合理与合法. 教育研究，（7）：64.

崔刚. 2008. 谈谈英语教学研究的几个问题. 基础教育外语教学研究，（6）：18-20.

崔刚. 2009. 中国英语课堂教学中的几个问题. 基础教育外语教学研究，（2）：26-29.

戴曼纯. 2000. 论第二语言词汇习得研究. 外语教学与研究，（2）：138-144.

戴炜栋，张雪梅. 2001. 探索有中国特色的英语教学理论体系——思考与建议. 外语研究，（2）：1-4.

德里斯科尔. 2008. 学习心理学——面向教学的取向. 王小明等译. 上海：华东师范大学出版社.

董明. 2004. 大学英语课堂“生生互动”模式初探. 外语与外语教学，（182）：30-33.

杜亚丽. 2011. 中小学生态课堂的理论与实践研究. 东北师范大学博士学位论文.

范国睿. 2000. 教育生态学. 北京：人民教育出版社.

范国睿. 2015. 课堂研究的新视野——《课堂生态研究》读后. 教育研究，（8）：157.

范国睿，王加强. 2007. 当代西方教育生态问题研究新进展. 全球教育展望，（9）：39-45.

丰玉芳. 2007. 交际法在中学英语课堂教学中的实施情况调查与分析. 现代中小学教育，（10）：43-46.

顾芳. 2016. 生态课堂探究. 当代教研论丛，（10）：11-12.

顾明远. 2001. 课程改革的世纪回顾与瞻望. 教育研究，（7）：15-19.

郭思乐. 2006. 升本教育的教师观：从“纤夫”到“牧者”. 课程·教材·教法，（12）：13-18.

郭晓英. 2009. 博客环境下学英语写作模式的设计与实践. 现代外语，（3）：314-321.

韩宝成，刘润清. 2008. 我国基础教育阶段英语教育回眸与思考（一）——政策与目的. 外语教学与研究（外国语文双月刊），（2）：150-155.

何昌兵，郭开金. 2011. 浅谈初中教师课堂讲授技能策略. 中国教育学刊，（8）：110-111.

何高大，钟志英. 2007. 多媒体技术环境下大学英语教与学的适应性研究. 外语界，（2）：9-17.

何家宁. 2002. 外语教学中的输入问题. 广东外语外贸大学学报，（3）：72-75.

何克抗. 2012. 国际上教学观念存在的弊端及原因剖析. 教育研究，（10）：148-151.

贺祖斌. 2005. 高等教育生态研究述评. 广西师范大学学报（哲学社会科学版），（1）：123-127.

胡春洞. 1996. 英语学习论. 南宁：广西教育出版社.

胡文仲. 1989. 英语的教与学. 北京：外语教学与研究出版社.

黄远振. 2007. 生态哲学视域中的中国外语教育. 福建师范大学博士学位论文.

加涅. 1985. 学习的条件. 傅继光，陆有铨译. 北京：人民教育出版社.

加涅. 1999. 学习的条件和教学论. 皮连生等译. 上海：华东师范大学出版社.

贾亚丽. 2018. 重构信息化环境下大学英语课堂生态探析. 海外英语，（12）：144-146.

经济合作与发展组织. 2010. 理解脑——新的学习科学的诞生. 周加仙等译. 北京：教育科学出版社.

康淑敏. 2012. 教育生态视域下的外语教学设计. 外语界，（5）：59-78.

康艳，程晓堂. 2011. 外语教师课堂话语功能新框架. 外语教学理论与实践，（3）：7-14.

亢莉. 2010. 浅析大学英语自主学习条件的建立. 科教文汇，（1）：111.

柯文娟. 2019. 大学英语教师激励性口头评价对课堂师生互动影响的实验研究. 英语教师，（17）：6-8，17.

孔企平. 2000. “学生投入”的概念内涵与结构. 外语教育资料，（2）：72-76.

李聪明. 1989. 教育生态学导论——教育问题的生态学思考. 台北：学生书局.

李定仁，肖正德. 2006. 20 世纪西方师生关系观：回溯、反思与重构. 外国教育研究，（11）：7-12.

李刚刚. 2013. 一道例题的反思——我谈新课标下的教师讲授法. 高中生学习（师者），（4）：10.

李金钊. 2013. 基于脑的课堂教学：框架设计与实践应用. 上海：华东师范大学出版社.

李如密. 1995. 教学艺术论. 济南：山东教育出版社.

李森. 2005. 论课堂的生态本质、特征及功能. 教育研究，（10）：55-60.

李森，王牧华，张家军. 2011. 课堂生态论：和谐与创造. 北京：人民教育出版社.

李异飞. 2014. 我国外语教学课堂互动研究回顾及发展趋势分析. 外语界，(4)：47-53.

李园，莫永华. 2009. 学习理论中的客观主义与建构主义——哲学的现代性与后现代性对学习理论的影响. 现代教育技术，(19)：17-21.

李镌钊. 2010. 讲授法的历史演进与当代意蕴. 华东师范大学硕士学位论文.

林正军，周沙. 2011. 中学英语课堂教师反馈语的类型与特征研究. 外语教学理论与实践，(3)：15-34.

连榕. 2006. 生态心理学的情境观：学与教的新视角. 教育探究，(1)：4-9.

刘道义. 2008. 提高中小学英语教学效果的几点意见. 基础教育外语教学研究，(9)：19-22.

刘凤杰. 2006. 课堂生态对大学英语教学效果的影响研究，教育探索，(10)：79-80.

刘贵华，朱小蔓. 2007. 试论生态学对于教育研究的适切性. 教育研究，(7)：3-7.

刘丽群，石鸥. 2010. 课堂讲授策略. 北京：北京师范大学出版社.

刘丽艳，刘永兵. 2010. 中学英语课堂环境量表的编制与初步应用. 外语教学理论与实践，(4)：71-78.

刘丽艳，刘永兵. 2012. 高中英语课堂环境与学习成果的关系研究. 外语教学理论与实践，(4)：76-82.

刘润清. 1993. 第二语言习得中课堂教学的作用. 语言教学与研究，(1)：34-44.

刘学惠，钱薇薇. 2007. 协商互动与即时输出：课堂语言学习探微. 外语与外语教学，(11)：25-29.

刘艳君. 2013. 基于生态教学论的大学英语课堂教学氛围构建. 重庆科技学院学报（社会科学版），(3)：198-199.

刘志峰，智延生. 2010. 课堂生态系统的形态表征分析. 教育探索，(6)：45-46.

陆明，丁万江. 2005. 口语教学过程中的情感因素另解. 外语界，(2)：52-57.

骆蓉. 2017. 网络环境下外语自主学习模式研究. 外语界，(6)：29-36.

梅德明，王蔷. 2018. 改什么？如何教？怎么考？. 北京：外语教学与研究出版社.

孟繁文. 1994. 浅谈提高初中英语课堂教学趣味性的途径. 外语界，(1)：44-47.

倪锦诚. 2011. 阅读和写作教学模式及其应用性实证研究. 外语界，（6）：63-70.
潘世墨. 1998. 在课堂讲授中引入问题教学的探讨. 上海高教研究，（2）：43-45.
彭昆湘. 2007. 语法在我国中学英语教学中的地位演变及其启示. 基础教育外语教学研究，（22）：32-35.
皮连生. 1999. 序言. // 加涅. 学习的条件和教学论. 皮连生，王映学，郑葳等译. 上海：华东师范大学出版社：11-21.
乔凤杰. 2006. 高中英语教学的实然调查与新课改理念下的应然思考. 课程·教材·教法，（2）：47-52.
秦晨. 2005. 外语课堂的教育生态学解读. 河海大学学报（哲学社会科学版），（7）：82-84.
秦积翠. 2007. 讲授法研究. 西北师范大学硕士学位论文.
秦晓利. 2006. 生态心理学. 上海：上海教育出版社.
单岩. 2007. 生态学视角下的大学英语课堂教学研究. 中国成人教育，（10）：175-176.
邵瑞珍. 1997. 教育心理学. 上海：上海教育出版社.
师海红. 2010. 利用思维导图提高学生英语自主学习能力. 山东师范大学外国语学院学报（基础英语教育），（6）：72-75.
施良方. 2001. 学习论. 北京：人民教育出版社.
施良方，崔允漷. 1999. 教学理论：课堂教学的原理、策略与研究. 上海：华东师范大学出版社.
束定芳. 2006. 外语课堂教学新模式刍议. 外语界，（4）：21-29.
司考沃. 2006. 学习新语言——第二语言习得论. 北京：北京师范大学出版社.
苏令. 2006. 教师讲授时间岂能硬性限定？中国教育报，（2）：1.
苏小兵. 2009. 现代教育技术课程教学改革案例分析——“网络远程+课堂讲授”教学模式的应用. 教师教育研究，（2）：18-22.
索萨. 2005. 脑与学习. 脑与教育应用研究中心译. 北京：中国轻工业出版社.
索萨. 2013. 心智、脑与教育：教育神经科学对课堂教学的启示. 周加仙等译. 上海：华东师范大学出版社.

隋铭才. 2001. 英语教学论. 南宁：广西教育出版社.

孙芙蓉. 2011. 试论课堂生态研究的几个基本问题. 教育研究，（12）：59-63.

孙芙蓉. 2013. 课堂生态研究. 杭州：浙江大学出版社.

孙建华，刘丽. 2003. 初中英语教学现存弊端及对策. 基础教育外语教学研究，（7）：41-43.

沈双一，陈春梅. 2004. “课堂教学生态系统”新概念刍议. 历史教学问题，（5）：92-95.

沈映梅. 2008. 生态语言学视野中的外语教学. 河北师范大学学报（教育科学版），（10）：131-133.

谭春. 2009. 外语课堂教学“中心”之辨：反思与建议. 外语教学理论与实践，（1）：26-31.

田文燕，肖雪莹. 2018. 教育生态学视角下的高中英语教学困境与对策. 教学与管理，（3）：99-101.

汪波，王爱玲. 1999. 教师期待效应的理论和实践意义. 教育理论与实践，（2）：47-50.

汪建华. 2014. 中小学课堂讲授的有效性研究. 西南大学硕士学位论文.

汪霞. 2005. 我们的课堂生态了吗？. 全球教育展望，（34）：17-22.

王才仁. 1996. 英语教学交际论. 南宁：广西教育出版社.

王策三. 2004. 认真对待“轻视知识”的教育思潮——再评由“应试教育”向素质教育转轨提法的讨论. 北京大学教育评论，（3）：5-23.

王初明. 1989. 中国学生的外语学习模式. 外语教学与研究，（4）：47-52.

王初明. 2001a. 正确认识外语学习过程是提高外语教学质量的关键. 外语与外语教学，（10）：40-42.

王初明. 2001b. 影响外语学习的两大因素与外语教学. 外语界，（6）：8-12.

王初明. 2007. 论外语学习的语境. 外语教学与研究，（3）：190-197.

王初明. 2008. 语言学习与交互. 外国语，（6）：53-60.

王初明. 2009. 学相伴，用相随——外语学习的学伴用随原则. 中国外语，（5）：53-59.

王初明. 2010. 互动协同与外语教学. 外语教学与研究，（4）：297-299.
王初明. 2013. 哪类练习促学外语. 当代外语研究，（2）：28-31.
王初明. 2014. 内容要创造 语言要模仿——有效外语教学和学习的基本思路. 外语界，（2）：42-48.
王初明. 2018. 如何提高读后续写中的互动强度. 外语界，（5）：40-45.
王道俊，郭文安. 2009. 教育学. 北京：人民教育出版社.
王德春. 2002. 多角度研究语言. 北京：清华大学出版社.
王华良. 2003. 新课程标准下语文课堂“绿色生态环境”的构建. 文科教学探索，（12）：26-28.
王惠来. 2007. 教师期待效应理论对新课程的启示. 天津师范大学学报（社会科学版），（2）：76-80.
王蔷. 2008. 用改革的方式解决英语课程改革面临的困难. 基础教育外语教学研究，（1）：4-6.
王蔷. 2013. 深化改革理念，提升课程质量——解读《义务教育英语课程标准（2011年版）》的主要变化. 课程·教材·教法，（1）：34-40.
王霜梅. 2006. 析索绪尔、乔姆斯基和韩礼德的意义观. 外语与外语教学，（1）：54-56.
王文静. 2002. 基于情境认知与学习的教学模式研究. 华东师范大学博士学位论文.
王文静，伊咏. 2005. 儿童英语学习环境的创设. 中国电化教育，（2）：56-58.
王艳玲. 2006. 从“客观主义”到“建构主义”：教学认识论的变革与超越. 全球教育展望，（9）：30-34.
王艺. 2017. 数字化背景下英语课堂功能的失衡及重构. 教学与管理，（4）：104-106.
王园. 2010. 词汇注释在不同学习条件下对英语词汇习得和阅读理解的影响. 华南理工大学硕士学位论文.
魏华亭. 2008. 中学英语课堂教学中教师话语研究. 现代中小学教育，（6）：33-35.
魏先军. 2006. 精心设计、积极实践、提高效率——多媒体网络环境下的大学英语教学. 外语界，（17）：103-107.

文秋芳. 2010. 二语习得重点问题研究. 北京：外语教学与研究出版社.
吴斌. 2017. 信息化环境下大学英语课堂生态化教学模式构建策略探究. 英语教师，（17）：14-17.
吴鼎福，诸文蔚. 1990. 教育生态学. 南京：江苏教育出版社.
吴飞驰. 2000. 关于共生理念的思考. 哲学动态，（6）：20-24.
吴守一. 2004. 提高课堂讲授效果的探讨. 江苏大学学报（高教研究版），（1）：70-75.
吴文. 2012. 英语教学生态模式研究. 西南大学博士学位论文.
吴文，李森. 2009. 社会文化视野下的生态语言教学观. 山东外语教学，（6）：48-53.
夏侯富生. 2003. 我国中小学英语教学衔接问题与对策. 基础教育外语教学研究，（6）：12-15.
肖礼全. 2005. 对中国英语教学宏观模式的思考. 外语教学，（5）：35-42.
谢晓燕. 2011. 大学英语专业课堂教师反馈研究. 解放军外国语学院学报，（2）：50-55.
邢红军. 2014. 补齐基础教育改革的短板. 人民教育，（8）：11-15.
熊琦伟. 2018. 超循环理论视角下初中数学课堂生态系统现存问题与破解对策研究. 江西师范大学硕士学位论文.
徐锦芬，雷鹏飞. 2018. 社会文化视角下的外语课堂研究. 现代外语，（4）：563-573.
徐祥梓. 2014. 小学语文教师课堂教学行为研究. 山西师范大学硕士学位论文.
闫江涛. 2005. 大班额教学环境下学生座位价值的实现. 教育评论，（4）：82-85.
闫素萍. 2013. 塑造“以人为本”的生态型语言课堂. 语文学刊，（12）：82-83，126.
杨文芳. 2008. 二语词汇学习条件和学习时间长短对词汇记忆效果的影响——基于加工深度理论的理解. 广东外语外贸大学硕士学位论文.
易芳. 2004. 生态心理学的理论审视. 南京师范大学博士学位论文.
余嘉云. 2006. 生态化教学的理论与实践研究. 南京师范大学博士学位论文.
余文森. 2011. 有效教学的理论和模式. 福州：福建教育出版社.

袁维英. 2012. 浅谈新课标下的课堂讲授. 成功（教育），（1）：192-193.

翟葆奎. 1988. 教育学文集・教学卷（上）. 徐勋，施良方选编. 北京：人民教育出版社.

张光陆. 2010. 解释学视角下的教师讲授观. 教育理论与实践，（7）：36-38.

张红. 2008. 中国儿童英语学习条件的研究. 哈尔滨工程大学硕士学位论文.

张曲，张薇. 2010. 修正性反馈语中国大学生英语虚拟语气学习效果的研究. 外语界，（6）：64-71.

张武升，廖敏. 2005. 教育研究范式的变革与发展趋向. 华中师范大学学报（人文社会科学版），（5）：128-133.

张新玲，周燕. 2014. 任务类型对中国英语学习者写作表现的影响. 现代外语，（4）：548-558.

张雪梅，戴炜栋. 2001. 反馈 二语习得 语言教学. 外语界，（2）：2-8.

张勇. 2017. 初中课堂教学失衡问题研究. 陕西师范大学博士学位论文.

张正东. 2004. 探讨外语教学目的——谈我国外语教育重新定位涉及的一个重要内容. 基础教育外语教学研究，（15）：15-21.

张正东. 2005. 探讨我国英语课程的目标. 课程・教材・教法，（9）：55-61.

张正东. 2007. 英语外语教学的回归. 基础教育外语教学研究，（5）：17-22.

张正东. 2009. 质疑和困惑是深化英语课程改革的动力：我国的英语教育教学应走多元化之路. 基础教育外语教学研究，（1）：3-4.

赵晨. 2004. 基于语料库的英语课堂会话中的修正片断研究. 现代外语，（4）：402-409.

赵俊华. 2002. 中学生英语学习观念的发展特点及性别差异研究. 基础教育外语教学研究，（12）：22-28.

赵璐，聂晓黎. 2011. 建构主义视角下大学生英语自主学习条件的建构. 语文学刊，（9）：92-94.

郑军. 2017. 基于教育生态学的大学英语教学生态失衡与对策研究. 兰州教育学院学报，（12）：131-132.

郑太年. 2008. 教育中的建构主义：知识观、学习观，抑或教学观？//高文，徐斌艳，吴刚主编. 建构主义教育研究. 北京：教育科学出版社：419-426.

郑葳，王大为. 2006. 生态学习观：一种审视学习的新视角. 心理科学，（4）：913-915.

支永碧，吴延平. 2007. 现代几种主要的语言观及其对外语教育的启示. 国外外语教学，（1）：20-26.

中国教育学会外语教学专业委员会（监制）. 2007. 第七届全国中学初中组英语教学观摩研讨会案例集. 深圳：深圳市方直科技股份有限公司.

中国教育学会外语教学专业委员会（监制）. 2010. 第七届全国中学高中组英语教学观摩研讨会案例集. 深圳：深圳市方直科技股份有限公司.

钟静. 2013. 高中英语课堂活动及其有效性研究. 华中师范大学硕士学位论文.

钟启泉. 2009. 教育神经科学引论. 上海：华东师范大学出版社.

周庆元，黄耀红. 2008. 走向课堂的生态和谐. 高等教育研究，（3）：73-77.

周星，周韵. 2002. 大学英语课堂教师话语的调查与分析. 外语教学与研究，（1）：59-68.

周正钟. 2018. 输入与输出频次对二语语块产出性知识习得的影响研究. 外语界，（2）：65-73.

邹为诚. 2000. 语言输入的机会和条件. 外语界，（1）：5-10.

佐藤学. 2004. 学习的快乐——走向对话. 钟启泉译. 北京：教育科学出版社.

Algozzine, K. M., Morsink, C. V. & Algozzine, B. 1986. Classroom ecology in categorical special education classrooms: And so, they counted the teeth in the horse! *Journal of Special Education*, 20(2): 209-217.

Allwright, D. 1983. Classroom-centered research on language teaching and learning: A brief historical overview. *TESOL Quarterly*, 17(2): 191-204.

Allwright, D. 1984. The importance of interaction in classroom language learning. *Applied Linguistics*, 5(2): 156-171.

Ardalan, K. 2008. The philosophical foundation of the lecture-versus-case controversy: Its implications for course goals, objectives, and contents. *International Journal of Social Economics*, 35(1/2): 15-34.

Atkinson, J. M. & Heritage, J. 1984. *Structure of Social Action*. Cambridge and Paris: Cambridge University Press and Editions de la Maison des Sciences de l'Homme.

Atkinson, R., Derry, S., Renkl, A., et al. 2000. Learning from example: Instructional principles from the worked examples research. *Review of Educational Research*, 70(2): 181-214.

Bachman, J. 1964. Motivation in task situation as a function of ability and control over task. *Journal of Abnormal and Social Psychology*, 69: 272-281.

Bandura, A. 1997. *Self-Efficacy: The Exercise of Control.* New York: W. H. Freeman.

Barker, R. G. 1965. Explorations in ecological psychology. *American Psychologist*, 20 (3): 1-14.

Barker, R. G. 1968. *Ecological Psychology: Concepts and Methods for Studying the Environment of Human Behavior*. Stanford, California: Stanford University Press.

Barowy, W. & Smith, J. E. 2008. Ecology and development in classroom communication. *Linguistics and Education: An International Research Journal*, 19(2): 149-165.

Bell, N. D. 2009. Learning about and through humor in the second language classroom. *Language Teaching Research*, 13(3): 241-258.

Bialystok, E. 1978. A theoretical model of second language learning. *Language Learning*, 28(1): 69-84.

Bitchener, J. 2008. Evidence in support of written corrective feedback. *Journal of Second Language Writing*, 17(2): 102-118.

Bley-vroman, R. 1986. Hypothesis testing in second-language acquisition theory. *Language Learning*, 36(3): 353-376.

Bowers, L. E. 2008. *An Ecology of Living Practice.* Unpublished doctoral dissertation. University of Calgary, Canada.

Brophy, J. E. & Good, T. L. 1986. Teacher behavior and student achievement. In M. C. Wittrock (Ed.), *Handbook of Research and Teaching* (pp. 328-376). New York: Macmillan.

Brown, H. D. 2000. *Principles of Language Learning and Teaching* (4th edn.). New York:

Person Education Limited.

Brown, A. L. & Campione, J. C. 1996. Psychological theory and the design of innovative learning environments: On procedures, principles, and systems. In L. Schauble & R. Glaser (Eds.), *Innovations in Learning: New environments for education* (pp. 289-325). Mahwah, NJ: Lawrence Erlbaum.

Brown, W. H., Odom, S. L. & Holcombe, A. 1996. Observational assessment of young children's social behavior with peers. *Early Childhood Research Quarterly*, 11(1): 19-40.

Brown, W. H., Odom, S. L., Li, S., et al. 1999. Ecobehavioral assessment in early childhood programs: A portrait of preschool inclusion. *The Journal of Special Education*, 33(3): 138-153.

Bulgren, J. A. & Carta, J. J. 1992. Examining the instructional contexts of students with learning disabilities. *Exceptional Children*, 59(3): 182-191.

Burner, T. 2015. Formative assessment of writing in English as a foreign language. *Scandinavian Journal of Educational Research*, 60(6): 626-648.

Butler, R. 1998. Determinants of help seeking: Relations between perceived reasons for classroom help-avoidance and help-seeking behaviors in an experimental context. *Journal of Educational Psychology*, 90(4): 630-643.

Butler, R. & Neuman, O. 1995. Effects of tasks and ego achievement goals on help-seeking behaviors and attitudes. *Journal of Educational Psychology*, 87(2): 261-271.

Butler, D. L. & Winnie, P. H. 1995. Feedback and self-regulated learning: A theoretical synthesis. *Review of Educational Research*, 65(3): 245-281.

Caine, R. N. & Caine, J. 1997. *Education on the Edge of Possibility*. Alexandria, VA: Association for Supervision and Curriculum Development.

Cambourne, B. 1988. *The Whole Story: Natural Learning and the Acquisition of Literacy in the Classroom*. Auckland, N.Z.: Ashton Scholastic.

Cambourne, B. 1995. Toward an educationally relevant theory of literacy learning:

Twenty years of inquiry. *The Reading Teacher*, 49(3): 182-190.

Cambourne, B. 2001a. Conditions for literacy learning: Turning learning theory into classroom instruction: A minicase study. *The Reading Teacher*, 54(4): 414-417.

Cambourne, B. 2001b. Conditions for literacy learning: Why do some students fail to learn to read? Ockham's razor and the conditions of learning. *The Reading Teacher*, 54(8): 784-786.

Cambourne, B. 2002. Conditions for literacy learning: From conditions of learning to conditions of teaching. *The Reading Teacher*, 55(4): 358-360.

Carroll, W. 1994. Using worked examples as an instructional support in the algebra classroom. *Journal of Educational Psychology*, 86(3): 360-367.

Chan, M. 2019. The role of classroom input: Processing instruction, traditional instruction, and implicit instruction in the acquisition of the English simple past by Cantonese ESL learners in Hong Kong. *System*, 80: 246-256.

Charmaz, K. 2001. Grounded theory. In R. M. Emerson (Ed.), *Contemporary Field Research: Perspectives and Formulations* (2nd edn.) (pp. 335-352). Prospect Heights, IL: Waveland Press.

Charmaz, K. 2008. Grounded theory. In J. A. Smith (Ed.), *Qualitative Psychology: A Practical Guide to Research Methods* (2nd edn.) (pp. 81-110). London: Sage.

Chihara, T. & Oller, J. 1978. Attitudes and attained proficiency in EFL: A sociolinguistic study of adult Japanese speakers. *Language Learning*, 28(1): 55-68.

Clarke, A. E. 2005. *Situational Analysis: Grounded Theory After the Postmodern Turn*. Thousand Oaks, CA: Sage.

Clément, R., Dörnyei, Z. & Noels, K. A. 1994. Motivation, self-confidence, and group cohesion in the foreign language classroom. *Language Learning*, 44(3): 417-448.

Cook, V. 1996. *Second Language Learning and Language Teaching* (2nd edn.). London: Arnold.

Corder, S. P. 1967. The significance of learners' errors. *IRAL: International Review of Applied Linguistics in Language Teaching*, 5(4): 161-170.

Cram, H. G. & Germinario, V. 2000. *Leading and Learning in Schools: Brain-based Practices*. Maryland: The Scarecrow Press, Inc.

Creswell, J. W. 2009. *Research Design: Qualitative, Quantitative, and Mixed Methods Approaches*. Thousand Oaks, CA: Sage.

Creswell, J. W. 2013. *Qualitative Inquiry and Research Design: Choosing Among Five Approaches*. Thousand Oaks, CA: Sage.

Creswell, J. W. & Miller, D. L. 2000. Determining validity in qualitative inquiry. *Theory into Practice*, 39(3): 124-134.

Crookes, G. & Schmidt, R. 1991. Motivation: Reopening the research agenda. *Language Learning*, 41(4): 469-512.

Deakin, C. R., McCombs, B., Haddon, A., et al. 2007. The ecology of learning: Factors contributing to learner-centered classroom cultures. *Research Papers in Education*, 22(3): 267-307.

DeKeyser, R. & Sokalski, K. 1996. The differential role of comprehension and production practice. *Language Learning*, 46(4): 613-642.

Dey, I. 1999. *Grounding Grounded Theory: Guidelines for Qualitative Inquiry*. San Diego, CA: Academic Press.

Diamond, M. & Hopson, J. 1998. *Magic Trees of the Mind: How to Nurture Your Child's Intelligence, Creativity, and Healthy Emotions From Birth Through Adolescence*. New York: Penguin Putman.

Dobao, A. F. 2014. Vocabulary learning in collaborative tasks: A comparison of pair and small group work. *Language Teaching Research*, 18(4): 497-520.

Dobinson, T. 2001. Do learners learn from classroom interaction and does the teacher have a role to play? *Language Teaching Research*, 5(3): 189-211.

Dörnyei, Z. 1994a. Motivation and motivating in the foreign language classroom. *The Modern Language Journal*, 78(3): 273-284.

Dörnyei, Z. 1994b. Understanding L2 motivation: On with the challenge! *The Modern Language Journal*, 78(4): 515-523.

Doughty, C. & Pica, T. 1986. "Information-gap" tasks: Do they facilitate second language acquisition? *TESOL Quarterly*, 20(2): 305-325.

Doughty, C. & Williams, J. 1998. Pedagogical choices in fosuc on form. In C. Doughty & J. Williams (Eds.), *Focus on Form in Classroom Second Language Acquisition* (pp. 197-261). Cambridge: Cambridge University Press.

Doyle, W. & Ponder, G. A. 1975. Classroom ecology: Some concerns about a neglected dimension of research on teaching. *Contemporary Education*, 46(3): 183-188.

Duff, P. A. & Polio, C. G. 1990. How much foreign language is there in the foreign language classroom? *The Modern Language Journal*, 74(2): 154-166.

Ellis, R. 1994. *The Study of Second Language Acquisition*. Oxford: Oxford University Press.

Ellis, R. 2002. Does form-focused instruction affect the acquisition of implicit knowledge?: A review of the research. *Studies in Second Language Acquisition*, 24(2): 223-236.

Ellis, R. 2006. Current issues in the teaching of grammar: An SLA perspective. *TESOL Quarterly*, 40(1): 83-107.

Ellis, R. 2009. Task-based language teaching: Sorting out the misunderstandings. *International Journal of Applied Linguistics*, 19(3): 221-246.

Ellis, R., Loewen, S., Elder, C., et al. 2009. *Implicit and Explicit Knowledge in Second Language Learning, Testing and Teaching*. Clevedon: Multilingual Matters.

Ellis, R., Loewen, S. & Erlam, R. 2006. Implicit and explicit corrective feedback and the acquisition of L2 grammar. *Studies in Second Language Acquisition*, 28(2): 339-368.

Ely, R., Ainley, M. & Pearce, J. 2013. More than enjoyment: Identifying the positive affect component of interest that supports student engagement and achievement. *Middle Grades Research Journal*, 8(1): 13-32.

Eskildsen, S. W. 2012. Negotiation constructions at work. *Language Learning*, 62(2):335-372.

Fadiga, L., Fogassi, L., Pavasi, G., et al. 1995. Motor facilitation during action observation: A magnetic stimulation study. *Journal of Neurophysiology*, 73(6): 2608-2611.

Fandino, F. G. E., Munoz, L. D. & Velandia, A. J. S. 2019. Motivation and e-learning English as a foreign language: A qualitative study. *Heliyon*, 5: 1-7.

Fang, F. 1996. Traveling the internet in Chinese. *Educational Leadership*, 54(3): 27-29.

Gaies, S. J. 1983. The investigation of language classroom processes. *TESOL Quarterly*, 17(2): 205-217.

Gardner, R. C. 1985. *Social Psychology and Second Language Learning: The Role of Attitudes and Motivation*. London: Edward Arnold.

Gardner, R. C. & Lambert, W. E. 1972. *Attitudes and Motivation in Second Language Learning*. Rowley, Mass.: Newbury House.

Gass, S. 1988. Integrating research areas: A framework for second language studies. *Applied Linguistics*, 9(2): 198-217.

Gass, S. 1997. *Input, Interaction, and the Second Language Learner*. Mahwah. NJ: Lawrence Erlbaum Associates.

Gass, S. M. & Selinker, L. 2001. *Second Language Acquisition: An Introductory Course*. Mahwah, NJ: Lawrence Erlbaum Associates.

Gearon, M. 1998. The code-switching practices of teachers of French as a second language in Victorian secondary schools. Doctoral Dissertation. Monash University.

Gest, S. D. & Rodkin, P. C. 2011. Teaching practices and elementary classroom peer ecologies. *Journal of Applied Developmental Psychology*, 32(5): 288-296.

Goodman, K. S. 1996. *Ken Goodman on Reading*. Portsmouth, NH: Heinemann.

Greenwood, C. R. 1991. Longitudinal analysis of time, engagement, and achievement in at-risk versus nonrisk students. *Exceptional Children*, 57(6): 521-535.

Greenwood, C. R., Carta, J. J., Kamps, D., et al. 1994. Development and validation of standard classroom observation systems for school practitioners: Ecobehavioral assessment systems software (EBASS). *Exceptional Children*, 61(2): 197-210.

Griffith, C. R. 1921. A comment upon the psychology of the audience. *Psychological Monographs*, 30 (136): 36-47.

Guo, Y., Xu, J. & Liu, X. 2018. English language learners' use of self-regulatory strategies for foreign language anxiety in China. *System*, 76: 49-61.

Han, Z. 2002. Rethinking the role of corrective feedback in communicative language teaching. *RELC Journal*, 33(1): 1-34.

Handley, K., Price, M. & Millar, J. 2011. Beyond "doing time": Investigating the concept of student engagement with feedback. *Oxford Review of Education*, 37(4): 543-560.

Harley, B. & Swain, M. 1984. The interlanguage of immersion students and its implication for second language teaching. In A. Davies, C. Criper & A. Howatt(Eds.), *Interlanguage* (pp. 291-311). Edinburgh: Edinburgh University Press.

Haugen, E. 1972. *The Ecology of Language: Essays by Einar Haugen* (A. S. Dil, Ed.). CA: Standford University Press.

Hedge, T. 2000. *Teaching and Learning in the Language Classroom*. Oxford: Oxford University Press.

Huang, Q. 2009. How to maintain young learners' attention: Teaching roles and classroom activities. *Foreign Language Teaching & Research in Basic Education*, 3: 47-53.

Hwu, F., Pan, W. & Sun, S. 2014. Aptitude-treatment interaction effects on explicit rule learning: A latent growth curve analysis. *Language Teaching Research*, 18(3): 294-319.

Hyland, K. & Hyland, F. 2006. *Feedback in Second Language Writing: Contexts and Issues*. Cambridge: Cambridge University Press.

Incecay, G. 2010. The role of teacher talk in young learners' language process. *Procedia Social and Behavioral Sciences*, 2: 277-281.

Isreal, M. & Hay, I. 2006. *Research Ethics for Social Scientists: Between Ethical Conduct and Regulatory Compliance*. London: Sage.

Izumi, S. 2002. Output, input enhancement, and the noticing hypothesis: An experimental study on ESL relativization. *Studies in Second Language Acquisition*, 24(4): 541-577.

Jason, L. A. & Kuchay, D. A. 1985. Ecological influences on school children's classroom behaviour. *Education*, 105(4): 411-413.

Jensen, E. 1998. *Teaching With the Brain in Mind*. Alexandria, VA: Association for Supervision and Curriculum Development.

Johnson, K. 2001. *An Introduction to Foreign Language Learning and Teaching*. Boston: Pearson Education Limited.

Kim, A. A. 2014. Examining how teachers' beliefs about communicative language teaching affect their instructional and assessment practices: A qualitative study of EFL university instructors in Colombia. *RELC Journal*, 45(3): 337-354.

Kim, H. S. O. & Elder, C. 2005. Language choices and pedagogic functions in the foreign language classroom: A cross-linguistic functional analysis of teacher talk. *Language Teaching Research*, 9(4): 355-380.

Knowles, E. S. 1979. The proximity of others: A critique of crowding research and integration with the social sciences. *Population: Behavioral, Social and Environmental Issues*, 2: 3-17.

Knowles, E. S. 1982. A comment on the study of classroom ecology: A lament for the good old days. *Personality and Social Psychology Bulletin*, 8(2): 357-361.

Krashen, S. 1982. *Principles and Practice in Second Language Acquisition*. Oxford: Pergamon.

Krashen, S. 1985. *The Input Hypothesis*. Essex: Longman Group Limited.

Krashen, S. 1989. We acquire vocabulary and spelling by reading: Additional evidence for the Input Hypothesis. *The Modern Language Journal*, 73(4): 440-464.

Kyle, B. 1972. In defense of the lecture. *Improving College and University Teaching*, 20(4): 325.

Lee, S. 2007. Effects of textual enhancement and topic familiarity on Korean EFL students' reading comprehension and learning of passive form. *Language Learning*, 57(1): 87-118.

Levine, D. W., O'Neal, E. G., Garwood, S. G., et al. 1980. Classroom ecology: The effects of seating position on grades and participation. *Personality and Social Psychology Bulletin*, 6(3): 409-412.

Li, S. 2010. The effectiveness of corrective feedback in SLA: A meta-analysis. *Language Learning*, 60(2): 309–365.

Lightbown, P. M. & Spada, N. 1999. *How Languages Are Learned*. Oxford: Oxford University Press.

Lincoln, Y. S. & Guba, E. G. 1985. *Naturalistic Inquiry*. Newbury Park, CA: Sage Publications Ltd.

Loewen, S. & Philp, J. 2006. Recasts in the adult English L2 classroom: Characteristics, explicitness, and effectiveness. *The Modern Language Journal*, 90 (4): 536-556.

Long, M. H. 2007. *Problems in SLA*. Mahwah, NJ: Erlbaum.

Lyster, R. 1998. Negotiation of form, recasts and explicit correction in relation to error types and learner repair in immersion classrooms. *Language Learning*, 48(2): 183-218.

Lyster, R. & Mori, H. 2006. Interactional feedback and instructional counterbalance. *Studies in Second Language Acquisition*, 28(2): 269-300.

Lyster, R. & Saito, K. 2010. Oral feedback in classroom SLA: A meta-analysis. *Studies in Second Language Acquisition (The role of Oral and Written Corrective Feedback in SLA)*, 32(2): 265-302.

Mackey, A. 1999. Input, interaction and second language development: An empirical study of question formation in ESL. *Studies in Second Language Acquisition*, 21(4): 557-587.

Mackey, A. 2006. Feedback, noticing and instructed second language learning. *Applied Linguistics*, 27(3): 405-430.

Mackey, A. & Goo, J. 2007. Interaction research in SLA: A meta-analysis and research synthesis. In A. Mackey (Ed.), *Conversational Interaction in SLA: A Collection of Empirical Studies* (pp. 408-452). New York: Oxford University Press.

Mackey, A., Philip, J., Egi, T., et al. 2002. Individual differences in working memory, noticing of interactional feedback and L2 development. In P. Robinson (Ed.), *Individual Differences and Instructed Language Learning* (pp. 181-209). Amsterdam:

John Benjamins.

MacIntyre, P. & Gardner, R. 1991. Methods and results in the study of foreign language anxiety: A review of literature. *Language Learning*, 41(1): 25-57.

Madden, R. 2000. *Being Ethnographic: A Guide to the Theory and Practice of Ethnography*. London: Sage.

Matsumoto, Y. 2018. Challenging moments as opportunities to learn: The role of nonverbal interactional resources in dealing with conflicts in English as a lingua franca classroom interactions. *Linguistics and Education*, 48: 35-51.

McGroarty, M. 1998. Constructive and constructivist challenges for applied linguistics. *Language learning*, 48(4): 591-622.

McLaughlin, B. 1987. *Theories of Second Language Learning*. London: Edward Arnold.

Meyer, D. K. & Turner, J. C. 2002. Using instructional discourse analysis to study the scaffolding of student self-regulation. *Educational Psychologist*, 37(1): 17-25.

Miles, M. B. & Huberman, A. M. 1994. *Qualitative Data Analysis* (2nd edn.). CA: Sage.

Miles, M. B., Huberman, A. M. & Saldana, J. 2014. *Qualitative Data Analysis: A Methods Sourcebook*. CA: Sage.

Muyskens, P. & Ysseldyke, J. E. 1998. Student academic responding time as a function of classroom ecology. *The Journal of Special Education*, 31(4): 411-424.

Newmann, F. M. 1992. *Student Engagement and Achievement in American Secondary School*. New York: Teachers College Press.

Nunan, D. 1991. *Discourse Analysis for Language Teachers*. Cambridge: Cambridge University Press.

Nunan, D. 2000. Seven hypotheses about language teaching and learning. In D. Nunan (2011), *Selected Works of David Nunan on Applied Linguistics* (pp. 157-169). Beijing: Foreign Language Teaching and Research Press.

Nunan, D. 2011. *Selected Works of David Nunan on Applied Linguistics*. Beijing: Foreign Language Teaching and Research Press.

Palmer, J. D. 2013. Language ecology. *TESOL Quarterly*, 8(3): 225-232.

Park, M. 2014. Increasing English language learners' engagement in instruction through emotional scaffolding. *Multicultural Education*, 22(1): 20-29.

Perkins, D. V., Burns, T. F., Perry, J. C., et al. 1988. Behavior setting theory and community psychology: An analysis and critique. *Journal of Community Psychology*, 16(16): 355-372.

Pica, T. 1994. Research on negotiation: What does it reveal about second-language learning conditions, processes, and outcomes? *Language Learning*, 44(3): 493-527.

Pica, T. & Doughty, C. 1985a. Input and interaction in the communicative language classroom: Teacher-fronted vs. group activities. In S. Gass & C. Madden(Eds.), *Input in Second Language Acquisition* (pp. 115-132). Rowley, MA: Newbury House.

Pica, T. & Doughty, C. 1985b. The role of group work in classroom language acquisition. *Studies in Second Language Acquisition*, 7(2): 233-248.

Pienemann, M. 1984. Psychological constraints on the teachability of languages. *Studies in Second Language Acquisition*, 6(2): 186-214.

Pinker, S. 1989. *Learnerability and Cognition*. Cambridge, MA: MIT Press.

Pinter, A. 2007. Some benefits of peer-peer interaction: 10-year-old children practising with a communication task. *Language Teaching Research*, 11(2): 189-207.

Polio, C. G. & Duff, P. A. 1994. Teachers' language use in university foreign language classrooms: A qualitative analysis of English and target language alternation. *The Modern Language Journal*, 78(3): 313-326.

Porter, P. A. 1986. How learners talk to each other: Input and Interaction in task-centered discussion. In B. Vanpatten & R. R. Day (Eds.), *Talking to Learn: Conversation in Second Language Acquisition* (pp. 200-222). Rowley, MA: Newbury House.

Pryce, S. & Frederickson, N. 2013. Bullying behaviour, intentions and classroom ecology. *Learning Environments Research*, 16(2): 183-199.

Qi, D. S. & Lapkin, S. 2001. Exploring the role of noticing in a three-stage second language writing task. *Journal of Second Language Writing*, 10 (4): 277-303.

Qin, J. J. 2008. The effects of processing instruction and dictogloss tasks on acquisition of the English passive voice. *Language Teaching Research*, 12(1): 61-82.

Reszka, S. S., Odom, S. L. & Hume, K. A. 2012. Ecological features of preschools and the social engagement of children with autism. *Journal of Early Intervention*, 34(1): 40-56.

Révész, A. 2009. Task complexity, focus on form, and second language development. *Studies in Second Language Acquisition*, 31(3): 437-470.

Richards, J. C. 2015. The changing face of language learning: Learning beyond the classroom. *RELC Journal*, 46(1): 5-22.

Richards, L. & Morse, J. M. 2007. *Readme First for a User's Guide to Qualitative Methods* (2nd edn.). CA: Sage.

Rosa, E. & O'Neill, M. D. 1999. Explicitness, intake, and the issue of awareness, another piece to the puzzle. *Studies in Second Language Acquisition*, 21(4): 511-556.

Rushton, S. P., Eitelgeorge, J. & Zickafoose, R. 2003. Connecting Brian Cambourne's conditions of learning theory to brain/mind principles: Implications for early childhood educators. *Early Childhood Education Journal*, 31(1): 11-21.

Saldana, J. 2013. *The Coding Manual for Qualitative Research* (2nd edn.). California: SAGE Publications Ltd.

Salomon, G. & Perkins, D. N. 1998. Individual and social aspects of learning. *Review of Research in Education*, 23: 1-24.

Schmidt, R. W. 1990. The role of consciousness in second language learning. *Applied Linguistics*, 11(2): 129-158.

Schmidt, R. 2001. Attention. In P. Robinson (Ed.), *Cognition and second language instruction* (pp. 3-32). Cambridge: Cambridge University Press.

Seliger, H. 1977. Does practice make perfect?: A study of interaction patterns and L2 competence. *Language Learning*, 27(2): 263-275.

Seliger, H. & Long, M. H. 1983. *Classroom Oriented Research in Second Language Acquisition*. Rowley, MA: Newbury House.

Sharwood-Smith, M. 1991. Speaking to many minds: On the relevance of different types of language information for the L2 learner. *Second Language Research*, 72(2): 118-132.

Sheen, Y. 2004. Corrective feedback and learner uptake in communicative classrooms across instructional settings. *Language Teaching Research*, 8(3): 263-300.

Sheen, Y. 2007. The effect of focused written corrective feedback and language aptitude on ESL learners' acquisition of articles. *TESOL Quarterly*, 41(2): 255- 283.

Sheen, Y. 2008. Recasts, language anxiety, modified output, and L2 learning. *Language Learning*, 58(4): 835-874.

Shintani, N. 2012. Input-based tasks and the acquisition of vocabulary and grammar: A process-product study. *Language Teaching Research*, 16(2): 253-279.

Skehan, P. 1991. Individual differences in second-language learning. *Studies in Second Language Acquisition*, 13(2): 275-298.

Skehan, P. 1996. A framework for the implementation of task-based instruction. *Applied Linguistics*, 17(1): 38-62.

Slimani, A. 1987. The teaching/learning relationship: Learning opportunities and learning outcomes. An Algerian case study. Doctoral Dissertation. Lancaster University.

Smart, J. B. & Marshall, J. C. 2013. Interaction between classroom discourse, teacher questioning, and student cognitive engagement in middle school science. *Journal of Science Teacher Education*, 24(2): 249-267.

Smith, K., Gamlem, S. M., Sandal, A. K., et al. 2016. Educating for the future: A conceptual framework of responsive pedagogy. *Cogent Education*, 3(1): 1-12. https://doi.org/10.1080/2331186X.2016.1227021.

Sommer, R. 1967. Classroom ecology. *Journal of Applied Behavioral Science*, 3(4): 489-503.

Sontag, J. C. 1997. Contextual factors influencing the sociability of preschool children with disabilities in integrated and segregated classrooms. *Exceptional Children*, 63(3): 389-404.

Spear, L. P. 2000. The adolescent brain and age-related behavioral manifestations. *Neuroscience and Biobehavioral Reviews*, 24(4): 417-463.

Spolsky, B. 1989. *Conditions for Second Language Learning*. Oxford: Oxford University Press.

Spolsky, B. 1990. Introduction to a colloquium: The scope and form of a theory of second language learning. *TESOL Quarterly*, 24(4): 609-616.

Stern, H. H. 1983. *Fundamental Concepts of Language Teaching*. Oxford: Oxford University Press.

Stone, C. A. 1998. The metaphor of scaffolding: Its utility for the field of learning disabilities. *Journal of Learning Disabilities*, 31(4): 344-364.

Storm, E. E. & Tecott, L. H. 2005. Social circuits: Peptidergic regulation of mammalian social behavior. *Neuron*, 47(4): 483-486.

Strevens, P. D. 1988. Learning English better through more effective teaching. Six postulates for a model of language learning/teaching. *World English*, 7(1): 51-61.

Swafford, D. & Swafford, D. 2005. The art of lecture. *The Agricultural Education Magazine*, 77(6): 27.

Swain, M. 1985. Communicative competence: Some rules of comprehensible input and comprehensible output in its development. In S. Gass & C. Madden (Eds.), *Input in Second Language Acquisition* (pp. 235-253). Rowley, MA: Newbury House.

Swain, M. 1995. Three functions of output in second language learning. In G. Cook & B. Seidhofer (Eds.), *Principle and Practice in Applied Linguistics: Studies in Honor of H. G. Widdowson* (pp. 125-144). Oxford: Oxford University Press.

Sylwester, R. 1997. The neurobiology of self-esteem and aggression. *Educational Leadership*, 54(5): 75-79.

Tayao, M. L. 1984. Turning the classroom into an acquisition-rich setting: A review of related research. *RELC Journal*, 15(1): 90-107.

Thoman, D. B., Smith, J. L. & Silvia, P. J. 2011. The resource replenishment function of interest. *Social Psychological and Personality Science*, 2(6): 592-599.

Tian, L. & Macaro, E. 2012. Comparing the effect of teacher codeswitching with English-only explanations on the vocabulary acquisition of Chinese university students: A Lexical Focus-on-Form study. *Language Teaching Research*, 16(3): 367-391.

Turner, J. C. & Meyer, D. K. 2010. Studying and understanding the instructional contexts of classrooms: Using our past to forge our future. *Educational Psychologist*, 35(2): 69-85.

van de Pol, J., Volman, M. & Beishuizen, J. 2010. Scaffolding in teacher-student interaction: A decade of research. *Educational Psychology Review*, 22(3): 271-296.

van Lier, L. A. W. 1988. *The Classroom and the Language Learner: Ethnography and Second-Language Classroom Research*. New York: Longman Inc.

VanPatten, B. 1996. *Input Processing and Grammar Instruction: Theory and Research*. Norwood, NJ: Ablex.

VanPatten, B. 2002. Processing instruction: An update. *Language Learning*, 52(4): 755-803.

VanPatten, B. 2004. Input processing in second language acquisition. In B. VanPatten (Ed.), *Processing Instruction: Theory, research, and commentary* (pp. 5-31). Mahwah, NJ: Lawrence Erlbaum Associates.

VanPatten, B. & Cadierno, T. 1993. Explicit instruction and input processing. *Studies in Second Language Acquisition*, 15(2): 225-243.

VanPatten, B. & Oikkenon, S. 1996. Explanation versus structured input in processing instruction. *Studies in Second Language Acquisition*, 18(4): 495-510.

Vattoy, K. & Smith, K. 2018. Students' perceptions of teachers' feedback practice in teaching English as a foreign language. *Teaching and Teacher Education*, 85: 260-268.

Vigil, N. A. & Oller, J. W. 1976. Rule fossilization: A tentative model. *Language Learning*, 26(2): 281-295.

Vygotsky, L. 1978. *Mind in Society: The Development of Higher Psychological Processes*. Cambridge, MA: Harvard University Press.

Wallace, T., Anderson, A. R., Tom, B., et al. 2002. An ecobehavioral examination of high school classroom that include students with disabilities. *Exceptional Children*, 68 (3): 345-359.

Waller, W. 1932. *Sociology of Teaching*. New York: John Wiley.

Wash, S. 2002. Construction or obstruction: Teacher talk and learner involvement in the EFL classroom. *Language Teaching Research*, 6(1): 3-23.

Watanabe, Y. & Swain, M. 2007. Effects of proficiency differences and patterns of pair interaction on second language learning: Collaborative dialogue between adult ESL learners. *Language Teaching Research*, 11(2): 121-142.

Watkins, C. 2005. Classrooms as learning communities: A review of research. *London Review of Education*, 3(1): 47-64.

Weaver, C. 1990. *Understanding Whole Language: From Principle to Practice*. Portsmouth, NH: Heinemann.

Wesche, M. B. 1995. Input and interaction in second language acquisition. In C. Gallaway & B. J. Richards (Eds.), *Input and Interaction in Language Acquisition* (pp. 219-249). Cambridge: Cambridge University Press.

White, L. 1991. Adverb placement in second language acquisition: Some effects of positive and negative evidence in the classroom. *Second Language Research*, 7(2): 133-161.

Wicker, A. W. 1979. *An Introduction to Ecological Psychology*. Monterey, California: Brooks-Cole.

Widdowson, H. G. 1990. *Aspects of Language Teaching*. Oxford: Oxford University Press.

Winstone, N. E., Nash, R. A., Parker, M., et al. 2017. Supporting learners' agentic engagement with feedback: A systematic review and a taxonomy of recipience processes. *Educational Psychologist*, 52(1): 17-37.

Wolfe, J. & Brandt, R. 1998. What we know from brain research. *Educational Leadership*, 56(3): 8-14.

Wong, W. 2005. *Input Enhancement: From Theory and Research to the Classroom*. Boston: McGraw-Hill.

Zhu, X. & Simon, H. A. 1987. Learning mathematics from examples and by doing. *Cognition and Instruction*, 4(3): 137-166.

附录 1　会话分析（CA）转写符号标记规则

1. S——表学生；两个学生用 SS 表示；很多学生用 SSS

2. T——表教师

3. 空缺的间隙或缺口——沉默期，以十分之一秒计时，用于计算逝去的时间。微小的停顿（少于 2 秒的.2s）记录为(.)；长些的停顿则需把秒数放置于括号内，如(.5)表示为 1 秒的 5/10

4. 冒号（:）——延长的声音或音节；更多冒号表示延长时间的增多

5. 破折号（-）——表示一个截止点，通常为一个塞音停顿

6. hhh——一个吸气；.hhh!——强吸气

7. hhh——呼气；hhh!——强呼气

8. Hah, huh, heh, hnh——均代表笑，取决于笑声的不同；均可在后加上感叹号（!）以表示大笑或狂笑

9. （hhh）——单词内的鼻息声

10. 标点符号——（.）表降调；（?）表升调；（,）表持续的语调；（?,）表较为虚弱的升调；（!）表愉快的语调

11. 等号（=）——表一个封闭的话语，即话语间没有间隔，为连续不断的

12. 方括号[ ]——重叠的话语，表同时开始或/和结束的话语

13. （^）——表音调的明显升高，也可用? 或↑表示

14. ↓——表音调的明显下降

15. （><）——加速的谈话；(<>)减慢的谈话

16. 下划线（___）——表受强调的单词或声音

17. 大写字母——表大声说话

18. （--->）——表分析者感兴趣的特征

19. 空的圆括号( )　——转写疑惑，表不确定；单词放置在圆括号内表明转写者不确定此单词正确与否

20. 双圆括号(( ))　——非言语行为，场景细节

21. 百分比符号(%%)——私下的谈话

22. psk——咂嘴，tch——舌头啧啧响

23. 星号 (* *)——嘎吱声

附录 2　课堂教学转录样例

1.　T:　Class begins. Good morning, everyone.

2.　SS:　Good morning, teacher.

3.　T:　Sit down, please. Ok. Now, you can look at my pictures shown on the screen. Can you guess our today's topic? Any ideas?

4.　SS:　Museums.

5.　T:　Museums. Well done. So today we're going to talk about something about museums. But when we talk about museums, can you tell me, what can you see in the museums? We can see?

6.　S1:　Civilization.

7.　T:　Oh: ↑ , civilization. Something about civilization. So [general speaking, we

[转身走向黑板，写上'things on display'

can see many things... on display. What does it mean? [There are many

[转身面向学生；身体略向前倾

things for us to... visit, right? ↓　Today, we have another word. We can

[call urh exhibits. [Can you read after me? Exhibits.

[转身在黑板上　[身体向前倾写'exhibits'

8.　SS:　Exhibits.

9.　T:　Exhibits. Well done. So [have you ever been to a museum before? Yes or no?

[走向学生，明显的咧嘴笑

10. SS: Yes.

11. T: Yes: ↑ . So what ↑ museums have you been to before? You can tell me any: museum you have been to. Zhang Xin (!).

12. S2: Urh, I have been to Hefei Museum.

13. T: Oh:, Hefei Museum. How about you? Dong Jiang?

14. S3: Urh, I have been to Nanjing Museum.

15. T: Oh:, Nanjing Museum. Good ↓ . How about you?

16. S4: I also have been to Hefei Museum.

17. T: En ↓, good. So: general speaking, do you often go to museums?

18. SS: No.

19. T: No, [why not? Why: don't you go to museums very often?

[略晃头一下

[Can you tell

[左手举起呈直角

me some reasons? Why not go to museums very often?

[Any reasons? [Why not? Yes ↑ , [Xu Ye. Why not?

[伸右手示意学生回答[眼神向右 [右手举起一次;看向学生

20. S5: I don't have so much time. And the museum is too big that we have to look for a long time.

21. T: En:: You are <u>busy</u>. Ok. Good. How about you? Gong Yukun.

22. S6: [Sometimes I think museum (.) is (.) very boring.

[身体略向前倾；向前伸；咬紧嘴唇

23. T: Oh, [<u>BORING</u> .

[身体前倾；点头一次

24. S6: I'd rather like to hang out and play basketball. So I (.) so I don't want to go to museums very often.

25. T: En: ↓ . Good answer. I understand how you feel. Any other students? How about you? [The girl? Why don't you go to museum?

[左手伸向邀请发言的学生

26. S7: Actually, I don't have so much time. If I have time, I think I will surf on the internet because I think museum is very boring actually.

27. T: Eh: ↓ , boring too. So (.) just now [you've mentioned so many reasons that

[走向黑板，写上学生所述原因

why you don't go to museums. The first one ↑ ? You are too busy to go there, right? And also you think museums are quite boring. You know what? The reasons you mentioned here actually (.) are also (.) the pro:blems (.2) worrying many museums. They really want to attract you to visit the museums. So today [we are going to read an article

[手掌摊开向上，指向屏幕，随标题从左到右地移动

about this. The title is "attracting children to museums". But before we read the article, can you try to guess about the title? [What ↑ is this article

[双手合拢，身体前倾

mainly about? Just from the title, a:ttracting children to museums. What may: the article talk about? Any idea? Yes ↑ ? Liang Yang.

28. S8: Urh, I think this article may tell us some different and new creative ways to attract children to museums.

29. T: En ↓ . New and creative ways. Good answer. [Any other (.) opinions? Any

[头略向前伸，看向学生，眼含期待之意

Other opinions? Good ↑, Sun Yifei.

30.　S9:　Urh, I think it maybe introduce ourselves interesting exhibits.

31.　T:　Oh:, interesting ex ↑ hibits (!). Very good job. Use the new word. Good, whether their predictions are right or not. Let's read the article to check it out. But (.) before I give you the article, I want to remind you that my article is an incomplete one. Do you think ↑ you can find out the idea, the main idea of the article

[from (.) an incomplete one? [Do you think so? We've no idea. Let's read

[看向右边，又迅速看向左边；眼神含期待之意　　***[头突然向左转；明显的咧嘴笑；向后耸一下***

to check it out, ok? You'll have about one minute to go through the passage and find out the main idea. And also think about the question (.) how did you find it out, ok? Now let's read it. Everyone (.) will get a piece (.) of the material. (.3) Yes, go ahead ↑ . (.5) Ok, let's start.

((老师四处走动，观察学生表现；学生埋头默读))

32.　T:　If you have finished your reading, you can discuss with your partners about the question 'how: you found: the main idea?'.

((老师继续四处走动，观察学生表现；学生埋头默读))

33.　T:　Have you finished your reading? finished? Ok. Have finished. Then you can join in the disCUssion. How: did you find out the main idea? Ok. Class:, is there any volunteer? Tell me, what's the main idea of the article? (.2) Any volunteers?

[Fang You?

[明显的咧嘴笑，身体向前倾，眼含期待之意

34. S10: If you were the director of the museum, what would you do to attract more children?

35. T: Oh:, you think the sentence tells us the main idea. En. [Good answer. Do

[手掌向左摊开朝向 S10

you agree with him? Or any disagreement? Come on, any different opinions? Fang Xu, [anything to add or different opinion?

[身体向前倾；微笑看向 S11

36. S11: (.hhh) How to attract children to museums.

37. T: How to attract children to museums. Do you [agree with her ↓ ? Y:es, ok,

[手向 S11 方向动；下巴微哈；眼睛略睁大

then (.) [How did you find it? How did you find it? ...Chen Jiang,

[手合拢，抬至下巴底下；明显咧嘴笑

[good ↑ .

[左手抬起;身体向前倾

38. S12:Urh, urh:, I found it by by reading the first sentence or the last sentence.

39. T: Oh, by reading the first sentence or the last sentence of what ↓ ?

40. S12: (.hhh), of one paragraph.

41. T: Of the paragraphs, right. Ok ↑ , good answer, then tell me CLASS usually we can just read the first sentences and the last sentences in (.) paragraphs; and: we can find out the main

idea. What we usually
[call: the sentences? Do you know? [LOUDER?
[身体向前倾，幅度较大　[身体微向前倾；右手抬至耳后作倾听状

42. S13: Topic sentence.

43. T: TOPIC sentences. Well done. So: (.) we can usually try to find out the main idea just by reading (.) the topic sentences. Good job. Now (.), you've mentioned the main idea is about how (.) to attract children to museums, in other words, it tells us ways to attract children to museums. Now, let's go back to the article and find out (.) what ways have been mentioned. What ways have been mentioned? You can tell me ANY one way you have found out. Ok?
((老师来回踱步，等待回答，观察学生表现；学生埋头默读，独立思考))

44. T: Who can tell me one way you have found out? Come on, just one way is ok. Li Qing? Are you ready? Yes? So what's the way you have found out?

45. S14:Urh:, we can establish the children's discovery center to attract children and students because children are always active and learn better by doing.

46. T: Oh:, good. So (.) the first way you've mentioned is (.) building children's discovery cen:ter. Do you agree with her? Do you think so? Yes:, good job. Any other way? Any other way? Come on. Any other way? Si Wen? [Would you like to have a try?
[看向 S15；右手抬起；身体微向前倾

47. S15:Well, just ( ) no serious museum guards.

48. T：[Try to::? I'm sorry, [beg your pardon?

[下巴向上抬　[身体微向前倾；迈步走向S15；右手抬至耳后作倾听状

49. S15: Just find no serious museum guards.

50. T: Oh:, there are no serious museum guards. Very good point. But where can we see? Where... urh... there are no... urh... serious museum guards. Where does it happen?

51. S15: Urh (.5) (psk)

52. T: Anybody can help her? There are no museum guards, where does it happen? Ok, [sit down, please, and have a__ yes, Kong Xiao?

[面带尴尬微笑；左手在胸前微微晃动一下；向前迈了一步

53. S16:( ) young, happy university students to guide children and students.

54. T: En:, they have young, happy university students, and no serious guards. Where does it happen:? It's.urh. I mean (.hhh) do you think it's all happen: in the center? (.2) Is it something about the discovering center?

55. S16:[Yes.]

56. T: [Yes?] Yes. That's RIGHT. Ok, everybody, you can try to (.) read

[微点头一下

paragraph four. Do you think the [first sentence can help you. In the

[左手掌向下摊开拱起，随每个单词点动

CENTER:: tables and chairs are small, right? And then (.) there are NO (.) serious guards. Instead, young, (.) happy (.) university students:? Louder? Go on reading.

((全班朗读))

57. T： Yes. So (.) do you think it's also about something related to the children's discovery center?

58. SS: Yes.

59. T: Yes. Ok↑. Very good point. Any other way? Any other way? He Xiao?

60. S17: Another way (.) The museum tries to attract children as ( ) through school group visit programme.

61. T: En, do you agree with her? (<Through school group visit programme.>) Very good point. ANY other way? Sit down please, thank you. Any other way? Yes:, [Wang Wang?

[身体微向前倾，看向 S18

62. S18:Urh,1 this urh the mu_ the museums the serves the food of the children urh for children urh and they serve the food .2 the kind of the food they like.

63. T: En, serve food to the children, RIGHT? Thank you (!).

64. T: So: you've mentioned all the ways here in the article. But NOW if we want to read more information about the three ways, can we find more? Can we? NO, there is something missing. So what's [missing?

[身体微向前倾；明显咧嘴笑

65. S19: Details.

66. T: [Details. Do you think so? We don't have (.) details. So what:: (<can be

[手掌摊开向上，指向 S19；头转向其他学生

the possible details in these paragraphs?>) Now I would like you: to (<join in your groups to guess>). You can choose any incomplete paragraph and try to guess: (<what can be put

back>) in the pla the right places, ok? Just choose (.) any incomplete paragraph. Now↑ just go ahead.

((老师四处走动，观察每组学生表现；各组学生进行讨论))

67. T: Ok, class, is there any group who would like to share with us your [guesses? .3

[双手互搓；身体微向前倾 Liang Yuyue, what about your group?

68. S20: Urh ( )

69. T: Which paragraph did you choose?

70. S20: Paragraph three.

71. T: Oh, paragraph three. (<And ?>)

72. S20:The details of paragraph three are mainly about some details about the Canada's discovery center.

73. T: Oh, introduce the center to us, right? <u>En</u>, <u>good</u>, good answer. Any other different groups? (.2) Zhu Qiu, what about yours?

74. S21:Urh, paragraph seven.

75. T: Oh, paragraph seven.

76. S21:It's about how to the examples that the mus the museums how to attract the children by some food sen some food about they like.

77. T: En. Give some examples about the food, right? Very good (!). So you can make different guesses. But we don't know exactly what the details are. So whether (.) your guesses are right or not? This time, I'm going to give the details back to you. (<=Everyone of you will get a se a set of details like this, you can [tear them apart,

[双手示范撕纸动作

and put it back into the right places of the article.>) Is that clear? Ok, now, let's do it. And [(<see which group can put it back>) the most

[向各组发放纸条

quickly and correctly, ok? (.5) If you have finished, just let me know. (.5) Yes, tear them apart and put them back. (17:12-17:53)

((老师四处走动，观察学生表现；学生默读并思考))

78. T: [Yes, you've finished. You are quick. So some of you have finished. Have

[快步走向举手的学生；身体向前倾

you finished? Ok, now let's check out the answer. Would you please tell me (<which detail you have put back in paragraph three?>)

79. SS: C.

80. T: C̲. Very good. But I wonder why (.2) you put it here. (.2) What makes you (.) do so? Which key words or sentences (<make you guess this detail>). (.2) [Good, Wen Bo?

[身体左右晃动两下；快步移向 S22；右手抬起示意发言；明显咧嘴笑

81. S22:From the first sentence. En, the there children can touch and feel and smell and play.

82. T: This is the first sentences of: (.) <u>which paragraph</u>?

83. S22:Paragraph three.

84. T: Oh, from the first sentence of paragraph three.

85. S22:Not the first sentence of the paragraph three. But the first sentence of the

86. T: <u>Detail</u>

87. S22:Detail, yes.

88. T: Urh:. (<How do you know>) we should put C here?

89. S22:We think it ( ) to the paragraph three's sen topic sentence 'They also learn by learning and discovering'.

90. T: En. Isn't it [excellent? ↓ Good, thank you. So from Wen Bo's answer,

[点头一下；明显咧嘴笑；看向其他学生

we know (.) the details must be related to the topic sentences of the paragraphs, do you think so?

91. SS: Yes.

92. T: Good. Now which detail you've put back into the next paragraph?

93. SS: D.

94. T: [Louder, please.

[右手抬至耳后作倾听状

95. SS: D.

96. T: D. <u>Good</u>, next one?

97. SS: B.

98. T: B? A boy. And the last one?

99. SS: A.

100. T: A. Excellent. Now everybody, you've got a complete article this time. Are you happy? I hope so. Ok, now let's read for more details, ok? Here, let's try to go through the whole passage and try to find out the answers to the following three questions. The first one 'what can children do in the Discovery Center?' And second 'Why do museums welcome parents to go to the Discovery Center, too?' And third one ' What do students love to see in a school group visit programme?' Now go back to your article and find out the answers, ok?

((老师四处走动，等待答案，观察学生表现；学生默读并思考问题))

101. T: Of course, you can check your answers with the group members. (.5) Have you finished? Yes? Ok. Anyone would like to answer my questions? You can choose any answer any question to answer. Good (!). Who? Who can first? [Good, He Beibei.

[右手掌摊开向上；伸向 S23；明显咧嘴 笑；快步走向 S23

102. S23:Urh

103. T: Which answer would you like to answer?

104. S23:Question 1

105. T: Question No. 1. Ok. What can children do in the Center?

106. S23:Urh, in the Discovery Center, children can touch and feel and smell and play.

107. T: Good.

108. S23:Also they can build things, and paint, and solve puzzles, and put on old costumes, and play musical instruments.

109. T: Excellent answer. Thank you very much. And I really appreciate your pronunciation. Good. Any other volunteers? Good (!), Chen Jiang, which answer would you like to choose? Urh, Question?

110. S24:I choose question three.

111. T: Question No. three:. Good.

112. S24:The students urh they love to see the nature exhibits and the dinosaurs and the snakes.

113. T: Very good. Students love to see the nature (.) (<exhibits>), right? And dinosaurs and snakes. (<Do you love to see this kind of (.) exhibits?>)

114. SS: Yes.

115. T: Yes (!), I think so. And we only have one question left. [Who would like

[右手举起呈直角

to take the chance? Good, Qiong Qiong.

116. S25:I would like to answer the question two.

117. T: Oh, No. two.

118. S25:The museums wants the parents to supervise their children. And it's good to see parents play with their children. It quickly become obvious that the adults are having just as much fun as their children.

119. T: En. Very good answer. You found out this sentence 'The museums want the parents to (.2) (<supervise>) the children.' Can you read after me 'supervise'?

120. SS: Supervise.

121. T：Supervise.

122. SS: Supervise.

123. T：What does supervise mean? Anybody know the know the meaning of this word? Do you think (.2) [do you think the parents will worry about

[转身走向黑板，写上'supervise'

the safety of their children?

124. SS: Yes.

125. T: Yes (!). Do you think the museums want the parents to (<look after>) their children?

126. SS: Yes.

127. T: So supervise their children means (.2) [to (.2) look after their children.

[转身走向黑板，写上 'look after'

Good ↑. Ok, just now you've also mentioned children and parents can play together and have fun. And if they have fun together, what will happen? They will (.) come back. Very good. Now, we have finish reading for the details. Let's focus on the first two paragraphs, ok? Let's read to the first first two paragraphs. Now, my question is 'Why do you think the author asked se several questions at the beginning of the passage? ' Can you read the sentences in the first paragraphs? When you were young did your parents ever take you to a museum? Why do you think the author just ask the question? What's the writer's purpose?

[Any opinion? Oh (!), [Gu Yong, you would like to say something.

[眼睛左右张望；　　　[快步走向 S26；身体向前倾；
等待回答；　　　　　大幅度微笑；眼神专注
观察学生反应

128. S26:Maybe they want to attracting the readers.

129. T：Oh, attract the readers. Urhh, do you agree with him?

130. SS: Yes.

131. T: Ok. Very good point. I agree with you too. Thank you. And then let's move on to the second paragraph. What:: do you think the second paragraph mainly talk about? The second paragraph.

((老师来回踱步，等待回答；学生默读并思考问题))

132. T: Any idea? What about the second paragraph? What does the second paragraph mainly talk about? Zhu Qing, do you have some

133. S27:Urh, I think it mainly talk about the the opinions of the museums.

134. T: The opinions of the museum.

135. S27:Yes.

136. T: Yeah, what's the opinion of the museum?

137. S27:Well, why do why the museums try to attract children to museums.

138. T: Very good. WHY museums want to attract children. The second paragraph just try to (.) raise the problem the museum wants to solve. Do you think so? Good ↑. Now, let's focus on the structure of the article. We have finish reading the whole passage. Now how does the whole passage develop? What kind of the structure does the article follow? We're going to draw a diagram to show the structure. We may use circles with numbers to represent each paragraph. And then we use arrows to join them together to show the relations between paragraphs. Ok? You can work in groups and draw the diagram on your worksheet. Yes, on your worksheet. Ok, let's do it. You will have about two minutes, ok? How to draw the diagram?

((老师四处走动，观察学生表现，解答疑惑；学生默读并思考))

139. T: (% ( ) and food ( ). Yes, join them together? Do you think these three paragraph dicuss about the children's Discovery Center? So (.3) En. (.5) What does it mean? %)

140. T: OK, class, it seems that you have finished drawing the [one.

[转身走向黑板，画出前两个段落的关系图

141. S28:可是我画画很丑耶。

142. T: It doesn't matter. OK, class, now, you can try to check out your answers with hers to see whether you agree with each other. (5) Thank you. NOW, class, just look at the board. Do you agree with her? Do you agree with her? Yes ↑ . So why do we put paragraph three, and four and five together? Why? Yes ↑ , [Shang Xin?

[右手抬起伸向 S29；身体向前倾；大幅度微笑

143. S29:Yes, after the sentence urh after the paragraph two the the author let asked the question ' If you were the director of a museum, what would you do to attract more children?'. So there are three ways to attract children. Urh, from from paragraph three to paragraph seven, we urh we know the first thing is to remember urh the children are active and learn to learn better by doing, not just by passive looking. And in the paragraph six, urh it says 'One other ways the museum tries to attract children is through a through a [through a school group visit program' And the paragraph

[微笑点头几次

seven 'A final way that the museum has of making a visit great experience experience for children is to serve the kind of food of a kind of food they like'.

144. T: <u>En</u>. Altogether three ways.

145. S29:Yeah.

146. T: And paragraph three four five just (<focus on>)?

147. S29:Urh urh urh and urh urh sen the paragraph four and paragraph five are belong to the paragraph three.

148. T: They all try to explain the first way, right?

149. S29:Yeah.

150. T: Good (!) answer. Excellent. Very logical and complete. Well done. Ok, actually, how (.2) I put my circles. Let's see. I put three, four, five here. Do you agree with me? Do you think I can draw like this?

151. SS: Yes.

152. T: Yes. I think so. And also paragraph six, and seven. And just as Zhang Xinghang has summarised, paragraph one and two just tell us the (.3) problem of the museum. What's the problem? (.5) Try to (.2) How to attract children to museums. And in order to solve the problem, the article just gives us three ways. Good. Now we're clear about the whole passage, the structure. Here I have another question for you. Actually, WHY do museums want to attract children? (.2) We talk so much about the ways to attract children. But <u>why</u> do museums want to attract children? (.2) Any ideas? Why? Yes, Zhu Peng.

153. S30:They often want them to start going as children and continue to go as adults.

154. T: En. They want the children continue to go to museums as adults, right? And if they go to museums, what can they do? What can they get? (.) What can they get from the museums?

155. S30:Urh.

156. T: Sit down please, have a fai urh think about it ↓. Urh as we all know, we can have great fun in the museums, right? But apart from having fun, do you think we can also learn a lot of things in the museums. So here (<I have a sentence to share with you>). 'Museums are an important means of cultural exchange, enrichment of cultures and development of mutual

understanding, cooperation and peace among peoples.' So here museum can actually give us (<a lot about our human society and our history>), ok? So actually we really need to go to museums very often. Still remember there is a canadian museum mentioned in our article.

157. SS: Yes.

158. T: Actually, the name of the museum is [Canadian Museu of Civilization.

[播放博物馆图片

And (.) this is its website. We learn from the website that the museum try to organize some special activities on this day 'May 18'. Do you know [something special about this day? .2

[右手举起呈直角

Can it be my birthday?

159. SS: Yes.

160. T: [Of course not. Actually, it's (.2) International Museum Day. So on this

[大幅度微笑；向后小退两步

day, the museum really need your help your suggestions to help them become more attractive. If you have any more better ways to help them be more attractive, you can write it here and send it to the website. (<I myself>) just wrote one. I want to share it with you here. Let's read it. 'Another interesting way is to organize Summer Day Camps. During the camping week, children of 6-12 years old play roles of scientists and researchers to explore the mystery of history.' Now, do you think my suggestion is written in a very <u>organized</u> way. Do you think so?

161. SS: Yes.

162. T: Yes: (!). Why? What do you think I write sentences this? I give a (.2)
[louder? TOPIC sentence at the beginning. And then what did I write
[头向左微侧；身体向前倾
next?

163. SS: Details.

164. T: (<Details>). Then my suggestions is really organized. Do you think so?(!) Why don't you have a try? So here I really hope you can join in the groups and try to discuss new creative ways to help the museum attract more children and students. And also maybe you can work out some ways to help people urh help museums to attract people with similar problems like you. And then present your ideas to the class in an organized way. How to be organized? First, give a (.) topic sentence; and then (.) details. Ok, now, go ahead. You will have about two minutes, ok? Try to be as creative as you can. (.3) [Of course, you can take down some notes on the worksheets.

165. T: (%Souvenir?%)

166. S30:(%Yes.%)

167. T: (%N-I-R.%)

168. S30:(%Thank you.%)

169. T: (%Welcome.%)
((老师四处走动，观察各组表现，并适时答疑；各组学生思考并讨论问题))

170. T：Ok, class, is there anybody would like to share with us your

creative ideas? Any volunteers? I can see some of you have finished. Lin Qing, have you finished? Yes ↑. Let's [hear how creative you are.

[转身走向黑板

((下课铃声响起))

171. T： [Go on.

[微笑点头

172. S31:Urh, [if you want to attract children and students, so we can ( ) organize

[身体向前倾；下巴微抬

Some interesting games to attract children.

173. T: En.

174. S31:If you win the games, you can get the gifts.

175. T: VERY GOOD. So you mentioned we can organize some games for the children. And then children who win the game can get gifts. We have topic sentence and details. Very organized. Ok. Class, since time is limited, [I cannot hear more creative ideas for you from you.

[身体向前倾；大幅度微笑

But actually we know that a museum is a book. You will never know what you may discover unless you open it! So why not go to museums? Ok? So much for today. And this is your homework. You can choose your favorite ideas and write them down into organized paragraphs. Ok? Ok. Class is over. Thank you. Thank you so much.

176. SS: Goodbye, teacher.

附录 3　课堂观察记录样例

任课教师：T17　年级：高一　教材：新世界（中国）教学网

教学内容：*Attracting Children to Museums*　课型：阅读　课时：40 分钟

学生人数：32(人)　座位编排：模块式；4 人 1 组

教学材料：多媒体、阅读文本、纸和笔

教学目标：运用阅读策略理解文章内容；提出如何吸引孩子/学生参观博物馆的建议；了解博物馆在社会发展中的重要意义

时间：2014-04-05

<table>
<tr><th>教学过程</th><th>教学内容</th><th>观察中思考</th><th>观察后反思</th></tr>
<tr><td>阅读导入活动</td><td>展示某些博物馆的图片，引导学生讲述自己的相关经历和感受</td><td>以师生问答的方式导入阅读文本的主题；
关联学生的新旧知识</td><td></td></tr>
<tr><td>阅读前的预测活动</td><td>让学生通过文章标题预测主要内容</td><td>开始引导使用学习策略</td><td></td></tr>
<tr><td rowspan="7">阅读中的文本理解活动</td><td>把缺失了细节信息的文章发放给每个学生，要求他们快速阅读后概括出文章大意，以此帮助学生核对自己之前的猜测是否正确</td><td rowspan="7">打碎阅读文本的原有形式；

设计一系列具关联性的阅读理解活动（内容预测—大意归纳—细节查找—写作意图推测），深化文本理解的程度；

引导学生主动恰当地使用多种阅读策略；

指导合作式阅读活动的开展</td><td rowspan="7">1. T17 几乎未花时间在新学语言知识的讲解之上，为什么？

2. T17 主要通过朗读、问答的方式引导学生模仿语言，是否会影响学生的语言产出质量和数量？

3. T17 虽常以小组为单位组织活动，但学生的言语交流机会仍然有限，为什么？</td></tr>
<tr><td>让学生阐述自己是通过何种途径查找到文章大意的</td></tr>
<tr><td>让学生进一步阅读文章，概述文中所提到的几种可增强博物馆吸引力的方法</td></tr>
<tr><td>组织小组活动，让学生预测文中已缺失的细节信息，让他们把已提供的缺失信息放置到适合的文章段落中去</td></tr>
<tr><td>让学生阅读完整的文章内容，并进一步查找文章细节内容以回答 3 个问题</td></tr>
<tr><td>让学生阅读文章的第 1、2 个段落，并思考作者的写作意图</td></tr>
</table>

续表

<table>
<tr><th>教学过程</th><th>教学内容</th><th>观察中思考</th><th>观察后反思</th></tr>
<tr><td rowspan="5">阅读后活动</td><td>让学生根据文章段落内容画出结构图</td><td rowspan="5">厘清各段落之间的逻辑关系；

拓展文本内容；

通过对博物馆的社会价值的思考，提升学生对文本主题的深层认识；

语言产出之前，通过实例，引导学生进行语言储备</td><td rowspan="5">1. T17 虽有效引领学生逐步地深度挖掘阅读文本本身，却未能在有限的课堂时间内延展学习内容的广度。

2. T17 几乎不采用直接纠错的方式，更多地选择重述方式给学生提供反馈，引导他们自我反思错误，这种方式对于外语课堂学习是否恰当？

3. T17 较少给学生提供语言修正的机会（包含基于反馈进行的语言调整）。</td></tr>
<tr><td>让学生思考并讨论博物馆想要吸引孩子们去参观的原因</td></tr>
<tr><td>与学生分享“博物馆”一词的定义</td></tr>
<tr><td>展示文中所提及的加拿大人文博物馆的图片和网页内容，提供有关改善建议的示例，让各小组讨论可吸引孩子或学生去博物馆的创新途径，并要求他们有条理地组织信息（即先给出主题句，再提供细节），再向全班分享</td></tr>
<tr><td>布置课后作业，让学生根据小组讨论出的结果，按照主题句—细节这一逻辑关系完成段落写作</td></tr>
</table>

“外国语言文学研究学术论丛”

总主编　文　旭

文　旭	《语言的认知基础》
段　芸	《言语行为语力的认知语言学研究》
张　俊	《包装名词在语篇中的态度意义研究》
唐瑞梁	《汉语语用标记之语用法化研究——基于语料库对“不过”与“X看”结构的历时、共时探究》
杨　涛	《外语学习倦怠与动机关系研究》
王永梅	《本·琼森宫廷假面剧与自我作者化研究》
林文治	《视觉汉语词汇识别实验中同音字性质的研究》
罗益民	《天鹅最美一支歌：莎士比亚其人其剧其诗》
张家政	《文化哲学视域下的大学英语教学改革研究》
褚修伟	《程式性言语事件——人类基本生存形式的语用学研究》
胡　蕾	《公共领域视野里的社会批评——菲利普·罗斯小说研究》
莫启扬	《语言中的去时间化研究》
彭水香	《美国分析美学研究》
匡芳涛 林文治	《范畴化与英语词汇学习》
孟凡君	《中国译学主体性研究——中国译学四象论初探》

肖开容　　《诗歌翻译中的框架操作——中国古诗英译认知研究》

孙　太
王祖基　　《异域之镜：哈佛中国文学研究四大家——宇文所安、韩南、李欧梵、王德威》

李　航　　《外语课堂师生意义协商：互动与优化》

刘立辉　　《英国16、17世纪巴罗克文学研究》

晏　奎　　《多恩灵魂三部曲研究》

罗益民　　《莎士比亚十四行诗版本批评史》

刘富利　　《英语教育的文化政治研究》

郑红苹　　《大学英语写作诊断式教学研究》

肖开容　　《诗歌翻译中的框架操作：中国古诗英译认知研究》

申劲松　　《维系与反思——菲利普·罗斯“朱克豪系列小说”研究》

晏清皓　　《庞德〈三十章草〉中的女性形象研究》

彭玉全　　《语料库在日语课堂教学中的应用研究》

刘富利
王　颖
周玉芳　　《英语阅读中的批判性思维研究》

刘　玉　　《创伤小说的记忆书写》

冯小俐　　《学业自我认知与德语专业成绩的关系研究》

唐光洁　　《专业学位研究生英语职业群集模块式课程设计研究》

但　巍　　《中学英语课堂语言学习条件研究：课堂生态视角》

……

（本论丛后续图书将陆续出版）